人与讲台

吴非——主编

江蘇鳳凰教育出版社
Phoenix Education Publishing, Ltd

本书编写人员（以姓氏笔画为序）

丁爱平	马红霞	王平	王恒	王雷	王荟姝
王舒成	卢元伟	叶海忠	礼出	吕锋	朱煜
朱典锴	朱嘉隽	刘瑜	刘成兵	刘春燕	汤莉
汤海涓	阮瑾	巫小书	巫杰锋	李刚	李军
李燕玲	肖琼	肖培东	吴素荣	宋洁	张入义
张小兵	张春莲	陈萍	陈日亮	陈祝华	陈潇潇
邵雪丽	林虹	罗怀海	金品	周瑛	周键
周而慷	周春梅	周益民	周雪艳	郝彧	保志明
郗晓波	袁佳	袁媛	袁卓然	徐红飞	徐思源
殷会荻	郭伟	郭东霞	陶海艳	黄海娟	黄雅芸
章佩瑜	梁俊杰	葛德霞	韩巧霞	景明	温建娘
谢嗣极	路德奎	潘宁	潘勤	魏洁	

主　编　吴非

序

编这本书，对我而言，是又一次的回顾与反思。虽然对教育界的种种现象，我的观察和表达能做到冷静和谨慎，但我总是被同行们的激情与梦想所感动。那些难忘的故事，照亮了学生面前的路，而老师们往往认为那只是职业的“日常”。

有一回讲座结束，一位老师提问：“作为普通教师，我们应当怎么做？”她的话让我愣住了，我说：“我觉得，只有‘教师’，怎么会有‘普通教师’？”这句话脱口而出，场上一下子静下来，也许大家没有认真想过：“普通教师”的对面，是不是有“特别教师”？然后场上有笑声，然后很多人鼓掌了。

在不同的学校，我认识了很多“普通教师”，逐渐明白，随着社会性功利意识的发展，教育文化中也有反常现象。一些老师无意识地自称“普通教师”，大概是指在学校没有“职务”和头衔，没有“特级”之类的光环及表彰，可是，学校和学生离不开他们；讲台边，必须站立真正的人，愿意与学生同行的引路人。

因为有这样的老师站在讲台边，教室明亮了，学生愿意从师而学，家长宽心了，社会有希望了——更重要的，在未来的年代，人们回忆我们今天的工作，他们也将明白，每一位“普通人”的努力和汗水，都可以镕铸为时代进步的基石。

编这本书，老师们的经历引发我思考更久远的问题。

学生走出学校后，对“教育”、对“教师”会有哪些美好的记忆？哪些瞬间会伴随他们的一生？

在茫然若失的时候，看到老师平静明亮的目光；在遇到挫折想放弃的时候，老师无言地走到队伍的前面；在陷入困境时，老师和我们并肩跋涉；在精疲力竭之际，老师伸出温暖的手；而在人生的关键时刻，老师本能地用臂膀撑起了学生……

那些“普通”的老师，他们的姓名甚至不会被人记住，可是，人们会在某个时刻，忽然回忆起童年或少年时代的某个场景，那些讲台边的老师，会一个一个地重现在他们眼前，让他们回忆旧时岁月，渐渐懂得教师平凡人生对学生生命的意义，而那一刻，人们也许有可能真正地理解“教育”的作用。

这本书的作者来自祖国各地，他们的讲台，在偏僻乡村和遥远的边疆，在那些不知名的学校；老师们平静地站在讲台边，有的当了二三十年的班主任，有的长年在幼儿园和小朋友相处，也有的老师大半生从事特殊教育，不为社会所知——因为有这些默默无闻的教师，一个一个的人立起来，撑起一片天。

那些在成长中需要温暖的儿童和少年，他们只要能有一点点鼓励就足以站起来，只要有一点光亮，他们就有勇气走出黑暗；他们认识了美好，会用一生去追求；心里有了一粒种子，他们就懂得寻找和努力——因为讲台边的老师，一直在发光。在学生面前，讲台边站立的这个人“总会有办法”，他们克服困难的意志和能力远远超过一般人。

仅仅把教师的作用理解为“陪伴成长”是远远不够的。教育的真正作用，是“立人”，通过教育，让学生成为有独立人格、有学习意识、能自立的人。为了实现这个目标，教师必须先“立”起来，在教育教学的过程中，善于思考、善于学习，成为学生的引路人；同时，在教育教学中，发现常识的力量，发现教育的真谛，发现学生，也发现自我。

基础教育，是人一生的“精神底子”。在接受教育的过程中，教师是播种人,很多一生起作用的优良品质与好习惯,是从幼儿园开始的。当儿童睁大眼睛看世界时,教师不失时机地在他们心田播下精神的种子,让他们学会仁爱善良,学会文明礼貌,学会自己的事自己做;十几年,学生一天天长大,他们能分辨是非,自尊自律,尊重常识,热爱学习和劳动,能保持高尚的好奇心,等等;而教师,就像一盏一盏的灯,照亮前面的路。

有位作者曾感慨地对我说:“教书二十多年,看到孩子们在学校感受温暖和友情,学会有礼貌地说话,学会关心艰辛劳作的父母,学会帮助有困难的同学,成为有劳动技能有教养的人,作为一名乡村教师,我已经很满足了。至于自己有没有被领导和学者当作‘知识分子’,有没有人看到自己的工作,真的不重要。”——人们,记住她的话吧。

教师的工作很平凡。和老师们交流时,他们往往很少说自己的工作,因为太平常了。我曾和同事做过计算,一名学科教师,在职业生涯中,大约要上一万六千节以上的课(如果加上班主任工作,那就没数了),接触过的学生,大约会有一千多位(如果担负的是小学科教学,可能会有五六千位)。因此,无论如何不能轻视讲台的作用,无论如何不能低估一个人的力量。

每个受过教育的人回望来路,多多少少会记得来路上那些亮着的灯。

编这本书,我对作者们充满感激,你们鼓舞了我。

也感激这本书的读者,在这样的时代,你们愿意了解教师日常工作中表现出的职业态度,这也是教育的希望。

是为序。

吴非

2022 年 8 月　南京

目　录

第一辑　通往未来的讲台

学生把学校画成梦了　王荟姝 | 003
到博物馆去　韩巧霞 | 006
我想让你坐我身边　黄雅芸 | 011
我的课堂　王　恒 | 016
慢慢地，我们一起往前走　陈　萍 | 019
我们一起来种菜吧　葛德霞 | 023
走到画中去　章佩瑜 | 027
孩子，踩上我的肩膀吧　张入义 | 030
现在，可以上课了　徐红飞 | 033
信任，不要多问　叶海忠 | 036
毽子翻飞处　肖　琼 | 039
她从不穿裙子　袁　媛 | 041
窗帘钩成了精　丁爱平 | 045
你知道我在找你吗　周而慷 | 047

让母校见证爱情 周春梅 | 050
不一样的"阿慢" 张小兵 | 052
每年听你一节课 周而慷 | 056
我的学生们 罗怀海 | 058
我们办的是"教育",而不是学校 巫杰锋 | 061

第二辑　美丽的爱与等待

我想听你把话说完 黄雅芸 | 067
开在角落的花 林　虹 | 070
我在,我不在 陈　萍 | 072
小鹦鹉 陶海艳 | 076
帮他把故事演完 金　品 | 080
带着孩子找幸运 路德奎 | 084
小志的石榴 潘　宁 | 088
郑重其事的道歉 周　瑛 | 091
"月亮疤"与"月亮牙" 郭东霞 | 093
丢失了"钥匙"的男孩 梁俊杰 | 096
我的姓名被打了红杠 景　明 | 099
穿透乌云的那束光 宋　洁 | 101
"管得宽" 吴素荣 | 104
一张纸条 礼　出 | 107
一念之差 周　键 | 110
藏族班的晚自修 陈祝华 | 113

从心底笑起来 巫小书 | 116
老师，你很天真 郭 伟 | 118
因为我当年的微笑 袁 佳 | 121

第三辑 一个一个的人立起来

让我们从容地往前走 潘 勤 | 125
二十年后你会是什么样的人 阮 瑾 | 128
你开始有风度了 阮 瑾 | 131
每个儿童都是珍贵的唯一 丁爱平 | 135
伟大的琐细 朱 煜 | 138
面馆里的小账房 魏 洁 | 140
一年级的想象力 周益民 | 143
“低效率”的事 保志明 | 147
毕业班的阅读笔记 周雪艳 | 151
其实是你帮助了我 巫小书 | 154
这些，就是教育 保志明 | 156
你能撑起谁的天 殷会荻 | 159
啃甘蔗和教孩子 徐红飞 | 162
我在课上说的闲话 汤 莉 | 165
呵护灵性 吕 锋 | 168
“101010”班的黑板 朱嘉隽 | 170
温暖的传递 周春梅 | 173
虽然只是一元钱 李 刚 | 176

两次印象深刻的评奖事件 卢元伟 | 179
“课托儿”是怎样炼成的 谢嗣极 | 182
孤立 殷会荻 | 185
跑，还是不跑 刘成兵 | 189
我就喜欢这种迂 刘 瑜 | 192
聚是一团火 散是满天星 刘春燕 | 194
究竟用什么方式培育友情 陈潇潇 | 198
陪餐小记 王 恒 | 201

第四辑　讲台岁月

我一直在乡村当教师 葛德霞 | 207
我在和静的山沟里 邵雪丽 | 211
最初十年的忧惧和激情 朱典锴 | 215
山间小道上的驴车 张春莲 | 220
我直立在讲台前 王 平 | 223
在大连的那一课 李 军 | 226
有许多事你以后才知道 郝 彧 | 229
冬日来信 李燕玲 | 232
做个什么样的管理者 汤 莉 | 235
希望所有人都幸福 张小兵 | 238
坐在讲台边的学生 王舒成 | 241
不按常理出牌 温建娘 | 244
被淘汰的是“淘汰制” 郗晓波 | 247

多年前的那个“中” 徐思源 | 250
凭什么称“差生” 谢嗣极 | 252
坐到学生中去吧 黄雅芸 | 255
就这样,幸福着 徐红飞 | 259
我是小学男教师 袁卓然 | 262
教育也有不完美 黄海娟 | 265
那时我们年少 马红霞 | 268
你让我向你学什么 汤海涓 | 271
用阅读来保护头脑 王 雷 | 274
就送一本书 周益民 | 277
我要这样生活 肖培东 | 279
我一直不停地学 陈日亮 | 282

后记 | 285

第一辑

通往未来的讲台

学生时代，一定要有梦想，因为这是做梦的最佳年龄；学校，是培育梦想的地方，没有什么地方比这里更适合做梦了；而教师，要比所有人更能憧憬明天，看到未来。在学校，教师要珍惜那些创造的种子，和学生一同创造美好的教育。

学生把学校画成梦了

学校有一处长廊，接近 100 米，一侧有心理咨询室、理化生实验室、创客编程室、国画室、创意室、油画室、书法室、民乐室和空中音乐厅，我们把这个长廊设计装饰为列车模样，名为“生活号创客大列车”。这长廊通体为棕黄色，顶部辅以流线型的灯带，墙壁上侧装了折叠座椅，仿若一条时代感极强、独富科技感的列车车厢，载着孩子们去逐梦畅想。

长廊在 2016 年落成的时候，明亮的中黄色让整个空间看起来醒目又洁净。整条长廊成为集心理、科创、审美教育为一体的育人空间。每有家长或是来宾到访，都对这一列车设计赞不绝口。

可是，不知什么时候，这列“生活号创客大列车”的内壁上留下了一个个或深或浅的鞋印，非常刺眼。作为学校艺术教育的重地，又是来客参访的必经场所，墙面散落的脚印成了校园文明的伤疤。学校德育处开始“侦破”，他们从鞋印的大小以及长廊与中学部教学楼连通的位置，分析得出结论：一定是初中部学生留下的！

在每周升旗仪式上、班会课上和其他学生集会上，老师们反复强调，苦口婆心，但效果不佳，鞋印似乎越来越多，甚至还增加了一些脏兮兮的手印，屡禁不止，校长老师非常头疼，特色长廊竟然变成了“问题长廊”。

有老师主张重新刷色——如果再脏了，再刷，表明学校的态度。我作为美术教师，觉得刷色简单，刷心难，你没法把学生的心思刷成一色。墙上留下的手印脚印，是青少年成长过程中激情活力的印痕，也是中学生内心压力的排解，只靠刷色，刷不掉。

为什么不用美来唤醒少年的心？

为什么不让学生来参加装饰这条长廊？

任他们涂抹，任他们创作，让他们画出自己的梦想！

2019 年 5 月开始的初二、初三的美术课改在了这条“问题长廊”上，一位老师带着 40 多个个头比自己还要高的少年，在近 100 米的长廊里上美术课，有难度，但是，奇迹出现了——

同学们难掩兴奋又小心翼翼地描着，画着，即便大部分学生是第一次使用排刷和丙烯，也是第一次在墙上动笔，但有老师的鼓励，他们用斑斓的笔触，以一幅幅梦想的图景，覆盖了布满手印鞋印的墙面，没有喧哗，没有骚动，走廊安静得出奇，“列车”在梦境中前行……

5 月的深圳非常炎热，学生或站或蹲或跪在地上，用心地画着，画他们最爱的图景，他们用画笔和汗水与“列车”同行。走廊上有青春的汗味，在一张张稚嫩却倔强的少年的脸庞上，豆大的汗珠绽放着耀眼的光芒。这样的场景持续了两个星期，在全校师生的关注与惊叹中，我们的长廊变成了“梦之列车”！

老师们纷纷称奇，昔日调皮捣蛋的某个孩子居然能这么投入，昔日在课堂能酣睡的某个学生怎么这么精神……

这不能简单概括为艺术的魅力，更不是什么神奇的魔力，青春期的孩子，在开放的空间找到了放飞梦想的净土，画笔和色彩让他们沉醉、着迷。有个身高接近 1.9 米的大男孩，身体圆滚滚的，他选择的图画位置比较靠近地面，可能是蹲着画画太累，抑或是画不出他想要的效果，这大男孩索性躺在地上画。只见他用左手撑着头，右手执笔，始终保持着这个动作，汗水顺着他圆圆的脸庞不住地滚落，却丝毫不影响他忘我地投入。几天后，一个身穿机甲的斗士出现在墙上，大男孩终于露出了可爱的笑容。其间他几次问我，他们画完后，这面墙是不是会被刷掉？我说，如果你们认为画得好，就不会。他似信非信。画完了，他又问我，这面墙会被刷掉吗？似乎渴求能给出一个肯定的回答。看着他那么在乎的眼神，我说："你的创作让人惊喜，同学们画的都是热爱和梦想，你们的作品将会一直留在这里，请好好保护它们。"也许我的话说进了孩子的心里，这个大男孩的脸上瞬间露出迷人而又羞涩的微笑，突然给我一个充满汗味的熊抱！

后来我问过班主任这个大男孩的情况，班主任说，他虽然长得高大，但幼年时父母离异，缺少关爱，心智弱小，很爱学校。老师们纷纷感谢美术老师给孩子们争取了这么大的空间，让他们去施展，去创想，还那么珍惜他们的愿望。学校决定一直保留着这面墙，让学生能体会到被重视、被在乎的温暖。

长廊画完后的不久，那群孩子就毕业了，乘着他们的梦想列车。再回首，大家都惊讶地发现，随着时间的流逝，墙面上除了个别地方因为雨水侵蚀而自然剥落，再没有哪个学生去刻意破坏这幅涂满青春梦想的画卷，也因为被同学用梦想装扮，这条长廊成为令人流连忘返的地方。

到我们学校来看一看吧，沿着那条长廊，你们也会走进梦里去的。

王荟姝

最好的教育，是培育探求的趣味，发展学生高尚的好奇心。教师能引导学生成为善于学习的人，他们就能在任何情况下自觉地学习，获得教养。

到博物馆去

那年，我临时被安排接手七年级的班主任，领导交待工作时，也实事求是地介绍了存在的问题，叹息学生“没有目标”“学风不好”，很多家长责怪孩子“不求上进”“不自觉”，各种激励鼓励加威逼都无效。

整理家访手记时发现，这群学生中很多有书法和绘画特长，我想：为什么不把他们带到博物馆去？那个场所将是激励好奇心、想象力和求知欲的好课堂！

我有多年做博物馆志愿讲解员的工作经验，我能让少年在观察文物的过程中和历史对话，培育他们的文化趣味，发现自己的学习优势，进而激发出学习的自觉……当天晚上，我就拟好了班主任工作计划，主题是“依托博物馆打造博雅精灵班级”。

果然，把博物馆引入课堂，同学们和家长参与的积极性超高，第二周就分好了小组，九月的最后一个周末，我们班走进了上海博物馆。

“购物商店在哪儿？”“我妈给我提前发了两个月零花钱”……一进去几个女学生就追问。

“人们都是在参观了博物馆之后才知道自己爱什么，有哪些纪念品最有意义。”我可不是带学生来购物的。

我让同学们抬头仰望上博四层楼高的大厅穹顶，两分钟后，我说：“博物馆里的文物，差不多都是跨越千年之久来和我们相见的，橱窗里的每一件文物都值得我们驻足凝视，大家记住我们刚才仰望天空的情景，上博虽大，仍是狭井，人们的生活往往只是坐井观天，所以不要忘记仰望天空，向往诗和远方。上博有十一个展馆，大家在这个穹顶下原地解散，每个人闲庭信步，去邂逅自己感兴趣的展品，看看你会钟情哪类或哪件文物……”

“老师，然后您不要忘记带我们买纪念品啊！”小施着急补充道。

“老师，您先前说可以优惠买文创的条件是什么呀？”小戴忽闪着大眼睛好奇追问。

“哈哈，我的条件是今天集合时，能有几个同学借某件文物和我交流语文学习心得！”

同学们一哄而散，我到青铜馆信步走走，每次带学生进博物馆，我会不由自主忽视文物，我太熟悉它们了；我会本能地观察人们的眼神和表情，那比看文物更有趣。学生是否对事物有好奇心，决定了他们的学习能力和学习品格，特别在面对着几千年的文明创造时，我很关心他们在看什么，他们可能在想什么。

两个男生在大克鼎的铭文拓片前窃窃私语，我走过时听到：两个学生像好胜的小公鸡一样在比赛谁猜出的字多。哈哈，他们没想到有朝一日可以这样识字吧。

正在想怎么不打扰他们又能给他们一些点拨时，恰巧有位男子带着三岁不到的孩子朝这个角落走过来。

“您好，我是博物馆的讲解员，我可以简单帮您讲解这个拓片吗？”年轻的父亲看了一眼我的志愿者工作证，开心地答应了。

我的那两位学生，停止争论凑了过来。接下来的几分钟里，我帮不到三岁的小朋友认识了“子”“孙”等几个字，小朋友很自豪，手舞足蹈地向父亲比画表演这些字，小手指指点点要学更多的字。我向年轻的父亲简单介绍了如何陪伴孩子从象形字开始认识汉字，认识人与自然的关系。年轻的父亲开心得不得了，连连感慨带孩子来博物馆来对了，自己也学到了很多东西……

回头再看那两个比赛认字的男生，早就现学现用继续讨论大克鼎的铭文去了。我有这样的体验：学生自己肯学，是教学最好的学习状态。

那天博物馆课结束，在文创商店门口集合时，同学们个个眉飞色舞，气氛比进来的时候热烈了好几倍。

按照约定，学生可以选派几个代表跟老师“会谈”，谁来做代表？他们面面相觑。胆小的不自觉地缩到后面了，胆大的跃跃欲试又不知从何说起。我把此前每一届带学生“去博物馆学语文”的传统题抛出来：

“这样吧，我出个题目，你们根据刚才的参观回答，观点明确、自圆其说即可。”

“哼，果然是语文老师，又骗我们写小作文了，还是最难的现场作文。”

“老韩，快说吧，我们等不及了。”

“瞧瞧，你们只记得我是语文老师，忘了我是班主任了吧。我考查的可是综合能力，你们要调动自己的知识库各显神通，只要你能答，我就能点评！”

大家静下来听我出题目，眼睛里写着好奇或者挑战。

“上海博物馆展厅共有四层，有十一个常设展览，哪个展线的文物见证的人类历史最长？说出你的答案和依据。”

“青铜！”“陶瓷！”“书画！”……嘴快的几个已经脱口而出。

“青铜不是最长的，秦代以后已经几乎没有了，上博只展览了夏到战国的文物，青铜历史够古老，但是时间不够长。”有同学反驳得有理有据。

“书画也不够长，纸张出现在汉代以后，纸张又不利于保存，三楼书画馆最早的是唐朝的作品，不够久远。”小 Y 不愧是小小书法家，观察够细致。

“那应当就是陶瓷了，人类的历史就是用火的历史，陶瓷馆的古陶，有的是八千年前的文物呢，我们今天还在用陶瓷水杯、餐具。”林同学说完，还不忘拍拍手里的保温杯。有同学打趣道：“喂，你那杯子可是不锈钢哦，看清楚再拍。”

看着他们各抒己见谁也不服谁，我在边上不失时机地挑动：“你们说的真的够久吗？陶瓷我们今天是在继续使用，可是人类文明史的源头它可以见证吗？想想人类的历史好不？想想我们在大厅里的坐井观天，你们是不是狭隘了？”

他们静下来，盯着我。

“谁刚才说‘人类历史是用火的历史’的？这句话是不是可以再完善一下？把早期人类的生产方式用一个成语概括一下？”

“日出而作，日落而息。”又有不少人抢答。

“想想，这个八字成语是生产方式还是生活方式？我们要听清题目哦。”我不疾不徐，轻声提示。

“哦，是不是‘刀耕火种’啊？”人群里有人小声回答。

“是哦，谢谢你的轻声回答，公众场合，这样轻声很合适，如果在教室里，你可以大声一点，分场合分对象，你做得不错。”我特地把这个点评重复了一下，继续追问：“刀耕火种的生产方式，需要什么生产工具呢？”

“石头，石头！我们在玉器馆看到了石斧、石刀……”

“对，顺着这个答案大家想想看，哪种文物见证陪伴我们人类更久呢？哪个馆的展线表现的时间线最长呢？”

……

讨论热烈，先前一心想去买纪念品的同学也忘了自己的购买计划，直到保安提醒我们要闭馆了，同学们才如梦初醒，我安慰道：“大家放心，今天你们表现得很出色，以后如果有同学再来参观，我可以陪你去买纪念品！”

走出博物馆，在广场的喷泉旁，我又拽住大家，来了一场拖堂叮嘱："今天时间来不及了，对不起想买纪念品的同学了。但我想借这个机会说一下我的想法：零花钱虽然是你们自己的，老韩想建议，你们买纪念品买礼物的时候多一重考虑在里面，这份父母给的钱里，如何加入我们自己的价值呢？这笔钱如果加入自己的爱、自己的文化品位，用来送人的话是不是多了一层敬意？我建议，以后在博物馆买纪念品之前，都要给自己定一个小目标，目标达到了再来买，既有延迟满足所带来的愉悦感，又是对自己努力的肯定激励，如果把这礼品送人，更是增加了'礼'字的仪式感和厚重感。"

那天解散时，所有的学生都很愉快。

后来的三年，同学们也常常来博物馆参观，挑选自己喜欢的文化纪念品，教师节他们送给任课老师的也多是各个博物馆的明信片，并亲手书下最美好的祝福。渐渐地，我们班有了许多变化，我这个班主任并不累，因为学生开始了有趣的学习，他们的视野与众不同，我们班最后的毕业主题是去博物馆做毕业纪念品设计。

实践性学习活动，让很多学生找到了学习目标，他们在活动中观察和发现，培育独立思考的习惯。不仅博物馆，图书馆、纪念馆、美术展、音乐会，都可以是课堂；当然，超市、商场、菜场、饭馆、里弄胡同，只要是有人活动的地方，都有值得关注的方法和智慧，要让学生成为会学习的人，教师不能坐井观天。

韩巧霞

有时，我们只要稍稍关注一下学生的心灵，就能发现一些习惯性判断的错误；有时只要能理性地看待并容忍差异的存在，我们也许就能学会等待。这名学习能力不强的小学生希望有个慈爱的老师在他身边坐一节课，也许正是他“没病”的有力证明。

我想让你坐我身边

进入教室听课，我喜欢尽可能坐得离学生近一点。坐在学生身边，便于教学观察，你能看到学生正在学什么，他（她）的学习状态，他（她）上课之前在书上做了哪些预习，老师提出的这个问题对他（她）而言是有困难或是太容易，这个组的小组讨论究竟是怎么进行的……总之，坐在学生身边，你能看到课堂中具体的学习进程，你能发现“这一个”“那一个”在同样的学习任务面前呈现出完全不同的思维和表现，你能透过他们的眼眸和举止窥见某些没有表现出来的“真相”。

课前五分钟，我走进三(5)班。我习惯地到教室最后一排找空座位，据我的经验，教室里大多会有一两个空座位，空座旁边往往是某个调皮鬼或后进生的专座。这间教室最后一排有好几个空座位。我走到靠窗那组，跟单独一个人坐着的小男孩商量：“你旁边有人吗？我能坐这里吗？”“嗯……没有……”他似乎有点迟疑。前排另一个男孩回过头来，利索地说：“他旁边这个座位是他妈妈坐的。”

哦，我有些明白了，他是个特殊学生。我去过其他一些学校，也遇到过这样的情况。现在提倡融合教育，不少特殊学生走进了普通学校接受普适性的教育，希望借此使他们适应主流学校的校园生活，身心更为健康和谐地发展。我打量着眼前这个孩子，肢体健全，视力良好，与我对话交往正常，没有语言障碍……似乎看不出什么特殊之处啊！

“你妈妈为什么要来陪你学习？”我试探地问。

“我成绩不好。”他老老实实地答。

“我有时候听不懂老师讲的课，妈妈就和我一起听。我不懂的地方她就讲给我听。”他忽然想起什么似的，问我，“要是你坐我旁边，你也会把我不懂的地方讲给我听吗？”

“呃……”我耳边闪过上课老师邀我听课时说的话，“我这课还有点没想明白的地方，你帮我听听，出出主意吧。”

“要不这样吧，这个位置还是你妈妈坐，我坐旁边去。妈妈比我熟悉你、了解你，一定也比我更知道怎么把你教懂。”我诚恳地说。

“可是，我想让你坐我身边……从来没有同学跟我坐。”说最后一句的时候，孩子的声音低低的，像泄了气的小皮球。我忽然懂得了，比起同桌妈妈，他更想亲近同学、亲近老师。

“既然你有这个想法，我就坐这里吧！”我拉开椅子坐下。孩子的眼睛亮起来。

“哎，你妈妈到哪去了？”

“她不是每节课都陪我的。三年级上学期她一直陪我，现在她只有语文、数学课来陪我。”

“哦。你知道为什么她现在陪你陪得少了吗？”

“她现在陪我陪得少了。”他重复着我的话。

“为什么她现在陪你陪得少了呢？”这一次，我特意强调了“为什么”。

“嗯……不知道。”

通过两三个来回的对话，我看出了这孩子反应比较慢，可能智力发育有些迟缓。“也许，”我顿了一下，直视着他茫然又清澈的眼睛，“因为你长大了！”

“因为我长大了……”他重复着我的话。

“因为我长大了，所以妈妈就不用天天陪我了。”他若有所悟地自言自语念叨着，咀嚼着这句从没听别人说过的话。看得出，他理解得有些艰难，然而当他越过艰难，慢慢懂了这句话后，他的眼睛里盈满了欣喜。

“是的，你长大了，进步了，所以妈妈对你越来越放心了。要继续加油哦，争取让妈妈越来越放心！”

“嗯！”他认真地点点头。

不知怎么，我鼻头有点酸酸的。

上课铃响了。一个急匆匆的身影从后门走进教室。一定是他的妈妈，很朴实的工人模样，额头有汗，头发被风吹得有些凌乱，戴着一副口罩，是啊，现在是南京毛絮纷飞的季节。她朝我走来，憨憨地笑笑，还没来得及说什么，儿子的小手就迅速一挥、一指（动作灵敏得令我讶异）：“你坐旁边去！”待妈妈听话地在隔壁一组的空座位上坐下，他隔着我，张大嘴向妈妈比画着，同时又很注意控制音量地说：“是我……让她……坐这里的！”眼睛里全是笑。他妈妈也笑起来。

这是一节有趣的想象作文课，老师引进了日本绘本故事《熊猫澡堂》，引导孩子们看画面说好玩的地方，小孩们笑翻了天，个个东倒西歪的。他也笑，但是依然坐得直直的。一个小孩举手说，画面上的熊猫露出小屁屁了，大家听了更是东倒西歪。他却转过头，有点严肃地跟我说：“他这样说，不文明的。不文明的话不能说的。”看我会意地点头，他满意地回过头，又坐正了。

接下来老师让同桌之间说说故事里好玩的地方，他就对我说起来，说得挺清楚，就是整个人有点怯怯的。我鼓励他，慢慢他就放松了，话也多起来。

课在笑声中往前走着，坐我另一边的男孩妈妈不时地跟着孩子们笑出声来。我不由扭过头去看她，她没注意我，依旧听得投入，笑得响亮。这一对母子，多么敦厚，我在心里感叹。

说说笑笑地，课进行了大半。老师开始发稿纸，让孩子们写一个小片段。我的同桌拿到纸，开始忸怩起来。“我写什么啊？”他求助地望着我。

“想写什么就可以写什么，你喜欢哪个小动物就写哪个。”

“那我怎么写啊？”他又无助地问。

“你就从自己喜欢的小动物开始写。”

“我不会写……”他不肯下笔。

“你就从自己喜欢的小动物开始写。”我重复着这句话，再不多说一句。

“那……”看我丝毫没有告诉他的意思，“那我就……写小猴子穿着黄衣服……行不行？”

“行。你就写这个。”

他提起笔，在稿纸上谨慎地写起来。我心里猜他可能有写字障碍，没想到不一会儿他竟写好了。“哇，你的字真好看！”我脱口而出，那字规规矩矩，漂漂亮亮。

“接下来，你想想小猴子会怎么做？”

“嗯……”他又迟疑起来。

前排的小伙伴都在埋着头写，只有他还在费力地想，好像一架生锈的机器运转不灵。我等待着，也猜想着，如果他妈妈坐在他的身边，这时会怎么“教”他呢？她不是老师，她不懂让孩子自己独立思考的重要性，为了不拖班级后腿，为了帮儿子，她八成会直接告诉儿子怎么写，很快地这张稿纸就会被漂亮的钢笔字填满。下一节课，依然是她说，儿子写……也许，她认为这是自己急急忙忙奔进教室为了儿子的学习应尽的义务。她不会去想，正是因为她这样“陪”，这样“帮”，致使儿子越发地迟钝、萎缩了。而更加令人忧虑的是，她这样“陪”，这样“帮”，为什么会在最应该懂教育、按教育规律办事的地方日复一日地发生着？

我正胡乱地想着，下课了。我去找班主任老师，“我旁边那个男孩……”“他不正常。”“他的智力是有一点低下……”“是啊，您一看就看出来了！他妈妈说到医院去看了，医生说他没病！”老师略显气愤地说。“哦，他确实是没病……”“他绝对有病！非有家长陪读不可！”

我没有再说下去。我知道，我只和他同桌了一节课，老师对他的了解应当比我多。可当我走出校门，走出了好远，我依然还在想着他，想着他固执地让我坐他身边的请求，想着他念叨着“我长大了”时那飞扬的眉眼，想着他漂亮的字迹，还有他那像孩子一样单纯爱笑的妈妈。

黄雅芸

作者认为，拨动学生心弦的，往往不是教师精心准备、千锤百炼的公开课，而是教师不经意的一句话、一个故事、一次即兴而起的活动……这些不刻意的瞬间，是师生心灵真正交融的时刻，也是教育智慧闪光的时刻。

他的话和他的课堂，都耐人寻味。

我的课堂

1999 年，我到芳草园小学教语文，当时我已经 28 岁了，却操起新行当，未免有些不尴不尬。此外，作为一个新丁，课堂教学上不免捉襟见肘，顾此失彼，于是心里颇有些失落，终究不能坦然了。

幸运的是，两个月之后，在一次教研活动上，第一个对我职业生涯产生巨大影响的人出现了——蒋燕玉，一个看上去挺严厉挺有主意的老太太。她给老师们做了一个讲座，题目已经记不清了，主题当是职业追求之类。二十多年过去了，蒋主任严肃而真挚的面孔，如今仍历历在目；她那带着苏南口音的普通话，如今仍声声在耳："作为一个老师，上好课，是你的安身立命之本。"

好一个"安身立命之本"！这是多么有分量的一个词！蒋主任声音不大，可我听到却如雷贯耳。是啊，"作为教师，上好课，是你的安身立命之本"。如果上不好课，教师该如何自处？教师的人生价值如何体现？

从那天起，似乎一切都不同了。一向懒散的我对课堂教学的追求变得上心了，近乎狂热：我要求自己，每一课时，都要花不少于一个小时的时间来备课；我规定自己，每天睡前必须看不少于 100 页的专业书籍。

那些年为此付出了许多时间和精力，日复一日而不懈怠，真是一般人难以想象的。渐渐地，来自各方面的肯定多了起来。学生喜欢，同行认同，教研员肯定……各种荣誉、一切美好接踵而来。公开课，教学比赛，我逐渐得心应手，既无压力，也少有失手的时候。记得有一年，仅区级以上的公开课我就上了十三次，而且是不同的课题，真有点“春风得意马蹄疾”的感觉了。

后来，一个春风沉醉的晚上，偶遇学生小王，他已经是大一的学生了。

多年不见，小王已是身材魁梧、彬彬有礼的小伙子了，丝毫看不出当年泼猴的影子。想到他曾是我的语文课代表，我有些矜持地问：“我给你上过的课，你现在还记得吗？”

小王低头想了一下，说出了一个我想不到的答案：“胡斐的那一刀究竟有没有劈下？”哦，想起来了，那是一节语文课，我不知怎么了，讲起了金庸的小说《飞狐外传》，看学生听得津津有味，遂一发不可收，利用午休和课堂零碎时间，讲了个昏天黑地，学生听得如痴如醉。

明末清初，胡苗两家世代恩怨情仇纠缠难解。大侠胡一刀和号称“天下第一高手”的苗人凤惺惺相惜，却因人挑拨比武，结果胡一刀死于苗人凤之手，苗人凤深以为憾事，终生自责。胡一刀之子胡斐和苗人凤之女苗若兰相爱，苗人凤不知其是胡一刀之子，且误解其是轻薄无行之徒，愤激之下，和胡斐激战于雪崖之上。胡斐来不及解释，为了自保，被迫使出浑身解数。突然，雪崖岩石松动，摇摇欲坠。生死存亡之刻，两人都想将对方逼下悬崖，减轻岩上重量，使岩石不至于立刻坠落，自己才有活命的机会。胡斐侥幸占先，可以一刀将苗人凤劈下崖去。

金老爷子行文到此，文辞摇曳，写胡斐心中转了千百个念头：“这人曾害死自己父母，教自己一生孤苦，可是他豪气干云，是个大大的英雄豪杰，又是自己意中人的生父，按理这一刀不该劈将下去；但若不劈，自己绝无活命之望，自己甫当壮年，岂肯便死？倘若杀了他吧，回头怎能有脸去见苗若兰？要是终生避开她不再相见，这一生活在世上，心中痛苦，生不如死。”我讲得浑身发热，气血偾张：“‘苗若兰站在雪地之中，月光之下，痴痴地等胡斐。胡斐到底能不能平安归来，他这一刀到底劈下去还是不劈？’文章到此戛然而止，留下了一个巨大的悬念，妙哉！妙哉！”

“胡斐的那一刀究竟有没有劈下？”小王的问题让我再也绷不住矜持。

“胡斐的那一刀究竟有没有劈下？”小王对语文课的记忆让我再也绷不住矜持。

后来，我也认真地问过其他毕业生同样的问题，答案自然未必尽是“胡斐的一刀”，但许多的确和我的公开课无关。

拨动学生心弦的，往往不是教师精心准备、千锤百炼的公开课，而是教师不经意的一句话、一个故事、一个即兴而起的活动……这些不刻意的瞬间，是师生心灵真正交融的时刻，也是教育智慧闪光的时刻。

春暖花开时，我会带着学生溜出校门，到一河之隔的石头城公园，漫步其间，寻找春天。几个男生贼兮兮地问我：“老师，回去你是不是要让我们写作文？”我义正词严：“以小人之心度君子之腹！春天来了，不该感受一下吗？这叫生活趣味，懂不懂？”

南京人苦于空气污染久矣，遇到一个难得的水晶天，不免个个欣喜。我带着学生到教学楼顶楼，让他们躺在平台上，眯起眼睛，看碧空如洗，云卷云舒。男孩子在一边，横七竖八，或蜷或挺；女孩子在一边，整整齐齐，或坐或卧。而我，坐在中间，像个稻草人。世界杯激战正酣，我带着女生和男生进行足球对抗。我让女生堵住球门，只管把球往外踢。而我呢，逮着机会就利用成人的力量和速度欺负男生们，把他们撞得歪歪倒倒，突破，射门，哈哈！赛后，女生洋洋得意，男生垂头丧气，我则在一旁一脸坏笑地看他们斗嘴。

这也是课堂，不是吗？

王　恒

教育的目的，是让今天的孩子长大成人，以自己的劳动精神和能力“立”在世上。如果仅仅以“考分”评价教师的教学并衡量学生，教育将失去灵魂，未来将会责备今天的教育。

慢慢地，我们一起往前走

外派三年，我又回到了原来的学校。学期开始，我带的是新初一的两个班，刚上了几节课，差点惊掉了下巴。

每个班四十五个人，都有三四个人识字量非常少，连基础字词也不认识，更不用说读和写；每班有七八人是背诵默写特困生，一首五言绝句两天也背不出来——据说这些孩子读小学时，老师基本上不要求他们背诵默写了，个中原因，我也能体会；每班有近十人没有完成作业的习惯，开学后近两个月，我没有收到过齐全的作业。第一次作文，竟有一半人写不到500字，我仔细地看了每一篇文章，很多孩子是真的不会表达；一次难度系数为7.5的考试，两个班没有一人达到80分，最低分竟只有二十多分，而且不止一两个……和三年前我教的最后一届学生相比（虽然那时也不见得水平有多好），相差太远了！

了解具体情况以后知道：近三年，随着城镇拆迁，很多本地的学生搬去了别处；不少外地务工者来到此地，学校接纳了越来越多来自边远地区的孩子；很多本地家长选择摇号，让子女去民办学校；周边新建的学校，宣传新环境新理念，使得大量有条件选择学区的孩子选择去了新学校……剩下的,就是这批没有选择能力的学生了。看着有过几十年辉煌的老牌学校和眼前的这些孩子,我觉得有些恍惚:生源现状如此,绝大多数外来务工的家长们的心态如此,有些事情想改变,似乎很难……

有那么几天,我好像迷失了方向:每天六点半到校,组织早到的学生背书默写是为了什么?每天课间找学生面批作文是为了什么?自己每天精心备课、认真改作业到很晚,又是为了什么?这种无果的劳作,要持续到哪一天?

可是,想到最底:他们虽然和我以前教的孩子不同——父母并不是很关注他们的学习成长状态,但他们淳朴善良,也有学习的愿望,也许现在目标不是很明确,但等等他们,陪着他们一起慢慢走,会不会有新的天地?

于是,我决定陪着他们,慢慢走。

我总是说,“错几遍,没关系,只要最后记住了就很棒!”“有小小的进步就很了不起!”“不要灰心,老师陪着你!”

我常和他们一起在教室吃饭——吃同一规格的饭;我经常和他们打赌,并且“被罚”奶茶和小零食,让他们明白:原来努力一下,可以“赢”老师……

也许真的有天意。不知道从什么时候起,我的办公桌上经常会放着一两条速溶咖啡,有“雀巢”有“乡约”,我想起来,可能是我早上到办公室后,会烧水泡咖啡,泡完后赶紧喝上一口——我怕我吃完早饭呼出的口气会让孩子们感觉不适。于是,就有了这默默的速溶咖啡条。

有个孩子来自贵州,上课说到故乡,他说了家乡的腊肠,讲了爷爷怎么养猪,奶奶怎么灌肠,腊肠又香又麻又辣是如何好吃……但不少同学表示不喜欢这种腊肠,他显得有点失落。为了安慰他,我说:“我在贵州旅游时也吃过那种腊肠,确实很有味道!”这时候,他眼里的光才回来。寒假过后开学那天,我的桌上放了两个快餐盒装的腊肠:“老师,这是蒸好切好的香肠,你中饭的时候可以尝尝,现在尝一块也可以!”经不住他期待的眼神，我打开盒子拿了一块放进嘴里，顿时，一股麻辣酸爽的滋味从舌苔喷涌而来！有点让人承受不住的麻！但我还是很镇定地咀嚼吞咽并表示很好吃，因为这是踏过千山万水带过来的惦记和心意，我怎么可以辜负！

还有一次，我上完课回到办公室，感觉里面有一股腥味，之后进来的同事也闻到了。我们只好在办公室进行“地毯式”搜索。很快地，在我的橱子里，发现了一包橡皮鱼干！可能是冰镇过的缘故，鱼干在较热的空气环境中重新发散出原来的味道，特别“带劲”。谁放的？傍晚放学，一个男孩子悄悄地跑过来：“老师，我在你的橱里放了老家带来的奶奶晒的鱼干，你记得回家放冰箱！还有，鱼干有点硬，老师你牙齿不好，吃之前一定要蒸透！”这个男孩子，成绩不好，经常迟到。也许只因为，他和我以前的一个学生长得很像，而那个学生在我的影响下，完成了小小的“逆袭”，所以我想再试试。我找他聊了很多次，并鼓励他：“我觉得你也可以做得到！老师陪你一起试试可以吗？”为了表扬他背书积极，我叫他“小某老师”，叫课代表去他那边背书；我在全班同学面前保证：“小某老师”肯定能按时默写、完成作业，不然老师请大家喝奶茶！虽然我确实因此请过两次，但这之后，这孩子能准时完成作业了。渐渐地，他能及格了；渐渐地，有同学找他聊天了；渐渐地，他善言谈了；渐渐地，同学们对他的评价高了……尽管他还没达到我们约定的目标，但我相信，他会慢慢接近并实现这个目标——因为他是个有心有爱的孩子。

我的孩子们，会在我夜自修的时候，在我办公桌上放一个烤红薯。因为早上怕时间来不及，我很多时候会嚼着红薯赶过来。有心的学生误以为我爱吃红薯，怕我夜自修饿着，所以再给我放一个。

我的孩子们，会偷偷摘来学校里的花放在我桌上，并建议我用发夹把花夹到刘海边上去，我夹好时，她们会直呼好看，并要求我也给她们夹一个。于是，你会看到一个疯疯癫癫的老师和几个可爱的孩子梳着同款发型，坐在同一间教室里上课——却也不违和。

我现在的学生，很多来自并不富裕的劳动家庭，对吃糖极其渴望，认为奶茶是天大的美味。比起我以前的学生，他们的学习真的不合格，但是这一年里，他们中有几个孩子识字的水平达到小学四年级水平了，他们知道默写前应该先准备一下了，他们会补交作业了；做“纠错本”成了他们的每日功课了，他们会主动给你来看作文的“二改”或“三改”了，他们会说他们最渴望老师分析作文和随笔了，他们会把真情实感写在作文或随笔里跟我分享了；他们开始有自己的小目标了……经过这一年的相处，他们开始习惯接受我的各种“唠叨”，慢慢养成一些比较好的学习习惯；他们学会了用自己的方式表达“爱”……对不同的学生，可以用不同的教育方式。

这个世界，需要从事不同劳动的人，我现在的学生，未来很可能就是最普通的“社会人”，他们以后也许是菜市场里的摊贩，也许是工地上辛劳的建筑工，也许是匆匆赶路的外卖骑手……可是，他们都将是自食其力的劳动者！我也和他们一样，普通得不能再普通——但我们都有属于自己的一片天，因为我们心里有爱。

慢慢地，喜欢你们，我的孩子们。

慢慢地，我想，人们也会喜欢上他们的。

陈　萍

不能剥夺任何一名儿童受教育的权利，无论他有多么特殊；也不能漠视任何一名儿童微薄的愿望，教师要以高尚的职业精神帮助学生找到人生的位置。“靠种菜同样能养活自己”，在当今之世给人们的启示同样石破天惊。

我们一起来种菜吧

班上有个学生小文，比较特别：患有多动症，注意力缺陷——很不幸，经医院诊断，这孩子智商不足60，有严重的学习障碍，无论是语文还是数学，考试都只能得几分；和同伴一起玩的时候，小文又总是控制不住自己，经常会推搡、打骂同学。同学和家长对他的意见很大，一年级上学期，班里一些家长就不断投诉，要求学校出面“劝退”这个孩子。其实，家长也准备将小文送到特殊教育学校，可是，特殊教育学校需要提供残疾证明才能接收学生，还需要家长每天自行到学校接送孩子。这太困难了！小文的家离学校很远，而且对办理残疾证明，家长也很忌讳。

小文的困境令我很难过，若真的让这样的孩子离开校园，他今后怎么办？可是，问题不解决，每天面对投诉，小文在这个班级里该如何自处呢？教育要关注学生个体生命的成长，也应该照顾特殊学生的学习权益。我在小文身上花了无数的心思，一点点帮他慢慢适应小学生活。家访时在小文家的大菜园，我发现这个孩子在田间地头奔跑时，和其他儿童一样，像个快乐的小精灵。就在那个瞬间，我想到：并非每个孩子都能靠读书立于世，未来，小文也许可以靠种菜养活自己，说不定将来也能过得很好——况且，他热爱菜园！

回到学校，我买来了小的种植盆，又买了一些种子，课间带着小文播种、浇水，让小文观察种子什么时候发芽了，什么时候长叶子了，等等。小文很高兴能跟着我做植物的观察日记，和他的种植盆形影不离；有时喜滋滋地告诉我小苗要开花了；有时又忧心忡忡地告诉我，种植盆里来了几只小虫子，担心小虫子会伤害小苗。每当这个时候，我都会放下手中的工作，陪着他来看看种植盆里的这些小苗，听听小文的心声——做这些对我而言，也是一种放松。小文的世界是简单明快的，有时我外出参加教研活动半天，第二天一见到我，他准会扑到我怀里，紧紧搂住了不放，口里不停地问："老师，你昨天怎么不在学校？到哪里去了？……老师，我想你了。"我慢慢意识到，原来小文的内心是如此的寂寞，那些所谓的"追逐打闹""推搡打骂同学"是他希望引起别人注意的方式，说到底，是这个孩子不懂得如何与别人正常交往。有鉴于此，我决定将帮助这个孩子的重心放在人际交往上。

我和小文的小种植活动，很快就吸引了几个孩子的注意，他们也想和小文一起种花种菜，小文就这样有了玩伴。等到更多的孩子也想来参与种植游戏时，我觉得自己的那一点种菜知识应付不了了，最好能有专业菜农来教孩子们才好。于是我想到了小文的奶奶——她把那一大块菜园侍弄得多好啊，教孩子们肯定没问题！小文天性好动，在家里就经常帮奶奶忙菜园子里的农务，如果我邀请小文的奶奶做我们班的校外辅导员，让小文做奶奶的助手，不仅能发挥他们的优势，同学们也能跟着学到种菜的知识，丰富课外生活，岂不是一举多得？

我把这个想法告诉小文奶奶，她乐了，不好意思地说："我怎么能当校外辅导员，给他们上课？我只是一个农村老婆子罢了！"话虽如此说，但她那舒展开了的笑脸分明写满了"我愿意"！活动当天，最兴奋的要数小文了。他一会儿拿着水壶浇水，一会儿又认真地向同学们介绍每种蔬菜种子的不同，俨然成了个种菜小专家，成了同学们羡慕的对象。

我们对那一小块菜园地倾注了无限的热情。我几乎天天下课都带着孩子们在菜地里拔草、浇水，我惊讶地发现，原来孩子们是这样喜欢在土地上玩耍，小种植活动成了他们最爱玩的游戏。孩子们天天回家把小菜园的事情说给父母们听，我也时不时把小菜园里植物生长的照片发到班级群里。

植物的蓬勃生长，似乎也在一点点地治愈着人心：有家长特意到养鸡场要来一些鸡粪当肥料；有家长从山里砍了竹子，送到小菜园来给黄瓜、西红柿搭架子；还有的家长从我传的照片中发现西红柿花开得太多，便特意过来教我们如何摘去多余的花朵，保证果子能结得更大更甜……小菜园里的果蔬成熟时，我就把这些果蔬当成奖品，奖励给当天表现最好的小朋友，带着他们到小菜园里去采摘，然后带回家和父母一起品尝自己的劳动果实。小文自然也是其中的一个。

冬季来临，不再适合种菜了，我该怎么帮助小文在班级里找到新的定位呢？刚好区里专门为了各个学校随班就读的特殊孩子组织“特殊奥林匹克运动会”，我便鼓励小文去参加。当小文满载着奖牌、奖品回来的时候，再次成了同学们羡慕的对象。

我们班执行的是劳动岗位制，每个孩子都承包了一项岗位职责。小文的任务就是每天负责班级里劳动工具的摆放，他能把那些扫帚、簸箕摆得整整齐齐。我曾带着孩子们到全校各个班去参观，我说：“全校就数咱们班的劳动工具摆得最整齐，小文不仅把自己的劳动岗位任务完成得很好，还经常帮助别的同学扫地、拖地、倒垃圾，咱们班经常能得到流动红旗，这里面也有小文的功劳啊！”同学们听了我的话，转头再看小文，目光中分明多了一丝敬意。当学校要评选“劳动娃”，每个班只有一个名额的时候，小文以高票当选，成了我们班当之无愧的“劳动娃”。

随着年龄的增长，小文也在一点点长大，如今的小文即将升入小学六年级，虽然偶尔还是会犯小错误，但再也没有人向我投诉小文的不是了。同学们逐渐意识到小文和自己不太一样，班里有七八个孩子自觉组建了一个“爱心互助小队”，有的把自己看过的绘本送给小文看，有的教小文认字，有的则教他简单的算术，孩子们告诉我："因为我们是一个班的同学啊！"

先前曾对小文抱有很大意见的家长，经过一次次家长会的沟通，以及班级各项活动的参与，了解到这个孩子的不易（三年级下学期的时候，小文的父母离异，这个孩子就像是皮球般被父母踢来踢去，学习也因此中断了近一个学期，等到四年级再回到校园时，他连自己的名字都不会写了），再加上亲眼见到这个孩子的转变，态度由最初的排斥变成了怜悯，再也没有人跟我提出"劝退"的想法了。不仅如此，只要有家长过来给孩子们上课（我们班的一个特色活动，每个月都有一位家长来给孩子们上一节"雅静家长讲堂"），家长都会送给小文一份小礼物。也许他们并不懂"老吾老以及人之老，幼吾幼以及人之幼"那样的规训，但他们用自己的实际行动做到了。杨瑞清校长曾经告诫：教育的底线应该是"不伤害"，在这个基础上，如果能唤醒人心底的向上、向善之心，那就更好了。

在长达五年的陪伴中，虽然小文的智力水平仍然比同龄人相差很多，但他与人交往的能力却几乎与常人无异。他见到人会主动问候，劳动时很乐意帮助别人，集体荣誉感很强，校长都赞他"情商很高"。不熟悉情况的人到我们班来，绝对看不出这个孩子和其他孩子有什么不同。我从来没有想到过，当初一个小小的种菜活动，竟然能生发出如此的魔力。学生在这些活动中，明白了个人的禀赋是不一样的，学会了对生命的包容与理解。对小文而言，意义更加重大：他可以运用自己会种菜的优势，在集体中找到属于自己的位置；参加比赛、整理劳动工具的成功体验无形中帮助他树立了自信，这一点自信，也许将来能改变他的一生，谁知道呢？但我仍然觉得，自己的学生"靠种菜同样能养活自己"，这也是教育的果实。

小文曾问过我一个问题："葛老师，初中好玩吗？我能上初中吗？"说实话，我不知道小文能否适应初中的生活。但是，至少，在我参与到小文成长的这一段时光里，我要尽力去做。

葛德霞

童年，就像一张白纸，可以让他们自由地画。儿童对事物有自己的观察，有自己的理解，他们按自己的想象去画。他们永远正确，他们的画永远是真实的，因为他们能按自己的意志，自由地阐释。他们的手还很小，放不下太多的东西，他们需要发展的空间，才可以奔放自由地飞翔。学前教育要做的，是保护他们的自由想象，同时，注意不要让那张白纸涂得太满。

走到画中去

幼儿园的涂鸦区深受孩子喜爱，户外游戏时，他们会拎着自己的小画箱，推着透明画架，在园里寻找自己喜欢的景物，摆开画具作画。他们从不认为自己是在“涂鸦”，他们是在画画，画自然、画世界。

涂鸦区活动开始前，孩子们会讨论“今天画什么”。阳阳对可可说：“今天我们去画樱花小路吧。”可可说：“我昨天已经画过了，换一个吧。”乐乐说：“昨天老师带我们去看了楼顶小菜园的油菜花！”他的话引发热烈反响：“我们也去了！我们还种了土豆呢！”“我们班的小麦也长高了！”

可可带头：“老师，我想去小菜园画画！”

“我也想！”“我也要去！”孩子们七嘴八舌地嚷嚷起来。

“好主意！那里有一些新奇的东西，”我说，“可是，小菜园没有透明画架，怎么办？”

是啊，那么大的透明画架，在教室和活动室里移动没问题，可是怎样把它搬上顶楼呢？我看着大家，希望小朋友们能动脑筋，自己解决这个实际问题。

阳阳说：“搬上去呗！”

可仁说："那么重的板子，我们可抬不动。"

小乐说："那还是用写生板，在纸上画吧。"

可可说："我觉得，最好还是用透明画架……"

我问大家："可是，怎样才能把这么大的画架搬上顶楼的小菜园呢?"

小乐大声建议："可以带画架坐电梯!"

阳阳质疑："可是电梯只能上楼顶，到不了小菜园，还是要抬呢!"

孩子们向我投来求助的目光。

现在该由我来做决定了，我说："听你们的建议，先坐电梯把画架送上楼；然后由老师带大家把画架搬进小菜园，行不行?"

于是一阵欢呼，行动开始!

我们顺利地把透明画架抬进了美丽的小菜园。

金黄的油菜花、粉嫩的豌豆花、刚冒出穗穗的小麦，带着画具的孩子们目不暇接，叽叽喳喳，"豌豆花长得像蝴蝶。""花瓣上有的粉，有的紫……""油菜花金黄金黄的，我最喜欢金黄色啦!""你们看，油菜花的中间还有黄色的小点点呢!"

小朋友们只注意看花，我问："有没有注意到它们的茎是什么样的?"小乐说："油菜花的茎是直直的，但是有的往上长，有的是斜着的。"可可说："而且还有很多小茎长在旁边。"小乐则说："豌豆的茎是弯弯的，绕来绕去。"小米说："可是它的叶子大大的，圆圆的。"

他们到处走动，时而蹲下，惊喜地看。

愉快的叫喊渐渐减弱，他们开始动笔了。可可用点画的方法表现油菜花的花朵，说："油菜花的茎不一定是直的，弯弯的也很好看啊，你看那边的油菜花就有弯弯的。"画叶子时，阳阳说："叶子不一定都是对称的，有的叶子是错开的。"他们能说"不一定"了，让我很高兴。

画豌豆花的小乐在调色板上调出了和花瓣一模一样的颜色，让我惊叹。小乐说出了她的方法："我一边调色，一边和花瓣的颜色比一比，最后调出这个颜色的。"小乐指着自己的作品向我介绍："这个咖啡色的就是里面的架子，豌豆花的叶子有的深，有的浅，所以我调出两种不同的绿色来画它的叶子，豌豆花不仅花朵像蝴蝶一样，叶子也有点像蝴蝶。”我以前还真没注意过呢。

今天，他们能想到去楼顶画画了；今天，能想到把对他们而言巨大的画架先搬进电梯再上楼顶了。明天，他们一定还会有新的设想，新的发现。

春天，小菜园五彩缤纷，孩子们的画绚烂多姿，我看到这幅图景，觉得自己也在画中。

我想，如果你能看到这幅图景，也会和我一样，回到童年。

章佩瑜

如果要让学生能看得高一些，能看得远一些，就让他们踩在老师的肩膀上吧。想当年，我们也是踩着老师的肩膀立起来的啊！

孩子，踩上我的肩膀吧

阳光透过窗户，铺洒在办公桌上，一切仿佛刚刚好的样子。

打开课本，一张纸条映入眼帘：老师，您好呀！我是千语，新转来的学生，很高兴认识您！

这样的事情屡见不鲜，我也没有放在心上，把纸条放回原处。手拿课本进入教室，一眼就注意到了那张新面孔：会说话的大眼睛，清澈得犹如一潭湖水，小嘴巴自带轻轻上扬的笑意。霎时，我对眼前这个女孩子有了莫名其妙的好感：是什么样的生长环境孕育着这样一个清凉透彻的女孩儿？又是什么原因让她来到千里之外的新疆求学？从这个孩子乐观的面容上，我看不到岁月让她感受过的不安，只是觉得，她出现的地方，整个世界都亮了。

有那么一天，电话突兀响起，一个中年男子急躁而刺耳的声音传来："你们学校怎么回事？怎么允许学生化妆？你们就是这样管理学生的吗？真是不可理喻……"面对一连串的逼问，我半天没有回过神来：学生偶尔化个妆，有那么恐怖吗？

第二天我像往常一样向办公室走去，发现千语已经等待在办公室门口，眼眶红红的，显然是刚刚哭过，眼神躲躲闪闪，一副不知所措的样子。“老师，昨天我爸爸是不是给你打电话了？老师，对不起。”我想起昨晚那个电话，一瞬间明白了什么。

“我的父母分手了，妈妈离开了家，至于具体原因，我也不太清楚，从此爸爸就变得特别敏感，所以看到我为表演节目化妆，就给您打了电话。”她泪眼婆娑，继续说道：“妈妈走了以后，我试图找过她，可是她不见我；我给她打电话，可是她换了电话号码，从此以后我就成了没有妈妈的孩子。当我第一次见到您，觉得您的眼睛像极了妈妈的眼睛……”

她的声音越来越低沉，语气越来越伤感，整个气氛压抑得我难以呼吸。我深知，并不是所有的孩子都会是幸运的，并非都是父母手心里捧出来的，并非每个孩子都能在和睦温馨的家庭中长大。同样作为一个母亲，我知道千语母亲的离开必定也是痛彻心扉，有着不为人知的痛楚。此前我没有参与过千语的人生，不能妄加判断；但是作为一名老师，我不知道这么小的孩子是如何熬过一个又一个漫长的黑夜的；需要多勇敢，才能将这一切隐瞒；需要多坚强，才能笑迎每天的太阳。

一时间，我有些不知所措，可能任何语言都没有办法安慰这个受伤的孩子，我一下子抱住这个令我痛到无法呼吸的孩子。她伏在我肩上嚎啕大哭：“老师，好久没有人这样抱过我了，我知道，没有人替我勇敢，我自己必须坚强。我想……”她最终没有说出口。我再也忍不住，两行热泪流到嘴角，有些咸，有些苦。在我的身边，还有多少像千语这样的孩子？他们的童年，他们的孤单，会为他们以后的人生画上怎样的一笔？我祈求人们垂怜、关爱这样的孩子，在这样的年纪，他们应该是无忧的、幸福的、快乐的。至今，我有时仍然会想，她想说而又没有说完的话是什么。亲爱的孩子，你们无法选择家庭，但是你们可以通过奋斗改变自己的人生，因为你们还有老师啊！

也许是对“天苍苍，野茫茫，风吹草低见牛羊”的向往，也许是对“大漠孤烟直，长河落日圆”的想象，从踏入大学的第一天开始，我便立志“到祖国最需要的地方去”，舍友笑我傻，笑我痴。我想如果这是一种傻，一种痴，就让我傻到底，让我痴到底吧！研究生毕业以后，我到南疆的学校当教师，遇到了一些像千语这样可爱的孩子们——他们需要我。

我是一名边疆教师，如果孩子们需要站得高一些，需要走出大山，那就踩上我的肩膀吧。

张入义

没有健康的心理，学习将变得毫无意义；被扭曲的教育和教学，一定会扭曲学生的学习。了解学生的心，也让他们了解教师的心，课堂才会有人与人的健康交流。也许，我们无法奢望完美的教育环境，但是，教师有可能以个人的智慧和爱心，创造和谐的课堂。

现在，可以上课了

每年 9 月 1 日，开学第一课，我已经有 20 多个这样的第一课了。

开学典礼，校长讲话，核心词是“健康”，说得很好。健康是生命之本，它涵盖了健康的学习心理、健康的行为习惯，甚至是健康的精神风貌。只是开学典礼安排的内容多了些，有些拖沓了，又是在室外，天气有些热，同学们没过多久，便失去了兴趣，千百个小脑袋已经开始窃窃私语了。我在想，同学们对新学期，还有一年级刚入学的同学们对新学校、新老师、新环境，有怎么样的希望、憧憬？他们想看到些什么、听到些什么……这对每个学校来说，也许都是值得好好思考一下的。

我的第一节课的时间被耽误了。原本第一节课八点四十分开始，我早早在教室里等开学典礼结束，希望正在讲话的教育主管部门什么领导的早点结束她稿子上的一二三四。

我习惯性地看同学们的桌椅，观察课前准备。走一圈，发现有五个孩子的椅子规矩地塞进桌子下，桌面整齐，放好了语文课本。想着今天开学第一课的主题，这不就是健康的行为习惯吗？这五个孩子要表扬，应该把这一点“放大”。开学第一课总要说点什么的。

9点，同学们终于疲惫地回到了教室，一个孩子风风火火地拿着水杯去接水喝。我看着同学们，我想，再等一等，虽然已经上课了，但是因为开学典礼让大家没有时间休息，他喝水很正常，现在我就上课，对他不公平。当30多双眼睛终于注视着我的时候，我看到这30多双眼睛里的失望，似乎还夹杂着无奈，我忽然觉得站在讲台前，责任重大，我知道，同学们希望看到一个能给他们带来快乐、理解他们、能让他们轻松学习的老师。他们的压力很大，虽然还是孩子，却是六年级的毕业生了。“内卷”的风已经刮到了这些孩子身上，激烈的竞争似乎更加残酷，成绩必须足够优秀才能进好学校，这些无一不摧残着同学们还稚嫩的心。

想到这些，我忽然觉得应当说点什么，我清了清嗓子：“开学第一课，你们心情如何？”

同学们默不作声。

“没想过？那就想一想。我不想和一帮没心情的人上课。”

有的学生开始低声议论起来。

“小张，你似乎有话要说，你先说。”

“我不敢说。”

“言者无罪，说吧。”

“我心情很悲催。”

“为什么？”

“开学后就要写一大堆作业了，课外还要上课，还要参加考试，没有玩的时间了。”

一石激起千层浪，小张的话引发了很多孩子的共鸣。我安慰他，也安慰同样心情的孩子：“是的，我很理解，也很同情你。”

不过也有不一样的心情，“小王，你呢？”

“怎么说呢，我觉得有点兴奋，又有些担心。”

“我觉得心情很复杂。因为又可以和同学们在一起了，但是，想到又要紧张地学习，又很害怕。”

……

“同学们，你们的心情我都理解，开学第一课，我的心情想知道吗？”

“想！”很整齐的回答。

“怎么说呢，”我学着小赵的样子，“一言难尽，很复杂，告别了愉快的假期，进入上班模式，想到改不完的作业、上不完的课，痛苦就像一座大山压了过来。我很感叹，为什么时间过得这么快，我觉得似乎还没有准备好，我不太愿意上开学第一课；但是，我又很向往、憧憬，心里又充满了希望，我希望在我的努力下，大家能学习得好，也学得愉快，所以我又盼望着开学。”

同学们打开了话匣子，每个孩子似乎都有话要说。我知道，情绪要找到一个发泄的地方。以前也许我不太明白，也没有关注。

“同学们，也许我们每个人的心情并不一样，开学第一课之后，也许会遇到新的困难，但是日子总是该来的就来，9 月 1 日又到了，你们能不来上课吗？”

“那怎么可能！”

“开学了，你们能不做作业，不参加测验吗？”

“不能！”

“世界上有太多的事情，我们无力改变，但是，有一件事是我们一定能做到的，我希望每个人都明白：我们无法绕过困难，但是我们可以改变心情。”

教室里，一双双明亮的眼睛看着我。我也愉快地看着他们。

“好，现在上课！”

徐红飞

理智与情感，缺一不可。在教学管理中，教师要信任学生，不要总是把学生当孩子，更不能随便怀疑学生的诚信。过于强调“管”，每事都问，有可能制造不平等的关系。和谐的师生关系，首先在于教师是值得信赖的有理智的人。

信任，不要多问

我做班主任时，班上有学生迟到，我基本上都不批评，只问迟到原因。学生的理由，无非堵车，或者自行车胎漏气等等。对这些老一套的迟到理由，我一般都选择相信，道理很简单：如果这是一个比较懒散的学生，教师逼问，他会选择用各种谎言来应付我，迟到也就会成为家常便饭。一般而言，学生不会故意迟到。对偶尔的迟到不要苛责，对那些的确是因为突发情况迟到的学生，宽容则是一种信任。即使个别学生偶尔会利用这种信任，但这不能成为不信任学生的理由。面对谎言，有时选择信任、选择相信，其实比深究真相更能教育人。生活瞬息万变，有很多突发事件和意外情况，我们不是先知，无法预料。何况作为班主任的我，也曾因为路上的事故被堵而迟到过。

一个很明显的事实，是我们班级迟到的现象反而很少，至少不比别的班多，这让我很欣慰。

我上小学时，班上有些同学偷偷学抽烟，有一个叫“五国”的同学害怕被家长批评，经常把火柴和香烟放在我的口袋里。妈妈洗衣服前掏口袋，发现香烟和火柴后，质问我，我如实告诉她，是同学害怕挨骂，放在我口袋里的。妈妈只说小孩不能抽烟，没有再问半句。——因为这份信任，工作二十多年来，我没吸过烟。其实，母亲平日里对孩子的行为习惯一般都很了解，如果孩子真的抽烟，是隐瞒不过去的。

孩子从懂事开始便有自己的思想，就跟成人一样，渴望被理解、被尊重以及被信任，尤其是中学生。陶行知先生曾经说过："教育孩子的全部秘密在于相信孩子和解放孩子。"在教育史上，有一个著名的实验后来被称为"暗含期待效应"。其原理就是信任，从对孩子的信任出发，培养孩子们的积极性，让孩子在别人的鼓励和信任中不断地进步。这种效应被广泛运用于现代教育中。

可是，很多父母往往忽略了对子女的信任。出于对孩子成长的好奇，或者是出于爱的私心，竭力要打听关于孩子的一切，甚至不惜以"侦探方式"获取所谓的"情报"，想要了解孩子的全部秘密，然后往往适得其反。

父母了解孩子最有效的途径，是建立起亲密的信任关系。父母和子女之间，可以靠这种相互信任的关系来维系交流。彼此之间和谐融洽，是最有效的教育。要做到这些，家长必须铭记，要给孩子空间，他有自己成长的世界和交际圈，不意味着需要你知晓一切，夫妇之间如此，父母和子女也一样。在发现孩子的言行有异常时，不要轻易表态，更不能有情绪化的反应。

以前手机还没有普及时，跟学生聊到类似的话题，我总会问他们一个问题，就是当别的同学（尤其是异性）打电话到家里的时候，如果是父母接电话，他们会不会先确定对方身份或是事后询问来电者的身份和意图？在这方面，很多家长做得非常好，听到电话里说找孩子的时候，立马就喊孩子接电话。也有很多家长心存疑虑，时间久了，孩子慢慢就会私下寻找其他交流手段，以规避父母的猜疑。那些在网上匿名和孩子聊天的"钓鱼式"交流，以及对孩子的信件、短信、手机电话的查看、偷看、隐匿、毁弃等极端方式更是大忌。因为一旦孩子发现隐私遭到窥伺，势必把自己紧紧包藏，甚至扭曲自己。

在信息化时代，借助网络、手机等工具，中学生要获取信息，几乎无所不能；而这种信息不对称，则让父母感到孩子越发陌生。科技发展带来新的交流手段，要求父母更应该放下身段，多向孩子学习。要尊重孩子的隐私，对孩子想要保留的隐私不要抱有任何好奇心，“水至清则无鱼，人至察则无徒”，所有人和人交往都需要保留一些空间。有的家长邀请孩子的朋友到家里来玩，然后自己回避，给孩子一个做小主人的机会，自然能赢得孩子的信任。一旦赢得了信任，很多问题就不再成为难题。

当然，信任与尊重绝不等于放任。青春期的学生，更需要老师、家长适时地作有价值的引导。想要了解自己的孩子，家长可以在生活中安排一定的时间和机会多和孩子交流，或者利用假期，多和孩子结伴外出旅行，在旅行过程中敞开心扉、充分交流，通过日常生活中的相处和孩子建立信任，那么一定会结出快乐的花朵。

鲁迅先生说：“子女是即我非我的人。”——从我分离，走向独立。也就是说，做父母的天然使命，就是让子女获得真正的独立与解放，想要他们真正的独立解放，就从信任开始。

每每在家长会上遇上那些“一百个不放心”的爸爸妈妈，我都会告诉他们：中学生了，不能再“孩子孩子”的了；即使你把他当孩子，也请相信他，不要多问，好吗？

叶海忠

有时，儿童需要一点点特别的爱，教师有能力也有必要这样给予，而且他应当知道怎样去做。孩子们成年之后，甚至到了老年时，仍然有可能记得和他们一同踢毽子的小学老师。

毽子翻飞处

天暖和，人精神，学生又热衷踢毽子了。不论男女，都开始对这个毛茸茸的小玩意儿感兴趣。一下课，红的、黄的、紫的；鸡毛的、彩纸的、塑料的……各种颜色、不同材质的毽子，上下翻飞，五彩缤纷，煞是好看。兴奋的笑声、翻飞的毽子、闪腾的人影，小操场顿时就成了欢乐的海洋。

仿佛看到了自己的童年，一时技痒，在男孩子们的催促中，在女孩子们的簇拥下，我终于半推半就走到场子中间。一看到我准备踢毽子，学生高兴地叫了起来，刹那间，一只只小手纷纷伸到我的眼前甚至鼻子底下，手上都托着他们各自的毽子。我向围绕着的孩子们望去，在那阳光般绽开着的笑脸上，都有着一份期盼，都有着一种自信。用谁的毽子呢？我的目光不由自主地停留在小怡身上。

她在二年级时，因为父亲工作的原因，转到其他学校，虽然成绩优秀，但和同学相处不太顺利。我不相信原来那个阳光般的女孩会和别人交往困难，我更担心她受到同学不经意的伤害而留下阴影。两年过去了，她又回到了心爱的集体，又见到了喜爱的老师们。但是，她也有变化了，再也不是那张着没有门牙的小嘴不停地和我说话而被我戏称为“喷香水”的小女孩了。她也在努力尝试着适应这个对她来说既熟悉又陌生的环境。

——就是她了。我轻轻接过她的毽子，分明看到一抹阳光绽放光华。小怡高兴地说："我们比赛踢！我先踢，你来还！"我刮了一下她的鼻子，答应道："行！"她一下子跳到操场中间，把毽子往上一扔，脖子习惯性地一扬，抬起右腿神情认真地踢了起来。周围的孩子帮她数了起来："一、二、三……"没几下，她就把毽子踢飞了，看来是刚学不久，还是只小菜鸟。她吐了吐舌头，把毽子捡起来递给我，走到一旁看着我。我拿起毽子，学着她的样子，也一扔，脖子一扬，同学们都笑了起来。不久，就听见孩子们认认真真地数了起来："一、二、三……"当数字超过小怡时，喊声就夸张地响了起来。最后一个，我也踢飞了，孩子们又发出一片惋惜的声音。小怡挤到我的身边，做着鬼脸说："我要还不清了，你必须要超过我五十个才能算赢！"我假装无可奈何地答应了她。毽子又开始翻飞，小小的身影忙碌地踢毽子，捡毽子。令我感动的是，她从来不让我捡毽子，不管谁踢飞了，她都以飞快的速度捡回来。不过，条件是逐渐把超她的数字改成了八十个、一百个。终于，在第二天的下午，我超出了她九十九个，最后一个毽子还没落到我的脚上，她伸出手接住了，笑嘻嘻地看着我，带着点撒娇的成分，意思是说比赛要一直持续下去呢！这个小鬼！说实话，两天踢下来，她的长进可真不小，我倒是觉得浑身有些酸疼，技术也退步了。但看到她又和从前一样依偎在我身边，不断地朝我喷射"香水"，明显地陶醉在其他学生的羡慕中，我倒是觉得毽子也成了我的教具。一转身，李亦澄又磨在我身边："肖老师，你和我比嘛！"可不能浪费教具的魔力，我故作严肃地说："好，等你上课不随便说废话了，一定和你比！"他看了看同学，偷偷笑了，我也偷偷笑了。老实说，他踢得很好，我虽然踢不过他，也得和他先定个君子协定。

爱的河流不是单向流动的，良好的师生关系可以有很多途径。在这样一个暖冬，在毽子翻飞的时候，我和孩子们的心同时飞翔了。

肖　琼

学校里会有许多我们想不到的事，童年、少年和青春时代，也会有很多的秘密，这就让我们的工作在充满惊喜的同时也处处存在“危险”。如果教师对此没有足够的精神准备，没有足够的宽容与耐心，就有可能伤害学生。

她从不穿裙子

她从不穿裙子，全班皆知。

毕业前的最后一个儿童节，全班女孩都欣喜地换上了亮闪闪的七彩裙，准备上台参加合唱比赛，唯独她依旧一套休闲装，坚决不换。洗得发白的牛仔裤将她衬得更瘦更高，蓬蓬的短发随意地塞进一顶鸭舌帽里，脚上踩一双旧的却十分干净的耐克鞋，两根鞋带就那么耷拉着。

她站在我的面前，双手插在裤子口袋里，慵懒地靠着教室的后门，不发一言。她比我高了，头微低着，依然能直接对上我的目光。不知怎么，我突然有点懊恼：早饭后把高跟鞋落办公室了，要不至少在气势上还能有一些优势。

和她的这场心理拉锯战持续多久了呢？我静静看着她，回忆着近一年来她的变化。这孩子原本写得一手好字，画得一手好画，作文也不错，数学排前三、前五名一点儿问题也没有。升入六年级后，不少孩子个子蹿上来了，话却越来越少了，尤其在面对老师和家长的时候。他们似乎已经迫不及待地想要摆脱自己身上儿童的影子，她便是其中尤为突出的一个。

“找我有事吗?”她的言语有点漫不经心。我有点恼火,深吸了一口气,心里暗自盘算着:离正式比赛还有半个小时,无论如何,30 分钟内一定要“拿下”。

“你的裙子呢?”我尽量让自己的声音柔和一些。

“抽屉里。”她的头撇开了,不再看我,回答却很干脆。我心里暗自一喜,还好,没把裙子放家里,说明她还是犹豫过到底要不要穿的。

“那为什么不穿呢?”

“不喜欢。”这么直接的回答虽让我有点意外,却又在情理之中,这,就是她的“个性”。

“同学们不都挺喜欢的吗? 你看,大家穿上后多漂亮。”我试图用集体的氛围和同伴的力量感染她。她顺着我注视的方向望去,讲台前一群打扮得俏丽动人的女孩正围坐着嘻嘻哈哈地笑着,不知何时,她们开始有了少女的模样,不少人边笑还边害羞地掩着嘴。她瞥了一眼,顺口冒出个“幼稚”。

这是第几次听她说“幼稚”了? 当初发现她的变化,就是从她常挂在嘴边的“无聊”“真幼稚”开始的。伴随着这些口头禅的,还有她日益懒散的语调和拖沓的脚步。她似乎对一切都提不起兴趣,包括学习和与同学相处,“冷”是她给大家的印象,“独行侠”的外号让她感受到“非主流”的优越感。平日里我便不爱听她说“幼稚”,此刻听来更觉得刺耳,不由得一股怒气冲了上来。

“什么叫幼稚? 穿裙子就是幼稚? 参加学校活动是幼稚?”我的音调越来越高,所有的学生都安静下来,看着我们。显然,她对我的突然发作感到有点愕然,投过来的目光里居然还有些悲天悯人。那一瞬间,我感觉自己在她心目中犹如一个滑稽的小丑,终于无法控制地完全爆发了:“我看,浪费时间和你说话,才是我的幼稚!”

我一甩头,怒气冲冲地准备回办公室,忽然想到大赛当前,当务之急是让她穿上裙子,便调转回头,疾步走进教室,来到她的课桌前。她似乎想拦着我，也跟了进来。我以最快的速度从她的抽屉里抽出裙子，然后拽着她，不由分说地走出教室。她比我高，但毕竟是孩子，加上太瘦，居然也就被我拉扯着出来了。

办公室里一个人也没有，我们俩面面相觑。

“就在这里换。”我一边说一边拉上了窗帘。

她头低着，一动也没动，我早料想到了。

可能是感觉自己脸上挂不住，也可能刚才的一番火释放完了，想着反正此刻只有我们两个人在，我又开始了“柔性政策”。

“老师刚才失态了，不应该那样对你。可是，你有没有想过，这是我们在小学阶段的最后一次比赛了，同学们都想给童年的美好时光画一个圆满的句号，如果因为你的固执，造成大家的遗憾，那该多么令人难过呢？”

她终于有点反应了，身体微微晃了一下，又立刻站直了，头依然低着。

“我知道，你没有穿裙子的习惯，可是只需要你穿一会儿啊，就一会儿，老师保证合唱一结束你就可以把裙子换掉，好吗？”说到最后，我感觉自己是在恳求。

她依然没动，身子却在微微颤抖，随即又抬头望向我，眼神非常复杂，几次欲言又止。我疑惑地看着她，不知她此刻演的是哪一出。

“老师，我换。”她的语气很坚定，声音却是颤抖的。看她拿起裙子，我慢慢走出了办公室，心里却有着说不出的酸涩，对自己的苛求和计较感到愧疚。

再次走进办公室，她已经换好裙子了。原本就高瘦的她，穿上裙子后似乎更显得亭亭玉立，她是个这么秀气又漂亮的女孩啊！我的眼前不禁一亮。刚想开口称赞她，目光却不经意地落在了她的腿上：那纤细白嫩的小腿上居然有一大块黑色的胎记！我惊讶得说不出话来。她捕捉到了我的眼神，头一下子低了下去，小声地说：“这是胎记。”然后再也没有抬起头，身体在颤抖。

所有的谜团都解开了。我的心在颤动，连走过去拍拍她背的力气也没有。内疚和自责在一瞬间把我完全淹没，我竟让一个孩子承受如此大的委屈和伤害！

……

这件事的结尾是这样的：歌声响起时，她依然穿着那条发白的牛仔裤，虽然站在最后一排，然而她的脸上却有难得的笑容。

两年多后再见她，是在网上，她居然和我聊了两个多小时。结束时，她说："想不到老班变得这么温柔，那时我们是多么害怕您啊……"我一时语塞，只得回复了一个笑脸。

她似乎淡忘了的事，却永远留在了我的心头。每个学生都可能有自己的秘密，我们当教师的，要去呵护和遮挡。同时我也想到，在广袤无垠的教育大地上，我可能永远是个"幼稚"的行走者。

袁　媛

人生最可贵的想象力和好奇心，也最容易在童年时代丧失。把学生训练得循规蹈矩，不是教育的目的。有智慧的教师，会因势利导，奋力拓开学生自由学习的空间，因为他们已经想飞翔了。

窗帘钩成了精

几年前的一天，学校给所有教室安装了遮阳窗帘。第二天早上，我刚进校，一群孩子就冲过来嚷："老师，不好啦！小信把窗帘拆下来了！钩子都被他掰坏了！""真讨厌！我们今天要晒死了。"我急匆匆地走进教室，果真少了一块窗帘！小信躲在桌子底下，头埋在两腿之间。班长说："我叫他把窗帘和窗帘钩都上交了，放在讲台抽屉里。"

我拉开抽屉，惊呆了！这堆金属窗帘钩被掰成各种各样的形状：这个是展翅飞翔的鸟儿，那个是一只举着的嫩生生的小手，还有椅子、坦克……窗帘钩成了精，真是一双灵巧的手！他怎么想得出的？一股清纯的泉水浇灭了我心头的火苗，我叹了口气，忍不住笑了："小信，你是怎么做出来的？"

他敏捷地从桌肚下钻出来，红着脸说："随——随便掰掰的。"我想，他大概是太想玩又没东西可玩了，才会去卸窗帘钩。我犹豫了一下，问大家："大伙儿说说，这件事该怎么办？""他应该赔！学校花了好多钱买的窗帘钩。""要写保证书，保证以后再也不破坏公物了。"

小信又垂下头，这个又黑又瘦的小男孩才十岁。事情已经发生了，过多的责怪有什么用呢，哪个孩子小时候没调皮过？我小时候不也捅坏过教室的玻璃吗？我倒是从这里看到了小信不同于一般孩子的想象力和动手能力。

“这样吧，我去买些窗帘钩，让小信把窗帘重新挂起来。剩下的，让他再掰成各种各样的造型，看看他怎样把窗帘钩变成精灵，你们说呢？”

“啊？哦——同意！”孩子们开心地笑起来。小信怔怔地望着我，这是一种多么独特而默契的眼神啊！写着惊讶，写着喜悦，似乎还有……

中午我没去教室，想象着他怎样认真地给窗帘套上钩，小心地爬上桌子，挂好窗帘；想象着他黑黝黝的小手会掰出一个又一个什么样的精灵。

“丁老师，您快去教室看看。”一拨小家伙兴冲冲地催我。走进教室，同学们正围着桌子——呵，一个个形态各异的作品跳跃着童真和智慧，我从没见过这么美的精灵钩！每一个都让我感到新奇，爱不释手。

我常常这样感谢儿童，是他们的淘气和纯真点亮了我日益麻木的生活；感谢儿童，是他们的自由创新盘活了我开始僵化的心智；感谢这堆充满稚气的创造，这堆窗帘钩让我远离了粗暴的镇压，遇见了儿童最浪漫的灵感。

今年，我与小信的妈妈偶遇，她欣然而笑：“我儿子现在特别喜欢做手工、做实验，上次参加市里化学竞赛得了一等奖。麻烦老师啦，小时候他特别淘气哈，他一直很想你……”

儿童的好奇心没有边界，不小心就会闯点祸，但是这种差错也是一种教育契机。现今很多教师唯恐学生出错，学生每动一动，教师就说一说，严密监控。面对儿童的一些顽皮行为，教师动辄上升到“安全”“素质”“生命”的高度加以控制，把天真烂漫的儿童训诫得一惊一乍，最后循规蹈矩。人为什么会丧失好奇心与想象力？很可能在儿童时代，他们遇到的不是真正的教育，而是“管教”——“凡事不碰、不动，就不出错”，这种教育，本身就是错。

丁爱平

在茫茫人海中，教师如何寻找一名聋人孩子？找到了之后，应当怎样把他们带回学校？在平时，教师怎样了解他们的内心活动，教师用什么样的方式与他们沟通？……你想象过那样的困难吗？然而很多优秀的特教教师，已经这样工作很多年了。

你知道我在找你吗

六年前的一个星期天，晚上九点多钟了，我在家里看报纸。忽然电话铃响起，生活老师心急火燎地通知我：班上有名学生，下午外出购物到现在还没回校！这是个性格极为内向的听障少年，他刚来校时，因无法适应集体生活，家长还陪读过一个月。我立刻赶到学校，先向同学了解他下午的一些表现，得知他下午买过许多的食物。在查看了他的床铺后，根据他爱好上网的特点，我请当时教电脑的刘老师一同到办公室上网，试着用 QQ 联系，终于找到了他。为了稳住他，我们没有立即道破自己的身份，而是根据掌握的情况，有导向地和他“聊”着。要动员他返校，不得不把话说得明一些，但一说出我的身份，他就下线，联系不上了。不能放弃，我非得找回他。继续等，一会儿，又联系上了；之后，又改为视频，我们直接用手语交流。因为刚才的聊天，我们已经取得了他的信任，所以，孩子此时没有感到意外，也没有出现过激的情绪。我用手语告诉他：“我再给你一个小时的假，到时我在校门口等你。”接着，我们就下线，赌博似的在校门口等待。那一个小时，可能是我经历过的最长最长的一小时了。夜深了，终于，路边缓缓出现了一个迟疑的身影，我和刘老师站立着不敢动，就这样，默默地等待。终于，那身影向我们这边慢慢挪过来，我悬着的心也放下了。什么也不必说了，回宿舍睡觉。安顿好他，走出宿舍楼，都已是凌晨三点多了。

找孩子，经常地找孩子——在特殊教育岗位上的老师，常常得苦苦寻找那些因生理或心理原因出走的孩子，我们找学生几乎都有一套经验了！学校刚创建预科年级、面向全国招生的那年，有天中午，校领导紧急召集了部分男老师，告诉我们，有一名女生因想家和感到学习有压力，冲出了校门，门房师傅没能拦住，现在大家赶紧分头去找！大家立刻分工，火车站、长途汽车站各去几个人，其他老师分头沿街找。我骑着车，按划分的路线一路东张西望。小区、巷子、街头公园……寻找半径在不断扩大，骑到解放南路时，突然，看到了！那女孩独自坐在马路牙子上，看着天空发呆。我支好自行车，慢慢地，若无其事地在她身边坐了下来，静静地看着她，她也静静地看着我。谢天谢地，她没再跑，我也真的很累了。好一会儿，我开始用手语跟她说话，有一句没一句地聊天，也谢谢她，居然也愿意跟我"聊"。当时聊了些什么已不记得了，只记得时间蛮长的。她听不见马路上的嘈杂，我可还得在纷扰中聚精会神。我们就这样用手语交谈，路人看到两个聋人随意地坐在马路牙上比画，一定好生奇怪，渐渐的，有路人围观了。孩子有些不自在，其实我也有点不自在。我顺势提议换个地方聊，她也同意了。我让她帮我推着车，我自顾自地用手语继续"说"着我的看法，不知不觉到了校门口。我停了下来，从她手上接过我的车，等她表态。此时，我内心紧张极了，我不知道她会有什么样的反应，还好，女孩示意我陪她进了校门。

1991 年我所教的班上，有一名福利院的失聪孤儿钱某。特殊的身份和经历，导致这个孩子不合群，行事会走极端，有段时间甚至喜怒无常。我在开导她的同时，也提醒同伴巧妙地伴随其左右，时刻关注着她。可钱某还是趁着课间上洗手间的功夫，溜出了学校。"一定要找到她！一定要找到她！"这是我当时唯一的念头，因为她是残疾孩子，又是孤儿，我更不敢有一丝一毫迟疑，脑子里飞速地闪着一条条线索，判断孩子可能的去向。当时，几乎是凭着直觉，我直奔下关火车站。我找到站长，说明情况。说话时，我能感觉到自己的声音在发抖。听着我的诉说，看着我的满头大汗，站长亲自把我带到站台，送上即将启动的列车，还隔着车窗用力挥了一下拳头，给我打气。在车上，我求助乘警，陪着我一节车厢一节车厢地找。车到镇江，她仍毫无踪迹。谢过乘警，我下了车，在走向出口处时，我突然发现了她的背影，正随着人流慢慢向出口处走去。我一阵兴奋，但立即意识到不能就这样上前，弄不好会出事的。于是我绕过她，抢先到了检票口，简要地向值班员说明情况，让他们找个借口，将孩子请到了值班室。孩子在值班室见到我，一脸惊讶，那神情我至今不忘。说什么都是多余的了，默默握着她的手，我们回到了学校。过了些日子，她悄悄问我，是怎么知道她会去镇江的，我也悄悄地问她：是不是和金山焦山有关？她默认了。我顿感五味杂陈，因为这孩子记住了我给大家讲的有关金山焦山的传说。她的行为是有些偏激，但她的内心一直有着美好的梦。我当时就坚信，这孩子以后会有幸福的生活的，二十年了，事实证明我想的没错。

教学几乎都要佐以手语，我已经习惯了。我只是担心学生感到孤单，所以总是多用些时间陪着他们。聋人学生看我们，往往会觉得不是同类，与健全人在一起，他们有可能感到自卑和孤独，这就需要老师真正理解他们，并传达出这样的理解。不少学生，表面看也很快乐，可他们在日记中常常透露出生活无希望、没意思的想法，随时都有出走的可能。寻找出走学生的事，在我们这样的学校，好多老师都经历过。寻找的路上，我们惊慌、焦虑、愤怒、同情、体谅、激动、感动……所有的，所有的滋味都一一涌过来，现在想来，这正是特殊教育中的特殊体验。

周而慷

学生来到学校，是来寻求知识的，是为了获得教养的，是为了寻找友情的。学生在学校获得的美的熏陶，将伴随着他们走到永远。青春是美丽的，能经常和学生一同感受真善美的教师，也是最幸福的。

让母校见证爱情

星期六有事去学校，在传达室，看到两个青年在和门卫交涉。隐约听到，他们说是以前的学生，想回母校看看；门卫姑娘很厉害，说按规章制度，不能进。

就在此时，两个青年叫住了我："周老师！"我停下脚步，回头打量他们，却认不出是谁。他们热情地提醒我："老师，我们是……"我想起来了，是我的第一届学生！十年过去，一个发福了，另一个当年内向稚气的少年，现在则精干成熟，难怪认不出来。我向门卫证明他们的确是校友，门卫姑娘又负责地要他们出示证件，方才放行。

他们兴奋地告诉我，今天有一项特殊任务——帮当年班上的一个男生向同班的一个女生求婚。我听了大为吃惊，因为当年从未听说这两人有什么"意思"啊。他们解释，是这一两年才从同窗友情发展上升为爱情的；男生决定要在最初相识的地方——母校，举行一个浪漫的求婚仪式，给女生一个惊喜。他俩是来帮忙的，男生和双方父母过一会儿就到，女生则由一个朋友负责"骗"来。

不一会儿，男生和双方父母到了，还带着一大束玫瑰花和一个轻便的展示架。门卫姑娘一看这个阵势，这么多人，还扛着摄像机，便很紧张，说了一堆阻拦的理由，最后要我请示学校领导。我想，这已经不只是成人之美了，这也体现了学校教育的美丽啊，于是把情况和校办的老师说。他在电话里跟门卫姑娘说了几句，于是她总算放心了。大家都很高兴，到校园里的湖边布置好展示架和图片。此时阳光照着湖面，金光闪烁，展示架图片上，两位青年的笑容如此甜蜜。——一切就绪，只等待女主角的出现。

十五分钟后，女生在朋友陪伴下出现了。她显然毫无准备，看到这场面，眼泪一下子就出来了，又觉得不好意思，就不断地用手去挡自己的泪眼，可那份感动和开心却掩都掩不住。然后便是我们常常看到的场景：玫瑰花、钻戒、求婚、拥抱——“从此，他们过着幸福的生活……”平时看这类求婚场面，往往觉得夸张，今天却很感动，觉得爱情真美好，青春真美好。身旁有在校学生络绎而过，这些十几岁的孩子放慢了脚步，带着好奇，带着微笑。他们会想到，这是怎么回事吗？

学生告诉我：“我们班上不止成了这一对……”我当年的课代表是个纤细秀丽的女孩，有个男孩一直很喜欢她，高中毕业以后继续努力，终于在前两年如愿娶回了她。少年时，我们可能都对异性有过朦胧的好感，能将这种好感升华成忠贞不渝的爱情，并最终与少年时那个梦里的他（她）携手，共度漫漫人生，真好！

爱情真美好，青春真美好。

当一个见证这些美好的老师，真美好。

周春梅

教育最像农业和林业，学生的成长和发展要经历必需的过程。欲速则不达，学校和教师不能违背教育教学的规律，拔苗助长；要尊重、保护、发展学生的学习个性，并启迪他们在这一过程中树立信心。

不一样的“阿慢”

一个学生打电话给我：“老师，四班的同学们都很想你，毕业十多年了，大家慢——慢——地长大了……老师，你慢——慢——地走，不着急，我们在学校大门等你。”

听着电话，我不禁笑出声来：“你是周翔吧？”

“老师，你还记得我？！”

我当然记得，“慢——慢——地”这三个拉长了音的字，只有从他的嘴里说出来才那么有味儿！

上高中入学第一次作文课时，两节课过去，同学们都交作文了，只有他一人没交，而且才写了三行字。我略带疑惑地问他：“怎么啦？从小到大，十几年过去了，怎么就写不出来呢？”他很认真地看着我，说：“老师，十几年的成长经历，90分钟以内写出来，您不觉得太仓促了吗？我得好好回味一下，您给我点时间慢——慢——地写。”是啊，为什么一定要逼着他用短暂的时间写一段漫长的人生呢？我立刻意识到，“当堂完成”的要求未必有道理。三天后，他将作文交给了我。漂亮的正楷字，卷面干干净净，一看就是个认真的学生。文章的内容我已无法记起，只记得结尾的话，让全班同学和我为之鼓掌："成长，不是一件着急的事，得慢慢地来。"

高中前两年，周翔的日子过得很慢，凡事总是比别的同学慢一拍，"阿慢"便成了他的绰号。但大家都很喜欢他，遇到困难的事，首先想到的是找他。因为他虽然慢一点，但总是能做到最好。

高三转眼就到了，运动会三千米报名成了体育委员最头疼的事，班上几个健将都找借口不参加。体育委员抱着试试看的态度，找到没参加过长跑比赛的周翔，没想到他竟一口答应。运动会当天，周翔以一身崭新的运动服出场了。他跑得可真慢啊，两圈下来便与其他同学差了大半圈。但他架势十足，手臂摆到最大弧度，脚步迈得很稳健，淡蓝色的运动服有节奏地上下跳跃着……看台上，很多同学的眼泪都笑出来了，拍桌子的，跺脚的，人仰马翻。第四圈时，跑道上发生了"巨变"：跑在前面的运动员开始陆续退出比赛，跑道上只剩下六七个同学。看台上，同学们开始站起来为周翔加油，我也情不自禁地高喊着他的名字。"阿慢！阿慢！阿慢！……"全校同学都站起来了，整个运动场似乎都是周翔一个人的了。累得变了形的"阿慢"，三千米赛跑得了第三名，一下就成为班级的英雄。

但好景不长，高三第一次模拟考试，周翔语、数、外三门功课没有一门试卷能做完，就连他最喜爱的作文，也只写了不到一半。成绩出来的当天下午，我找到"阿慢"，用无限同情的语调说："周翔啊，胜败乃考试之常事，你一定要……"没想到，周翔却微笑着说："老师，我很坚强的。考试这事得慢——慢——地来……"这倒好，他反过来劝我了，好像"阿慢"是我而不是他！

离高考还有一个月了，周翔还是没有"快"起来的迹象。数学老师气愤地将模拟卷拍到我的桌上："周翔怎么办？你这个班主任不能再纵容他啦，让他每天放学后到我这里来做'限时练习'吧！"我找周翔商量，他又是一脸天真地对我说："老师，做一题是一题，怎么能速成呢？要慢——慢——地来。”“离高考还有一个月了，你得抓紧改掉慢的习惯。”我刚说完，他又笑着说：“老师，不着急，用七百多小时复习，去对付两个多小时的试卷，时间是足够的！”数学老师气不过，将他拽到办公室做“限时练习”，没想到他却比原先更慢了，强硬的数学老师也只能无可奈何地“放了他一马”。

高考成绩出来那一天，他考得并不理想，我知道他的“数量”并没有上得去。一周后班级同学毕业聚会上，他说了一句话，唱了一首歌。

一句话是：心急火燎只能泯灭兴趣，顺其自然才是正道，学习如此，做人也是如此。

一首歌是：台湾校园民谣《蜗牛与黄鹂鸟》。

“阿慢”进了一所工学院。此后，我变换工作单位，也就很少有他的消息。漫长的十多年后的一天，“阿慢”牵头和几个学生一起找到了我。茶馆里，他坚持自己动手，洗茶具、分茶叶、倒开水……每一个细节都很完美，就是动作依然有点慢。其他学生告诉我，“阿慢”今年博士毕业，获得四项专利，到材料研究所工作了。他浅浅地一笑：“我生性就慢，小学、初中老师总是批评我，只有你‘纵容’我的慢。当初我虽然没有考上理想的大学，却一直牢记着您对我说过的话：‘相信自己，只要慢慢地学，一定会有进步的。’”我真的说过这样的“阿慢式”名言吗？我的脑海里一片茫然。不过，眼前的“阿慢”，无论是在学业上，还是在学术上，早就超过了当年的很多“限时练习”做得快、高考成绩出类拔萃的学生，这个“阿慢”其实并不慢啊。

聊天的时候，大家要求周翔再唱一次毕业聚会上的歌——《蜗牛与黄鹂鸟》。他爽快地答应了。我和学生们用杯盖敲着茶杯打节拍，他唱道：

阿门阿前一棵葡萄树/阿嫩阿嫩绿的刚发芽/蜗牛背着那重重的壳呀/一步一步地往上爬/阿树阿上两只黄鹂鸟/阿喜阿喜哈哈在笑他/葡萄成熟还早得很哪/现在上来干什么/阿黄阿黄你呀不要笑/等我爬上它

就成熟了……

聚会结束，周翔紧跟在我身后，说："老师，您慢——慢——地走，楼梯有点滑。"

那一刻，我的心里很充实，也很感动。

张小兵

一名有残疾的学生，能勇敢地走上社会，独立谋生，并长期保持学习的意识，非常难得。每年回母校听一节课，只是为了重温课堂的感觉。——这样的学生，像一棵有灵魂的树，根本不能用文凭或“成功”与否之类的东西去衡量。

每年听你一节课

小赵离校九年了，她是肄业，临毕业时，她忽然决定放弃学业，不念书了，也就不参加聋人高考了。

一年后的某天上午，门卫打电话到办公室，说有一名往届生要见我。到校门口一看，哈，原来是小赵。她正背着一个硕大的背包站在传达室。我把她领到办公室，她还没坐下，就急急地摇晃着食指，问我上午有没有课。我用手语告诉她，下一节是我的课，她才坐下和我聊起来。她告诉我，自己在家乡的一家跨国公司找到工作了，做财务。她没和父母住在一起，一个人在外单过。想想一个从小失聪的女孩，和别人交流都有困难，中学又没念完，现在却能与健全的人共事，还独立生活，该承受多大的压力，得下多大的功夫啊。我比画着说：“你吃了不少苦吧？”可小赵拍拍大背包得意地比画说：“我现在过得很好啊，下班后，我还去学摄影呢。我攒了点钱，买了架好相机。”说着就从包里掏出了一部相机和一本相册，并把相册送给了我，里面是她拍的照片。上课时间到了，她默默站起来，跟着我走进了教室，坐在最后一排，静静地看我上课。一堂课很快结束了，她匆匆跟我聊了几句就道别，赶火车回去了。

这以后的每年四五月间，小赵就会发一条短信，问我某一天的上午有没有课。得知我有课，她就会来南京，到了学校，简单地聊上一会儿，然后听我一节课，临走，再送我一本影集。一晃九年了，小赵已经来听了我九节课，影集也送了有七本。她对光线的运用、内容的编排都日渐成熟，我看了也为她高兴。现在她已经是那家跨国公司的财务总监了。我问过她，怎么会有每年来南京听一节课的举动？她说："老师，你从不逼学生，我们很轻松地就能学到东西。我就是想重温那种感觉，所以离校时就决定，每年听你一节课。"

这真是个重感情、有个性的孩子。我不得不说，社会对特教工作了解得可能不够多。如果你走进我们的学校，和我的学生交上了朋友，你可能会发现，他们和天下所有的孩子一样的聪慧，甚至有异禀。

像小赵这样的孩子，我身边还真不少。毕业多年依然与我保持联系的学生有那么十几位。有时，看着他们QQ空间的内容，他们在校时的情景又都浮现在眼前了。印象中他们好像都不是受热捧的学生，却都极具个性。

小陆，一个风风火火、疾恶如仇的小姑娘，当年绰号"煞姑"。班里的女孩都表现出淑女的样子，她却在眼保健操或者班会时，咬牙瞪眼，用力地跺着讲台，极夸张地挥舞着手臂，让很难召集的聋人同学尽快安静做操或上课，不给巡查的同学扣班级常规分的机会。小吴，一个爱读书的学生，像不少听障少年一样，偶尔会出现低落的情绪。那时她最喜欢在课间缠着我，和我讨论看过的书。现在想来，我倒真的要好好感谢她：为了应付她的"纠缠"，那段时间，我扎扎实实地看了不少书，那些书对我现在的教学有着巨大的帮助。还有那个"捣蛋军师"小蔡，调皮的主意没少出，天天跟我斗智斗勇，可人家现在是有专利项目在手的IT白领了……

想到这些学生，我总是很激动，也很欣慰。常有朋友为我从事聋人教育而感叹，说别人在为培育栋梁耕耘，你历经艰辛却未必能种出一棵树。可我觉得，我种出的树和别的树是一样的。

周而慷

教育能改变人的命运，教师能从这样的改变中发现自己的职业价值，并从学生身上发现美好的追求与丰富的人性。在祖国广袤的大地上，到处都有这样的人和故事，正是有这样的努力，社会便一步一步地走向文明与进步。

我的学生们

打开四川地图，你可能不容易找到“古蔺县”，而我在这个偏僻的山区当教师、当教研员，已经二十多年了。

十多年前，我在县中教书。当时为了抓高中教学质量，县里在春季会把初三品学兼优的学生集中到县中，采用政府免除书学费和补助生活费的措施，办“特高班”，社会影响很大。虽然我一向反对把学生分为三六九等，但看到农村孩子有机会在全县最好的学校读书，还是感到很高兴。班上的学生家境都不太好，很多家长外出谋生，有些甚至几年都不回家。如果不是县里采取这样的措施，不少学生读完初中就只能外出打工了。

我那时教语文，除了讲教材，还给学生讲杜甫、讲苏轼、讲林语堂、讲《简·爱》、讲《约翰·克利斯朵夫》，还讲过农村题材小说专题。学生学习兴趣颇高，班上曾有学生能用文言写作，有的学生自发办报纸，有个女生的隶书写得相当漂亮，高考时语文科获得全县第一。这个班很多学生一直和我有联系，他们的故事我总是忘不了。

王同学来自一个父母重新组合的特殊家庭，兄弟姐妹多，她是唯一爱读书的。家庭经济条件差，为了改变命运，她不得不刻苦学习。她身体单薄，穿着朴素，一年四季就是两件校服换着穿，我至今还记得她上课时略显胆怯的目光。为了取得好成绩，她常常在熄灯后悄悄地爬起来，到女生宿舍过道的路灯下看书。夏夜，路灯周围成群的蚊子乱飞乱撞，她也一直坚持了下去，为了不影响其他同学的休息，她别无选择。她的学习意志带动了同寝室的同学，大家的学习都变得很刻苦。毕业那年，她被评为省三好生，顺利考进西南大学，同寝室的同学也全都考上大学。大学毕业，她被保送读研究生，迫于家庭经济压力，她准备放弃。我和妻子知道了她的情况，鼓励她深造。妻子说，她这么优秀，不读太可惜，我们把她当作女儿，资助她完成学业吧。现在，她在一所大学任教。

陈同学家境贫困，高中三年，他在校外租房子住，自己煮饭，随便煮点蔬菜就算一顿，很少吃到肉。曾听到过学生说，他经常一天只吃两顿饭，利用双休日到工地干活，或者为单位做清洁工攒生活费。在县城的一些工地，常常会看到他瘦瘦的身体，在和灰浆，在挑砖。高中三年的寒暑假，他从来没有回家过年，都是在工地上度过，靠自己的双手挣钱读书。我在他身上似乎看到自己当年求学时的情景。我和他交谈时，告诉他，不管环境如何，要有好的心态，对社会不怨愤，对有钱人不羡慕、不嫉妒。除了勤奋学习，他还特别喜欢锻炼，坚持每天五点钟就起床，跑五公里。他喜欢写作，写过不少反映底层人生活的诗歌散文。一次作文评讲时，我对同学说，我喜欢班上的每一个同学，但特别敬佩陈同学，因为他阳光的心态值得每个同学学习，一个人出生在哪里并不重要，最终走向哪里才重要。后来他告诉我，我当时的几句话他深深地铭记在心，成了他克服困难激励自己前进的动力。

还有一个黄姓女生，文文静静的，从不让老师操心。高考时，她仅上了“三本”。暑假中，我在县城遇到她，她正提着一篮蚕豆在路边卖。她看到我，显得很难为情的样子。后来我才知道她放弃了上大学，因为家庭经济非常困难，父亲在外打工不幸受伤，母亲常年有病，弟弟和妹妹都在读书，就连当年读高中，她也打过退堂鼓，现在终于把高中读完，自己也没有遗憾了。为了家庭，她选择打工。看到学生放弃上大学，我感到无能为力，心里很难过。妻子说，你能不能帮帮她，乡村小学缺英语老师，她英语成绩不错，代代课没什么问题，好歹能有些收入。我说，帮她找个代课老师的位置没什么大问题，可乡村代课津贴实在太少了，说不出口，人家一个女孩子，也有尊严啊！最终我没替她联系，这一直是我的心结。所幸的是，她到广东打工，在一家工厂当上了工长，一个月有两千多元的收入。她打电话告诉我，看到同学们大都上大学，她也曾感到很失落，但她不后悔自己的选择，因为她对家庭有一份责任。她说现在当一名普通工人，也很快乐；她还告诉我，她参加了中山大学的自考，已经取得了文凭。

那三年，是我教育生涯中最重要的经历。这些山区贫苦人家的孩子，现在已经走上了社会。每到春节，他们从四面八方回到古蔺，一般都要相约到我家。昔日腼腆的农家孩子，现在一个个神采飞扬，健谈开朗，从不忌讳读书时的困窘——那样的困窘，也逼使他们勤奋读书，从而改变了命运。其实，作为教师，我也从他们的身上，学到了教育学的理论书本上没有的知识。我为这些孩子的今天感到欣慰。虽然我不认为读书的目的就是为了升学，然而在中国，底层社会的孩子毕竟可以通过高考改变命运。每当看到自己教过的学生最终没能升学，我心里总是很难受，觉得自己的工作没做好，对学生的帮助不够。我也因此更加认真地思考自己作为一名教师应该具备的良心与责任。

罗怀海

是“办教育”还是“办学校”？如果学校没有真正意义的教育，“学校”则徒有其名。一所学校的校长，有正确的教育观，心里始终有学生，学校教育才会担负起“立人”的重任。

我们办的是“教育”，而不是学校

当老师们发现小祥不在学校时，小祥已经从克拉玛依飞往广州。

晚上十一点，他给妈妈发短信，决意退学，因为他要当电竞选手。

这种突发情况，足以让学校惊慌失措人仰马翻，一般学校会怎样应对呢？最要紧的，往往是“稳住家长，找回学生，封锁消息，瞒过外界”。在这个讯息发达的社会，“学生丢了”足以形成滔天巨浪，猛烈冲击有关的每一个人。于是，年级召开紧急会议宣布两条禁令，首先要求每位老师封锁消息，其次任何老师不能和小祥联系，以免授人以柄；人找回之后，所有的老师要统一思想，共同谴责小祥，治治他，让他下次不敢如此胆大包天。

我是小祥的语文老师，被要求禁言禁行。当时我心有抵触又颇为无奈。保全学校名誉，无何厚非，现代社会信息发达，只言片语就能引发一面倒的舆论漩涡，那时没准会有人探究小祥究竟是如何巧妙地冒充家长请假，又如何细心地提前一个月购买飞机票，再如何在一周前陆续将自己的行李藏到同学家……好事之徒多着呢。

家长报警后，杭州警察在中转地杭州机场留住了小祥，通知家长去接。我得知消息，还是忍不住偷偷给小祥发了短信：我担心小祥害怕，他毕竟只是个高一学生。李校长可能是听说了学生出走的事，在教学楼过道找到我，她蹙着眉，问我小祥的情况。我有些犹豫，因为不知道“禁令”究竟是谁发出的，如果不小心说漏嘴，我被批评怎么办。

校长喃喃自语：“这个学生，肯定是在学校遇到了天大的困难啊，要不怎么会突然走了啊？”

我心里微微一动：校长竟然同情小祥！

我谨慎地告诉她，小祥是因为梦想成为电竞选手，不想上学了，才出走的。

她神情急切，一问接一问：“学生现在情况稳定吗？”“他想当电竞选手，遇到了什么困难？”“他需要学校给他什么帮助呢？”

我打消了顾虑，将小祥刚刚发给我的大段文字给她看。

小祥写了很多：“在咱们学校，很多人能找到自己喜欢的事，可是我如此孤单无助，我可能是庸俗的、无聊的，竟然喜欢电竞。”“没人和我一样，没人能瞧得起我。”“就算是咸鱼都能翻身呢，我这辈子都无法翻身了。”“我没有朋友，除了你，没有人和我说话，即使是我妈。”“从来没有人喜欢我，只有电竞的伙伴。”……

反复看这些文字，校长神色凝重，她说：“这都是咱们学校的责任啊，虽然我们的课程很丰富，但是还是没能去倾听每个学生的需求，竟然让学生觉得如此孤单！我们技术组应该开发相关课程，满足这些学生的需求，要想方设法让他们在学校找到伙伴啊。学生想当电竞选手，为什么不可以？那也是很美好的梦想！巫老师，拜托您多和学生联系，多支持他理解他，让学生心里感到安全。等到他平安回来，我们建议技术组的老师开发出相关的课程来……”

我眼角有点湿了，这时候，她一点儿没想“乌纱帽”，也不去想社会舆论，只想着学生是否安全，是否开心，是否有伙伴——她只想着教育的责任！

小祥成绩平平，家境普通，不爱表达，沉迷电竞，是位长期只与妈妈一起生活的男孩。在学校，这样的学生很容易淹没在群体里。但是，学校教育是为优秀的极少数服务，还是关注每一个个体？当学校声誉和学生权益产生冲突时，什么样的选择，才能证明我们是在"办教育"而不是"办学校"？

小祥回来后，在和风细雨中，渐渐地有了一些变化。后来，他发现自己更喜欢机械，考上了东北的一所"211"大学的机械专业。大学毕业准备考研时，小祥给我写过很长的一封信，感谢老师和学校。

作为教育改革的前沿学校，免不了流言蜚语的纷扰，我们不得不经常面对家长的疑虑和学生的烦恼。有位学生小云，在高一下学期提出转学。年级极力挽留，但是小云和家长都去意已决。没想到，一个学期后，小云又提出要转回来，因为她还是觉得我们学校的模式更好。年级主任很生气，不同意她转回来："当学校是你家啊，想走就走，想回来就回来？"一般学校遇到这种情况，可能都不会同意这种"来去自由"。李校长得知这件事后，找我们年级主任谈心："这个学生从初三到高一，一年半时间都在咱们学校，咱们学校就是她的母校。学生因为不确定咱们学校是不是适合她，想换到其他学校，这个想法有什么错吗？成年人面对选择也会有犹豫，咱们的教育是不是也要给学生创造选择的机会，让他们去尝试、去比较。现在学生后悔了，想回来，这是她'试错'后的选择，我们应该要鼓励她啊。如果不准学生转回来，学生该多害怕伤心？这里是她的母校啊，难道也不包容她接纳她？究竟是学校的面子重要，还是学生的困难重要？我们是办教育，而不是'办学校'！"

是啊，教育，要有原则，但也应该是温软的吧？呵护每一个学生的选择、兴趣、理想，教育才会出现应有的价值。每一个选择、兴趣、理想都会带着他走一段路，使他拥有他想要的一段经历。等过了一段时间，又会有新的选择、兴趣、理想，便再走一段。鼓励学生所有的梦想，不要人为地把学生的梦想区分为三六九等；学校教育要培育每一个学生的优势，而不是培养每一个优势的学生。

人的悲欢可能并不相通，学生觉得天塌地陷的事，在成人看来微如齑尘，但是他就是在真实地疼痛与渴望。教育就应该像水一样，包容、接纳、浸润、滋长……

巫杰锋

第二辑

美丽的爱与等待

不拖堂是好习惯，但这位教师拖堂一分钟，是要保护一名小学生的自信，同样也为展现教育的文明。是教师个人竞赛的名次重要，还是学生的自尊与信心重要？这在成熟的教师心中，不是什么困难的选择，不管在什么情况下，他们都会把学生放在第一位。

我想听你把话说完

会场很大，灯光照亮了舞台。现今很多公开展示的教学活动，不得不从教室搬到这里。

“嘟——”不很张扬却清晰入耳的长声哨响。

正站着发言的学生一愣。

她亦微微一怔，随即微笑地对孩子说：“不要紧，你继续说。”

孩子捡起被哨声打落在地的思路，继续往下说。

现场很静，听得到秒针嘀嗒的声音。

这是一次省级小学教师学科素养选拔赛，项目很多，从朗诵、写字、个人才艺到综合答题，一环一环地进入到现在的课堂教学。当然，课堂教学占总分的比值最大，达百分之六十。赛前预备会上发的“比赛规则”明确指出：必须听哨下课，哨声一响，意味着扣分开始；二次哨响，加倍扣分。她在这条规则下用红笔画了两条深红色的波浪线，旁边还打了颗大大的红五角星。赛前有专家叹息，这样高手云集的大赛，竞争激烈到靠小数点后两位数来排次序，说“差之毫厘，失之千里”，一点也不过分。

就在课前一个小时，她还在细细地阅读着这些扣分细则，并盘算着自己的分数目前排名第几，课堂教学要拿到多少分才有出线的把握。

哨声响时，这位腼腆的男生，正为概括课文内容认真思索并努力地组织语言。不难看出，他的思路如一群本就柔弱的鸟儿被一声哨音惊得一哄而散，他费劲地搜罗着散失的思维碎片，口中却只有“唔……嗯……呃……”老师微笑的眼神落在他额头渗出的细小汗珠上，微笑里便更多了一份抚慰：“别着急，想清楚，接着说……”

孩子断断续续地说下去，说着说着，话语渐渐连贯起来。其实，概括课文不必也不应该那样细致描述的，但他的思路正变得清晰，表述开始流利，老师不忍心打断这样的进步，同学们也都沉静地听着。

眼看他就要说清了，两声急促的哨音尖厉地刺穿整个会场的平静。哨音再次让他愣住。

这回，她有些恼了，径直走到孩子桌前，正视着孩子为难的目光，斩钉截铁地说：“别管它！继续说，我想听你把话说完。”她的语气难掩情绪的些许起伏，她努力克制着，平静而坦然，专注地倾听这个孩子说完他的最后几句话。

下课了，她回到选手座位席坐下，身边相熟的老师凑过来说：“太可惜了，这次因超时你要吃大亏了！”她轻轻扭过头去，自言自语地说：“这种时候，没得选的。”

她有得选吗？面对孩子清澈的眼眸叫“停”？仅仅为了遵循那个所谓的“游戏规则”？

那几十秒钟，她只看到学生额上沁出的细密汗珠，只看到他心底张皇的犹豫，那几十秒钟，她只想让他安心把话说完，仅此而已。

孩子，你慢慢来。

今天，一个孩子慢慢地把话说完；将来，有一天，当他的发言准确简练，既精彩又睿智的时候，他会不会偶然记起，曾经有个老师微笑着鼓励他“别着急，想清楚，接着说……”

她只觉得，自己做了教师该做的事。

不远的话筒里传来一串嵌满数字的声音："去掉一个最高分，去掉一个最低分，平均分……扣去超时分，最终得分……"

不知怎的，这些声音，离她很远。她的心里很安静。

黄雅芸

一个患自闭症的孩子，能看到角落里被人们忽视的小花，在她寂寞的世界里，同样有美和爱。教育的价值在于对生命的尊重，教师的眼睛要能看到每个角落，不管孩子们是否需要你的关注，你的爱应当无所不在。

开在角落的花

有些画面，会像水印一般润在心里……

秋日，有些凉意了，我站在梧桐树下进行课间的护导，顺便享受着暖暖的阳光。我忍不住仰望天空，深秋的天空湛蓝湛蓝，如此明净、澄澈，偶尔几缕柳絮般的流云飘过，真让人沉醉。

谁拽了拽我的衣角。一低头，一个可爱的孩子，手中拿着几片落叶，仰起小脸，朝着我微微地笑，然而清澈的瞳仁却避开我的双眼，茫然而落寞地看着远处，是清清，一个“星星的孩子”①。

我拍拍她的小脸，刚想对她说些什么，她却喃喃自语，蹦蹦跳跳地“飞”走了。

“这孩子最近好像特别开心。”一同护导的吕老师说。

“是呀！”我爱怜地看着她的背影，“清清这孩子长得真是可爱，唉，可惜，自闭症。”

吕老师说：“幸亏在我们学校，老师对她格外关照，学生也都爱护她，

① 人们称自闭症儿童为“星星的孩子”。

听说最近……”

吕老师正说着，我忽然看见花坛那边有几个同学在拖拽着清清，连忙跑去：“哎，你们干吗呢？为什么欺负她？”

几个同学松开手，有几分委屈：“她躺在地上，我们想把她拽起来，地上多脏呀！”再瞧瞧一旁的清清，的确，正躺在冰冷的地上，咿咿呀呀地哼唱着只有她自己才懂的歌。

“清清，听话，起来好吗？”我和吕老师一边温柔地哄她，一边俯身扶她起来。谁知，她刚要坐起身却又一个“鲤鱼打挺”滚到了一旁，然后含糊不清地说：“花……花……”

我疑惑地顺着她的目光看过去，真的，花！在花坛边缘的酢浆草丛中开着两三朵小花，粉红色，很不起眼。如果她不说，谁会留意？呵，这深秋的粉红色小花！

我不再阻止她，她几乎将整个身体向酢浆草丛靠过去，然后，低低地埋下头去，埋下去……

“天呐！她会不会把花吃掉？”吕老师在我耳畔低语。

也许。我默不作声地走过去，伸出手打算将她拉起来。可是，眼前的一幕却使我呆住了：清清用两只小手轻轻地托住一朵小花。不！是捧！她小心翼翼地捧着，笑眯眯地仔细端详，喃喃地对花儿说了些什么，突然间，将粉红的小脸凑过去，撅起小嘴巴，对着小花很响地吻了几下！“吧！吧！”我从没有听过这么好听的亲吻声！如此清亮，如此纯美，如此动人，宛若秋日长空的明净。

她的心其实不需要我的怜惜呀。我的眼睛只能看到秋日湛蓝的天空，碎金般的阳光，而清清，这个患有自闭症的孩子，却能看到花坛角落里被人们忽视的小花，能懂得欣赏花的美，甚至能勇敢而直接地表达内心的欢喜！看着她，我微笑了，可眼中，却似被什么润湿了一般，潮潮的。

许多天了，那画面，时常像水印一般隐隐地浮现在眼前……

林　虹

由于各种各样的原因，有些普通劳动者家庭的孩子，特别需要爱。班主任走到哪儿，心里都装着全班每个学生。同样，那些得到过爱的学生，也因此学会了爱。

我在，我不在

上月底的时候，我外出参加培训，在一个新建的山边宾馆，那里竟有世外桃源的感觉。我从来没见过这么宽阔的视界：微红的阳光下，墙上那俗艳的花朵竟出奇地动人。原来，美就在随随便便的那一瞬间，不经意就来了。窗外青山寂寂，竟让我的心中徒然生出一份巨大的落寞来，而我又无法说清楚那份落寞的因由。

坐在会场，上面讲什么我心不在焉，幸亏有 PPT 演示，也有相熟的朋友替我摘录了重点。而我，满脑子都是你们。

我不在教室，但我能看到你们。

傍晚五点二十，你们该下课了吧，后面一个人把本子放在前一个人的背上，背叠背地抄着作业。多么美好的一个傍晚啊，外面的天色已经暗了，但是你们还是愿意留下，也许不是为了背书和默写，只是为了在教室里多待一会儿。本来我会在你们中间大喊：在五分钟之内给我消失！回家速度要快！可是，这会儿我却不在。

早上七点的时候，你们一个个都到了，忙着翻书包、交作业、讨论交流不懂的问题。这时候我应该会不停催促：作业交得快点！讨论得快点！可是我却不在。我不在的时候，谁来给小李同学那永远整理不好的作业分类呢？

上午九点二十分的时候，你们都排队下来了，小谢喊着“一二一”来压全班的步伐，昂哥领号，喊着“好好学习，天天向上”，而我应该跟着在后面压着“阵脚”，虽然我只能跟着跑一小段；你们做操的时候，我会走到最后，学着你们做，虽然我一直没有学会过。你们偶尔也会揶揄：“老张，你怎么也弯不下去腰！”可是我却不在！

中午在教室里吃饭，你们都吃得很开心，我拿着从食堂“打包”的油豆腐过来，你们都很给力地抢掉了，连最后一点汤汁都倒给小夏——小夏很配合地吃掉了。我又给你们泡了油条汤，你们都说我手艺好。我一高兴就说：“天天给你们带！”可是，这会儿我却不在！

体育课的时候，你们一定很努力地排练着“迎新”要表演的节目，小章同学、阿泽同学、小帆姐姐和小怡姐姐等等好多人都在很尽力地设计着。阿泽同学的歌唱得好，舞跳得棒，热心肠更是让人感动。小章同学会为设计出一个动作而开心，也会为觉得哪里有些不完美又想不出解决方案而失落，还会为大家偶尔的不听话而哭鼻子。小帆姐姐说：“老师，《红蜻蜓》这首歌你也必须出场！”所以，我一定配合。其实我还不怎么会唱《红蜻蜓》，这个时候我应该和你们一起在排练这首歌。可是，这会儿我怎么不在？

……

在你们身边，陪着你们的每时每刻，能回答一个“在”字，是一种多么饱满的幸福！

一度以为，要是有了孩子，我一定是个严厉的母亲。我曾经对那些把孩子捧在手心，每时每刻以孩子为中心的做法很不屑，我想我一定会打、会骂……但是和你们在一起的这半年后，我觉得我错了——我想我会是个非常宠溺孩子的母亲，就像我现在宠溺着你们一样。没有一个所谓的班主任会像我这样想：

迟到有什么关系呢？谁不想多睡会！

吃点“违禁食品”有什么关系呢？挺好吃的啊，偷偷地吃，不留下痕迹就行！

作业偶尔忘做也是难免的，想睡觉的时候当然应该先睡觉啊，第二天补上，不就可以了？

跑操口号喊不响又怎样，跑步的时候本来就不应该喊口号嘛！

排队去吃饭时跑几脚又怎样，去操场时不是跑步前进的吗？已经饿了，跑几脚不行吗？

……

我觉得你们怎么做都是可以的，怎么做都是可爱的，什么错都是可以原谅的，因为你们是我宝贝的孩子们！

你们让我感觉到：做老师原来是这么幸福的事情——

我可以惊喜地收到那么漂亮的花。那天你们以为是我的生日，所以在前一天体育课的时候全班同学偷偷地攒了钱，又偷偷地在晚上订了花，又偷偷地让花店送来——你们总是能那么轻易地给我制造感动，让我这个什么都不是又什么都不会的人那么幸福地收获着满满的感动。

我可以享受48个人异口同声唱得那么动人的《生日快乐歌》，享用那么纯真的掌声，接受那么真挚的祝福，从此以后，我就过这个被你们记错的生日。

……

我没想到你们那么团结，48个人，从来都是一条心，为了大家的事，从来没有二话。你们说我们49个人都是一家人，是亲人。

我没想到你们那么纵容我。校规规定刘海不能过眉，你们头发长得快，又没时间去理，所以很多时候我只能亲自“操刀”。但即便我给你们剪的“西瓜头”再难看，你们还是会配合地说：“老师剪得真的很帅气！”而且过了几天后，又毫不犹豫地多了几个“西瓜头”。

没想到你们如此捧场我做的荷包蛋，虽然一做就要做48个，但每次我都做得不亦乐乎，看着你们津津有味，更觉得有成就感。

这些年，日渐流逝的岁月把所有的想法都压缩殆尽，你们的出现才让我觉得我也可以有存在的意义。

我没想到你们那么大度，从来都忽略我有时候小小的偏心，尽管我打心底里是真的没有亲或疏。感谢你们，给了我那么多的爱！生命是一项随时可以中止的契约，但你们给的爱却流在了我的血液里。

我爱你们，无论我在，还是我不在。

陈　萍

要让儿童懂得珍爱生命，让儿童学会爱。如果有适当的时机，应当及时在他们幼小的心灵里种下怜悯和慈悲的种子。这样，随着他们的成长，在未来，他们会珍惜人生，珍惜爱，珍惜所有人的幸福。

小鹦鹉

大班上学期，晨晨从家里带来了两只虎皮小鹦鹉，它们一来就成了孩子们的好朋友。一只绿色带花纹，孩子们叫它波利；一只乳白色的，孩子们叫它小雪人。

我们班秋游去石头城公园。中午回到教室，晨晨到阳台上看小鹦鹉，只听他大喊："小鹦鹉不见了！"

孩子们也聚到阳台上，果然，鸟笼空空如也。

"笼子门都关着，鹦鹉怎么会飞走呢？"

涵涵说："笼子上有三个小门，一个有小水罐堵着，一个有小食盒堵着，只有这个门没有堵起来。"

晨晨几乎要哭了："我想起来了，爸爸说过，鹦鹉是会自己开门的。"

虽然我对晨晨说了好多安慰的话，午休时他还是辗转反侧，没法睡着……

我在电话里如实告诉了晨晨爸，没想到的是，半小时后，晨晨爸爸悄悄送来了两只几乎一模一样的小鹦鹉！

我既感动于家长的用心和智慧，同时也有点纠结：该怎么和孩子说呢？思考再三，我决定看看孩子们的反应。

午睡后，孩子们起床，第一个发现鹦鹉的孩子惊喜地大叫："小鹦鹉又回来啦！"晨晨连衣服都没来得及穿好就跑过来，脸上带着惊讶和喜悦，转而又变为疑惑："它们是怎么回来的？"我正思索应该怎么回答时，涵涵说："一定是和我们一起去秋游了，我们回来，它们也回来了！""对呀！它们一定悄悄躲在我们看不到的地方！"晨晨恍然大悟："它们悄悄地跟随我们，我们回来了，它们也回来了。"

我问："在去石头城的路上，怎么没看到小鹦鹉呢？"

孩子们说："躲在树上了吧，路边有很多又大又高的梧桐树，它们躲在里面谁也看不见。"

"也许躲在车子的后面了，我好像看到它们的尾巴了。"

"我们在看石头城上的鬼脸时，它们躲在石头后面呢！"

"我们在写生的时候，它们躲在树叶后面。"

孩子们的讨论愈发热烈起来，接下来的一段时间，孩子们都沉浸在"小鹦鹉去秋游"的奇妙想象中。

看着孩子们谈起"小鹦鹉去秋游"时生动的语言、愉悦的表情，我下定决心要小心翼翼地保护好这个"美丽的谎言"。

日子一天天过去，孩子们每天照顾着小鹦鹉，分享着小鹦鹉带给大家的快乐。

一天早上，我来班上，发现小雪人躺在笼子里，一动不动。当我确定它已死去时，心里一阵悲伤，如何让孩子们面对这样的现实，我甚至有点不知所措。

在幼儿面前，开展有关生命的教育，不仅需要决心和勇气，更需要有理性和智慧啊，我行吗？

孩子们陆续来到了教室，和往常一样凑到鸟笼旁边观察小鹦鹉。希希说："小雪人怎么还没起床？"彤彤说："是啊！小雪人真懒。"其他孩子都跟着笑起来。

欣儿犹疑地说:“它会不会是死了?”

就像在平静的水面上扔下一块大石头,孩子们开始窃窃私语,但仍然有人坚持:“小雪人就是睡着了。”摩卡说:“我也觉得小雪人死了,它这么长时间没有动了。”

我觉得该说点什么了,问大家:“什么叫‘死’?”

孩子们沉默了一会儿,说起来了:

“死,就是心脏不跳了。”

“我听说,死,浑身就变冷了。”

“如果死了,人就没有呼吸了。”

“死,就是血管里的血液不流淌了。”

“死,就是没法醒过来了。”

……

孩子们用不同的话语表达对死亡的理解,他们的脸上,挂着从没有过的凝重和忧伤,他们的眼圈红了,还有几个女孩子哭了起来,悲伤的低气压笼罩着教室。

“是的,我们都非常难过,它的生命结束了。”我说,“所有的生命,都会有结束的时刻,不可能永远活着。可是,生命就是爱,小雪人爱过我们,它也得到过爱了,它和我们在一起时,我们全班都爱它,这是它的幸福!它快乐地活过,它悦耳地叫过,和我们一起在教室里歌唱,它每天都会得到小朋友们的关爱,所以它心里一定是快乐的、幸福的吧……”

在这样的场合,我必须这样,慢慢地说。

孩子们庄重地围着小雪人,和它告别。

欣儿说:“如果是亲人去世了,妈妈说要‘入土为安’。”坨坨从美工区拿来一个小盒子,说:“我们用它来放小雪人吧。”最后,我们决定,为小雪人举办一个正式的葬礼。

一直沉默的晨晨轻轻地说:“把它埋在我们的班树下吧,这样我们能经常去看看它。”这个建议得到了孩子们的赞同。晨晨手捧着装着小雪人的盒子，我们一起来到了我们的班树——一株梨树下。摩卡在梨树下的花圃里挖了一下说："就在这里吧，这里的土是软的。"

就这样，孩子们安葬了小雪人。他们自发地在美工区制作了小雪人家的门牌，插在墓上，又用树叶穿成一串项链挂在班树上，找来小野花装扮小雪人的家。大家围在小雪人的墓前，有的孩子说："小雪人，我们会经常来看你的，这样你就不孤独了。"

午睡时，我发现波利一直静静地站在笼子里，不吃也不喝。

起床后，我跟大家说："我有点担心小波利，它不吃也不喝。"晨晨也说："鹦鹉都是一对一对的，如果一只死了，另外一只也会活不成的。"

孩子们再次激烈地争论：小波利该怎么办？

苹果说："让小波利回到树林里吧！"

希希也说："对，也许飞出鸟笼，波利就能活了。"

直到糖糖提醒大家："小波利是家养的，没法在外面生活。"教室里安静下来，大家都在思考，怎么才能让波利活下来。

忽然晨晨大声说："我有一个好办法，我们去买一只一模一样的小雪人，波利一定认不出来！"这个主意立马得到了其他孩子的支持，每个人的眼睛里都闪烁着希望的光。

当天下午放学时，晨晨把波利带回了家。第二天，他带来了两只鹦鹉，一只是波利，另一只，孩子们一致同意，叫它"小雪人 2 号"。

以后的日子里，我们经常带着波利和小雪人 2 号去班树下看小雪人，孩子们会说："小雪人，我们来看你啦！波利生活得很好，你要放心哦！"

人间总会有苦难和不幸，作为幼儿园教师，我要努力去呵护儿童弱小的心灵，但我也明白，珍爱生命的种子、慈悲的种子，必须在童年播下。如此，在他们成年时，在他们的生命中才会保有仁爱和善良。

陶海艳

幼儿园是儿童做梦的乐园。有些孩子，如果能满足他一个小小的愿望，他就有可能释放出无限的创造力。幼儿迈出表达自己的第一步，并不是一件容易的事，他们需要听众的倾听，需要被尊重。

帮他把故事演完

5岁的龙龙今天似乎格外开心，他坐在小椅子上，竟不时地笑出声。自由活动时间，龙龙附在我的耳边，悄悄说："老师，我今天要给小朋友讲一个特别的故事哟！"我好奇地问道："什么故事呀，特别在哪里呢？"龙龙兴奋地摆摆手说："不告诉你，等着下午听吧，故事超级棒！我们班还没有小朋友讲过哩！"

中班的这次活动是"我是小小故事家"，每位小朋友讲述自己喜欢的绘本或故事，和全班小朋友分享，由小朋友自主选择内容，老师不干预，所以，我也不知道龙龙准备了一个什么样的好故事。

龙龙的"小炫耀"，一上午就发布了三四次，龙龙的好朋友们也得到了同样的秘密通知。到午睡时，几乎全班都知道了：下午，龙龙要讲一个了不得的故事，但谁也不知道他的故事到底是什么，特别在哪里……

终于到了"小小故事会"时间，龙龙准备就绪，围坐着的小朋友们也都竖起了耳朵，对这个特别的故事充满了好奇，教室里鸦雀无声。

"大家好，我今天讲的故事是 *Brown Bear, Brown Bear, What do you see*? Brown bear, brown bear, what do you see?（棕熊，棕熊，你看

到了什么?)”龙龙开腔了——我们班第一次有小朋友用英语说故事哩!

第一次听到有同学用英语讲故事,小朋友们兴奋了,左一言右一语地交流起来。

“他说的什么话呀?”

“好像是英文,听不懂。”

没一会儿,原本安静的教室渐渐嘈杂起来:

“好无聊哟!”

“昨天我在家玩小飞机了!”

“今天晚上,我要去新城市广场玩。”

小朋友们不再注意龙龙,自顾自地有说有笑,全然忘记了台上的龙龙还在认真地讲着故事呢。这时的龙龙,声音越来越小,眼睛也开始泛了红,小手抓着衣角扯来扯去,头埋得低低的,直到有点哽咽,说不下去了。

那时我还是个没经验的新教师,看到龙龙受了委屈,很是心疼,赶紧救场,想让龙龙一边说,我在一旁“同声传译”。但转念一想,如果那么做,小朋友们虽然能够大致听懂,可是注意力就会集中到我的身上,仍然会忽略龙龙,这还是会伤龙龙自尊心的。

和孩子们在一起,我不想让任何一个孩子在这里感到失望,我不想让任何一个孩子郁郁寡欢。这种认识有没有道理,是否符合教育原理,也许说不清,但我觉得,什么都不如一个孩子的快乐重要。如果我的教室里有一个孩子伤心,我怎么能安心?幼儿园里都是四至六岁的儿童,他们更需要爱和肯定,需要被关注、被重视,如果这是一个教师有可能做到的,我不做谁做?

看看我们的小龙龙吧,为了讲好一个故事,他肯定准备了好几天,他肯定带着美好的幻想,他肯定会期待小朋友们的掌声。儿童思考问题会有自己的逻辑,他不一定考虑得很仔细,可是,如果他能考虑周密,那早就不是儿童了!

人小，一样有自尊心啊。成功地讲一个故事，对抱有极大期望的龙龙来说，是一件天大的事情，而他哪里想到很多小朋友完全不懂英语！而他，满怀希望地从家到幼儿园，克制住喜悦之情等待下午到来，哪里会想到这么尴尬的场面！精心准备的小龙龙，此时有多失落！

那一刻，我只想帮他，只想让他得到关注，只想保护他的自信。

我快速地翻阅了他手上的绘本，有办法了！我把龙龙拉到身边，安抚他："别哭，金老师能帮你。告诉我，你明白故事的内容吗?"他抽泣道："全都明白。"我提示他："班上的小朋友没学过英语，但是，他们熟悉这个故事里的小动物，除了用嘴巴说出它们的名字，你有没有什么办法让小朋友认出它们呢?"

这时，我两只手比画出剪刀造型，放在了头顶，做出了小兔子的模样。龙龙歪着脑袋，泪汪汪看着我说："我，我也会模仿里面的那些小动物。"我兴奋地说："好极了！来，试试看，这回小朋友们一定能'听'懂你的故事！"

重新站起来的龙龙，嘴巴里一边说着"Brown bear, brown bear, what do you see? I see a red bird looking at me."一边指着自己的红色衣服，两只手扇来扇去，竭力地做出小鸟飞翔的动作。

龙龙问："你们猜，棕熊看到了什么呀?"

原本没有兴致的小听众们一下来了精神，立刻七嘴八舌猜了起来，兴奋地喊："是小鸟！是穿衣服的小鸟！"

龙龙摇摇头说："colour colour colour."再一次指了指自己的红色衣服。

雯雯说："是红色！red bird！我这次听懂了！红色的小鸟。"

听到正确答案，龙龙受到了莫大的鼓励，笑眯眯地向雯雯竖起了大拇指，继续道："Red bird, red bird, what do you see? I see a yellow duck looking at me."

"你们猜，红鸟看见什么了呀?"这次龙龙指着黄色的小椅子，小手架在身体两边，一摇一摆地走了起来。好几个小听众一边跟着龙龙喜滋滋地摇摇晃晃模仿小鸭子，一边嘴巴里念叨着："肯定是小鸭子，还是个黄色的……"有的小朋友重复着："yellow duck，yellow duck"，别提"听"得有多认真了。

最后，龙龙说道："Teacher，teacher，what do you see? I see children looking at me."他一边示意小朋友们不要讲话，一边画着圈指着全班的小朋友给我提示……全班配合的小模样真是可爱极了，被逗乐的我说出了最后的答案："我看到了世界上最可爱的孩子们！"

这是一次我完全没有准备的活动，我没想到龙龙在班上要用英语讲故事，但是，事情发生了，而在他面临挫败，感到悲伤和失望时，是对孩子们的爱启发了我，让故事有了美满的结局。

事后我和龙龙交流，龙龙说，自己哭，是因为发现没有人听他讲故事，认为是故事讲得很差劲，后来所有小朋友的眼睛都在看他，看到大家开心，他就不难过了，越来越自然了。

人们往往认为孩子只是孩子，忽略了他们是"完整的个体"，他们同样拥有自豪感和羞耻心。稚嫩的心灵需要有人来守护，也许我的方法有点笨拙，但我总是相信，只要真心去为孩子考虑，他们一定会感受得到。在自由的环境中，儿童能获得更多的发展；在尝试中，他们能获得自信和快乐。

金　品

这是一次特殊的教学经历：教室中坐着自己的孩子。这节课后，女儿会记住“爸爸老师”上课的姿态，她对教师的角色或许会有一些特别的思考，时日越久，体会越深。

带着孩子找幸运

从登上讲台至今，粗略一算，我大概上了6000节课了。要说比较特别的，还是在女儿程程班上的那节绘本课。

得知爸爸要去学校参加“家长助教”活动，程程的第一反应有些惊讶，随后用手捂着脸，无奈又痛苦地来了一句：“我咋这么倒霉啊！”

作为一名中学教师，除了自己的孩子，我很少和别的小朋友交流，不太了解小学二年级孩子的所思所想。但这是学校给我的助教任务，我也应当参与。我一方面不断安慰程程，不给她造成太大压力；同时广泛搜寻适合的教学内容，希望能让孩子们有所收获。

离上课还有两天，程程虽然嘴上仍挂着“倒霉”抗拒着，但看得出来，她心里还是蛮高兴的。因为有一天，她边写作业边问道：“爸爸，我的同桌小张张说，希望星期四快点来。”

“是因为爸爸要去吗？”我明知故问。

她使劲地点点头。

我赶紧问她：“你跟多少小朋友说过了？”

“不多吧，”她边掰着指头算着边说，“也就十几个吧。”

我笑道："你们班总共也就40个同学。"

考虑到自己孩子的需求和不足，最终我选定的绘本故事叫做《亨利爷爷找幸运》，是一个引导孩子们"学会感恩与知足"的故事，充满温情，我相信孩子们会喜欢。

对于一个站了十几年讲台的"老教师"来说，第一次走进自己孩子的课堂，我的心还是会怦怦直跳，呼吸也有些急促：小朋友们会不会不喜欢这个故事？程程听我上课会不会太煎熬？课堂上出现的"意外"会不会成为小朋友揶揄她的笑柄……

可当我走进校园时，一切顾虑都烟消云散。一群小朋友蹦蹦跳跳来接我，七嘴八舌簇拥着我进了教室，我瞬间就被这群小豆丁萌化了：他们一个个热情地围上来，好奇地看着我这个"路爸爸"，不知道我来要干什么。"路宛清（程程的学名）画画真好看。"有小朋友主动向我介绍道。程程跟着他们一起来给我带路，却始终与我保持着一定的距离。上课前，大家都回到自己的座位，我注意到，女儿坐在最后一排。

这节绘本课的重点不在传授知识，而是希望通过这个小故事能激发孩子们的思考，让他们学会知足，懂得感恩。有小学教学经历的老师都有这样的经验，学生课堂参与非常积极，往往问题还没提出来，小朋友已经一个个抢着把手举得高高的，准备回答问题了。

亨利爷爷的小孙子艾米总是喜欢缠着他问这问那，亨利爷爷总是能找到一个让艾米满意的答案。艾米有点不甘心，他总希望自己能问出一个让爷爷答不上来的问题。于是，在这天晚上，爷爷来和艾米说"晚安"的时候，艾米忽然问："爷爷，幸运是什么？"

我没有单纯地照本宣科，在讲故事的过程中，结合幻灯片的展示，我时不时地穿插进去一些问题，让小朋友调动自己的生活体验，积极思考，跟我互动。

"为了给艾米寻找答案，爷爷去了哪些地方？"

"爷爷做了些什么？"

“爷爷看到了什么?”

“爷爷遇到了什么危险?”

“爷爷怎样给艾米讲他的经历?”

“这是怎样的一家人?”

对于这些一望而知的问题,小朋友积极踊跃地回答。慢慢地,到了故事的最后,我提的问题,思维含量渐渐地高了。

这天晚上,亨利爷爷来到艾米床边的时候,对他说:“为了你的问题,我去过很多地方找答案,现在,我已经找到了!幸运是什么呢?它对每个人来说都是不一样的:它有时候很大,有时候很小,有时候是一种香喷喷的味道,有时候是开心地咯咯笑;你可能看得到远在千里之外的幸运,你也可能看不到就在自己鼻子底下的幸运。可不管你看得到还是看不到,幸运始终都和你在一起。那么,现在你可以好好地睡了,晚安!”

“亨利爷爷最终找到了幸运,给了小艾米一个满意的答案。那么,你理解了吗?请告诉叔叔,你觉得什么是幸运?”我慢慢引导他们思考。

“今天叔叔发糖了,我觉得很幸运。”有个小朋友兴奋地说。

“我很幸运,我的爸爸从南疆给我带回来很多好吃的。”有个小朋友自豪地说。

但是这些答案我还不是太满意,我仍然等待着。

“我在二年级 6 班就很幸运。”有个小朋友若有所思地说。

我赶紧追问:“为什么呢?”

“因为这个班有很多我的小伙伴,有我喜欢的老师。”我觉得离我的目标近了。

有个小朋友沉思一会儿,说:“我今天听到这节课,明白了什么是‘幸运’,我觉得很幸运。”我很满意这个答案。

其实,我还有个私心,我特别想听到程程的答案,想知道这节课给她的收获,想问问她对“幸运”的理解,更想看到她愿意主动回答我的问题。终于,在教室的最后一排,我望眼欲穿的那只小手举起来了。

“路宛清同学，你觉得什么是幸运？”我问道。

“我觉得我很幸运，因为我的爸爸今天请假来给我们上了这节课。”她声音不大，但每个字都很清楚。

我有点感动。工夫不负有心人，至少这节课上，包括程程在内的这些孩子们明白了什么是“幸运”：我们在这个世界上就很幸运，我们有幸福的家庭，有喜欢的老师和同学。我们都是幸运的孩子，我们要懂得感恩和知足。

对我来说，幸运的是，我是一名教师爸爸，我带着他们找到了“幸运”。

路德奎

面对儿童用双手捧过来的东西，无论如何不要漠然视之，因为那上面有人间最纯真的爱。爱护他们的纯真，不拒绝学生的心意，有时，教师必须蹲下来，和他们对话。

小志的石榴

小志的眼睛一大一小，一脸憨态，特别爱笑；一笑起来，两只眼睛一大一小地弯着，看起来有些古怪。小志的作业本很特别，本子上的每个字，无论最后一笔是“横”还是“竖”，是“撇”还是“点”，是“钩”还是“提”，他都能写出“捺”的效果。所以，他的作业是一排又一排的“尾巴”连接起来的。每次写字课，我都握着他的小手写字，一遍一遍给他纠正。每次，他都仰起脸一笑，干脆地说：“我会了！”然后，继续潇潇洒洒地“捺”下去。

秋天到了，石榴熟了。我爱吃石榴，晶莹的石榴籽儿在舌尖滚动，唇齿稍稍用力，酸酸甜甜的汁水就顺着舌头、齿间、咽喉舒畅下咽。

清晨，风爽爽的，我的脚步格外轻快。刚迈进教室，小志一下子就来到我的面前，笑容满面，两只眼睛一大一小地弯着。他伸手递给我一个黑乎乎的塑料袋：“老师，给你吃。”我仔细一看，原来是半个石榴！可能已经掰开很久，撕开的皮打着卷，都锈黑了；上面一层的石榴籽儿，要么缺损，要么干瘪，像被啃过、摔过似的。好好的石榴，弄得脏兮兮的。我伸手一推，笑着对小志说：“谢谢你，老师有好多水果，都吃不完了。你自己留着吃吧。”小志看看我，“哦”了一声走了。

中午，给孩子们分饭，我忙得不亦乐乎，汗津津的，挥舞着汤勺、锅铲，感觉像个将军。菜盆、饭盆见了底，我坐下喘了口气。小志走到我面前，笑着说：“老师，你中午有水果吃吗？”我想都没想，照实应了一声：“没有啊。”他把手慢慢从背后伸到我面前：“老师，吃石榴吧！”我真恨不得给自己的脑袋来一下，怎么把这茬儿给忘了呢！又经过半天的揉搓挤压，小志的那半个石榴，更黑更烂了。“啊……嗯……你自己吃吧……中午在学校吃完午饭，正好补充维生素。”我笑了笑，有点不自然，慢慢推开了这半个石榴。小志看看我，走了。

下午，心沉沉的。忙到这个时候，头昏昏的，有些疲倦。写字课开始了，我慢慢走进教室，小志又站在我的面前。他把手举到我眼前：“老师，这是我给你的石榴，你吃吧！”其他的同学嚷了起来：“老师，你要吧！”“老师，你吃吧！”“他早上就带来了，一直在手里握着，握了半天了，上课还抓着呢！”“老师，这个石榴，他谁都不让碰！哪个老师都不给，就给你的！”……听了同学们的话，小志腼腆地笑了，两只眼睛一大一小地弯着。

我愣住了！眼前的小志，就像他写的字一样执拗。他手里的石榴，哪里还是石榴，分明是他捧给我的一颗鲜嫩纤弱的心！整整一天了，我竟然一直在厌弃这颗心，一直在推开这颗心，我干了些什么呀！

我接过石榴，轻轻剥开，放了几颗在自己的嘴里，又放了几颗在小志的嘴里：“我们一块儿吃吧！”

“好！”

“天哪，我从没有吃过这么好吃的石榴呢！”

“真的吗？我就知道，我就知道，你一定喜欢吃的！昨天晚上妈妈剥给我吃的，我觉得很好吃，就留了半个给你吃呢！老师，石榴是热的吧？我昨天晚上藏在被子里，悄悄的，没让妈妈知道呢！我就知道，你一定会喜欢的！我就知道的！”小志激动了，一口气地说完，手舞足蹈。

一层雾气升腾在我的眼前，小志的笑容模糊了，只有那两只眼睛一大一小地弯着，那么亮。

潘　宁

在学校里，一些小事很容易被忽略。然而，这名学生却放在心上，他认为自己无意间妨碍了别人，他必须道歉。这位校长，心里装着学生，关注学生的愉快，能想到学生可能的心理负担。——你如果始终能像春风一样，你的学生心头就永远不会有阴影。

郑重其事的道歉

上午，我在校长室里接待来宾，正交谈着，忽然，办公室的门被推开了，一位小个子男生站在门口，有些惊恐地看着屋内。我问他："这位同学，有事吗？"他有些发愣地看着我，匆忙说了声："没事，对不起！"随即轻轻地带上了门，离开了。

一上午忙着接待来访者，忙着各种事务，我根本就没把这事放在心上。下午，课间操时间，我在办公室做事，有轻轻的敲门声响起，随着我一声"请进"，门轻轻地开了，我抬眼一看，是上午的那个小男孩。我问："哦，是你，找我有事吗？"他怯怯地走进来，站在我面前，说："校长，对不起。我是六年级×班的，我叫×××，我想就上午的事向你说明一下。"我微笑地看着他："说吧。"

看着我平静的脸，他的神情似乎放松了，但他的语速很快："校长，情况是这样的，今天上午课间操回来，路过您的门口，走廊上有些拥挤，我被挤了一下，一不小心，撞开了您的门，当时我晕了，不知所措，看到您在接待来宾，我没法解释，就匆匆走了。但我想，这件事我应当向您说清楚，我不是有意把门撞开的，希望您原谅我。"他终于说完了，目光也平静下来了。

我依然微笑着，可爱的孩子，诚实淳朴，就为了这么点事，竟然郑重其事地来道歉。我应该说什么呢？我笑着握着他的手："噢，是这样的。没关系的，以后在走廊里，大家要注意安全，撞开了校长室的门没关系，人被撞坏了可就麻烦了。""谢谢您，校长，我知道了。"他鞠了一躬，释然地离开了我的办公室。

这事始终令我难忘。如果这个学生不来向我解释此事，我自然不会把那点小事放在心上，但这个学生竟然如此郑重其事，这就令我惭愧了。我们学校四个年级两千多人，校长不可能记住每个学生的姓名。而这个学生无意中碰开了校长室的门，担心的是给学校的客人造成不良影响，也担心校长对自己有误解，他有些焦虑，也许他一上午惴惴不安，他的心里装着学校，装着他人。在学校里，学生是很在意在教师心目中的形象的。我们的教师和校长在工作中有可能疏忽一些细节，然而，对孩子来说，成长过程中的点点滴滴都可能影响他的情感，错过了的教育契机，就很难寻找回来。呵护孩子的心灵成长，比传授给他多少知识，更为重要。

每天清晨，我站在校门口迎接学生，我也郑重其事。每个学生都是可爱的，他们到这里来，开始幸福快乐的一天，我要让他们记得校长的微笑，让他们知道，校长是个和蔼的人，什么话都可以对她说，有些事，别太放在心上。

周　瑛

教师有一颗童心，和儿童在一起，就会懂得他们在想什么；心中有学生，教师也就自然地知道该怎样去做。和有智慧的教师在一起，儿童有精神依靠，他们就会远离恐惧和忧伤。

“月亮疤”与“月亮牙”

“郭老师，不好啦！有同学把宁欣的牙齿打掉了！”办公室的宁静被学生心急火燎的报告打破了。我心里“咯噔”了一下，做老师的就怕出现伤害事故，一听是“牙齿打掉了”，赶紧放下手中的活，三步并作两步赶到教室。

宁欣早已泣不成声，旁边站着不知所措的“肇事者”。我一边安慰宁欣，一边查看她的牙齿，真的，本来完整的一颗门牙底端以 45 度斜斜向下折断，留下一个刺眼的缺口。从同学们的七嘴八舌中，我大概了解了情况：“肇事者”说话时手拿竖笛挥来挥去，一不留神，正好碰到宁欣的牙齿。就那么巧！

匆忙安抚了一下宁欣，我赶快与双方家长联系。家长的通情达理让我提着的心放下了一些，可宁欣的变化却让我放下的心又提了起来。

宁欣是文娱委员，能歌善舞，是个阳光女孩。可她缺了牙后，听不到这只“百灵鸟”那欢快的歌声了，也看不到这个“开心果”那绚烂的笑容了。课间，她很少和同学们说说笑笑了，偶尔说句什么，还下意识地掩住嘴巴；有时情难自禁大笑时，笑到一半突然捂住嘴巴，硬生生把笑声切断。

一天中午，批改到宁欣的作文，里面有一句“我是个彻彻底底的丑女孩”，看着这十一个字，我的心里隐隐作痛。我知道这都是半颗残牙在作祟。一颗断齿让这个敏感、自尊的小姑娘自卑起来了。还是得解开她的心结，我该怎样做才好？

我不由得皱紧了眉头，望向窗外，窗户玻璃上映现出我眉头紧锁的模样。我看到自己眉间的那道淡淡的疤痕。这道疤痕是我四岁时摔跤后留下的印迹，有两厘米长，顽固地趴在两道眉毛之间。从小到大，我被很多人有意无意地问及这道伤疤，但我从来没有觉得它是个残缺，只视它为一种存在，甚至还很乐意和别人讲述小时候摔跤的趣事。我知道我该怎么做了。

下午，我把宁欣约到连廊上。

我望着她，问：“你认为自己是个丑女孩，是不是因为牙齿的事？”

她紧紧地抿着嘴，垂下头。

我轻轻地把宁欣的头抬起来，让她看着我的脸：“那你告诉我，在你和同学们心目中，我是个丑老师吗？”

她一脸疑惑地望着我，仍然不说话，只是使劲摇着头。

我笑了，靠近她，指着自己前额眉宇正中的伤疤，对她说：“瞧，老师脸上有这么一块伤疤。以前你注意到了吗？”

宁欣一脸惊讶，但还是摇摇头。

“瞧，你以前根本就没有关注到老师脸上有疤痕。那么，现在你看到了这块伤疤，你认为我是个丑老师吗？”

宁欣看着我的脸，认真地思考了几秒钟，郑重地摇了摇头。

“你瞧，”我继续说，“你以前根本没有注意到我的伤疤，你也没有因为这块伤疤而改变对老师的看法。其实，老师和同学们也一样，并没有关注你那颗断齿。能改变我们的，是你外表以外的东西。”

宁欣眼睛看着我，亮了。

看着她的眼睛，我笑了："或许我们早就忘了你牙齿的事，而你却一直耿耿于怀。重要的是，你自己应该在心里放下那半颗牙齿。"

"大家真的不觉得我牙齿缺了一块很丑吗？"宁欣终于冒出了一句话。

我学着她的语气，调皮地反问："你真的不觉得我眉头中间这块伤疤很丑吗？"

宁欣咧开嘴笑了，眸子里似含着一汪水，在阳光下一闪一闪的。她也调皮起来，说："老师，知道你的疤像什么吗？"

"像什么？"

"像一弯月亮！老师，那是'月亮疤'！"

多可爱的孩子，"月亮疤"，这名字我喜欢！我大笑起来："谢谢你，我喜欢这名字！老师有'月亮疤'，你有'月亮牙'！"她张嘴一笑，露出了半截门牙，还真像那洁白的弯月。

"月亮疤！""月亮牙！"我们一人一句，都舒畅地笑了。

时至今天，我曾教过宁欣些什么，我记不清了，宁欣也许也记不得了。但这"月亮疤"与"月亮牙"的故事我还记得，宁欣也一定还记得。

郭东霞

平等的意识要从儿童时代培育，文明习惯也要从儿童时代开始培育。众生平等，没有任何人有权排斥和歧视同类，特别是在学校这样的地方。教师既要恪守教育的原则，也有责任不让任何一个学生丧失自尊。

丢失了“钥匙”的男孩

接手一个新班，看到同学们乖乖的模样，我心里一阵高兴。统计在校就餐人数时，我请需要就餐的同学起立，并请他们报自己的名字，以便记录。“王天、沈宁……”同学们报过自己的名字后，依次坐下，整个教室里井然有序。“小文……”我正在寻找这个名字时，教室里却一下子喧哗起来了。

“发生了什么事？”我很诧异。抬头一看，大约有三分之二的学生“横眉冷对”刚报完名字的小文，胆子大些的甚至指着他说：“你不许在学校就餐！”“我们不要你在学校就餐！”此时的小文愣愣地看着大家，又看了看我。孩子们义愤填膺，并没有注意到我在关注这一切。

小文傻傻地站着，说不上可怜，他的眼中似乎并没有想要求援的意思。我仔细观察他：十岁左右的，中等个头，却坐在教室的最后一排，胖胖的身体晃来晃去，一双小眼睛总是在骨碌骨碌地转——看得出来，平时很可能是个淘气的孩子。

我想知道究竟是什么让孩子们对小文如此不满。

“你想在学校就餐，是吗？”我轻声问道。“是的，因为……因为我家住得远，我婆婆又没空来接我。”他笑眯眯地回答我。

“你们认为有问题吗？”我转身问其他同学。“当然有！”“他不能在学校吃饭！”教室里又一次喧闹起来。“我可以知道原因吗？”我问。话音刚落，全班除小文以外的同学几乎都把自己的手高高地举了起来。

他几乎欺负过全班所有同学，女生受害更多；他拿过十个左右同学的东西，这些东西最终多以“死无全尸”而告终；他曾把吃下的饭吐在同学面前，看到同学恶心难受的样子，他哈哈大笑；他也曾在课堂上捣乱，搅得大家不得安宁……

听着孩子们一条条的“控诉”，我震惊了。我震惊的不是小文的顽劣，而是孩子们的“团结一致”——他们正在团结一心地想往外清除一个原属于集体的成员！而小文如同一个丢失了钥匙的孩子，走进家门已成为一种奢望。在这个班，已没有丝毫的温暖、期盼，有的只是敌视。

我感到心痛。

一个才十岁的孩子，却被排斥在集体之外，不知道他是什么样的心境。但我知道，我想留下他，必须得到大家的同意。于是，我先请他坐下，开始继续登记其他孩子的名字。

放学后，我请小文留下，交谈中，我发现他没有一分钟能安静，而是不停地抓耳挠腮，表情极其丰富。他一再向我表达，想在学校就餐。

“可是，同学们害怕你呢！”我没有说“讨厌”，而是用了“害怕”。

他一愣，说：“我不打他们。”

“那么如果你吃饭时，又把饭吐出来，放在我面前，我也会受不了的。”

“哎呀！”他一脸不好意思的样子，“我不会啦！那时小，不懂事。”

听他小大人一样的话，我忍不住想笑：“这么说来，现在是长大了？”

“嗯！再说，那次的菜我是实在不想吃，才吐出来的。”

“噢。”听了这话，我有点放心，看来他并不是真的想捣乱，只是缺乏沟通而已。

最后，我很认真地对他说："老师现在很相信你，但你必须得到大家的信任才行。你愿意努力吗？"

"啊？！"他有点失望，又有点不知所措。

"放心！"我拍着他的肩膀说，"我会帮助你的。"

放学后，我找了以前的任课老师了解小文的情况。原来，小文太过调皮，经常惹是生非，老师批评他，同学们也不喜欢他，平时坐在教室的角落里，没人管，倒也落得自在。几年下来，在大家心目中，小文的额头上已贴上了一张调皮捣蛋的标签。他的自尊终于丢失了，他开始"笑"对批评，"笑"对责难，对任何事都无所谓了。

第二天的晨会课上，我对大家说，小文有话想对大家说。

他迟疑着站起来，说："我想和同学们一同就餐，我以后不打人，也不做恶心的事了。"说完又看了看我，我赞许地朝他点了点头。

大家一副不信任的样子。我说："每个学生在学校都享受同等的待遇，对吗？"同学们不知我想说什么，望着我。"就像我们大家都享有在校就餐的权利，也享有在校安全、愉快就餐，不受他人打扰的权利，对吗？"我接着说。

听了这话，大家都点头。

"所以，请大家放心，老师会尊重每一个同学的选择，同时也会保障每个同学在校安全就餐的权利。我保证！"说着，我举起手，"我同意给小文一个机会。"

一个、两个……小手渐渐多了起来。小文的脸上露出了笑容。但我知道，这仅仅是孩子们出于对我的信任罢了。

半个多月后，当我看见小文和同学们一起快乐地游戏时，我知道：他找到回家的钥匙了。同样，也许同学们都明白了，在学校里，没有任何人有权从集体中驱逐一个人。

梁俊杰

教师要有宽广的胸襟，因为我们是教育者。教会学生正确使用民主权利，教会学生文明地表达个人意志，教会学生尊重他人，教师的宽容精神是最好的示范。

我的姓名被打了红杠

那是2003年的一天晚上，我到教室看学生上自习。我在教室里转着，无意间，发现墙上课程表中我的名字上，都用红粉笔抹了一道杠，很刺眼，而且只有我的名字上有红杠。我心里“咯噔”一下，说不出是什么滋味。

走出教室，我很生气：这会是谁干的？肯定是那几个平时挨我批评多的学生。凭良心说，作为班主任，我对学生一视同仁，只是对比较散漫的几个学生要求严格些。我万万没有想到，他们会这样对我。我满心委屈，我得不动声色地查出来，然后狠狠地批评，让他们认识错误，好好检查……

我坐在办公桌前，没有心思备课。难道他们不明白老师的苦心吗？我如果不负责任，对他们不理不顾就是了，还会管他们？他们的家长也都希望老师管得严一些，我严了，有错吗？……我左思右想不得其解。

十几分钟过去，我的心渐渐平静下来，我问自己：学生为什么会这样做？我一向以严格要求而闻名，他们是不是明着不敢说，却以这种方式表达不满？是不是我和学生之间缺乏沟通？是不是自己传达爱心的方式有些不妥？……一连串的问题一个接着一个地冒了出来，我陷入沉思。

教师要有一颗爱心，但更要有能恰当传达爱心的方式，这样，老师的爱才能真正地让学生感受得到，学生才能真正理解老师，信任老师。想到这里，我没有了委屈，没有了怒气。我不想查究竟是谁做的了，但今天晚上我想到班里，和学生开诚布公地说说心里话。

自习课结束前，我走进教室，满面笑容地对全班同学说："同学们，今天大家都看到了，咱们班课程表上我的名字被红粉笔抹了一杠，我想这不完全是为了让我的名字引人注目吧？也许有同学想用这种方式表达对我的批评呢。"说到这里，我看到同学们静静地望着我，眼睛里的神情有不解、狐疑，也有紧张。我接着说："有人说，在这个世界上，最无私的爱莫过于父母对子女、老师对学生。也许老师和你的父母一样，平时对大家的要求严了些，批评一些同学多了些。但老师从来没有恶意，可能是方法欠妥，如果老师不当的批评伤害了你，老师在这里诚恳地向你道歉。不过，老师还希望，我们能不能有更好的方式沟通，如果不对，就要改正。我也保证，有错必改。请同学们监督我！"话音刚落，全班爆发出一阵热烈的掌声。

离开教室，我的心轻松了许多。

第二天上课，我悄悄地看了一眼课程表，发现我名字上的红粉笔杠被擦掉了。

景　明

与学生相处，最可怕的是偏见，比偏见更可怕的是教师缺乏反思意识。教师能在关键时刻控制住自己的情绪，并能作出深刻反思，不仅让一名学生得到正确的引导，更有意义的是她在教育过程中提升了自己的思想境界。

穿透乌云的那束光

三十三岁，我还可以充满阳光吗？能做到平等、友善且公平地面对每个学生吗？见过社会的纷繁、人际关系的复杂，教了好几届学生后，我自认为练就了一双“火眼”，能看到孩子们的心，可事实怎样呢？我常常主观、决绝，过分严厉，不让孩子们有诉说、解释的机会，有时甚至因为一点“意外”出现的俏皮笑容而瞪上他们一眼。这就是我？从那天之后，我开始改变，一束“穿透乌云的光”照亮了我……

小舒，是个帅气有才的男生，在班上人缘不错，刚接班的时候，他上课经常积极发言，语言流畅，我很喜欢这个学生。不过他对自己要求不严，上课思想常开小差，作业马虎。时间一长，我也开始感到不爽。有一段时间，我每天上课必点他的名，有时好几个人一起讲话，我也只“盯”着他说。没多久，我就发现小舒对我开始排斥，我一批评他，他就冲我斜眼睛，有时嘴巴里还不停地小声嘟囔。急于树立威信的我，自然不会放过机会，总是数落他好多句才停口。

周五，阴，天空满是乌云。

那天小舒没按要求完成作业，我去班上找他，他正和一堆同学说笑，其中一个男孩手上拿着报纸(上面是治疗前列腺疾病的小广告),我猜到他们聊天的内容,心想可以好好教育他们一番了。于是我凑上前去,挤出笑脸:“什么事情这么开心,说给我听听?”旁边的同学都傻笑,只有小舒脸色迅即改变,硬着声音轻轻地说:“我没有……”估计是我的脸色变了,旁边的同学识趣地走开。

第一节课铃声响了,班主任来“救火”,开导他,但小舒坚持自己的观点,认为是我找他茬儿。我在办公室也没坐安稳,开始“盘算”,这么倔的孩子不会轻易服软,我要攻“心”,让你向老师认错!一下课我就赶往教室,让小舒收拾书包跟我走,准备用接下来的自习课时间解决问题。

我没把小舒带回办公室,而是转弯推门,进了没有人的大会议室。我拉开两张椅子,示意小舒坐下。小舒一愣,似乎不相信我要让他坐着说,我再次示意后,他才慢慢坐下,但仍保持着防御姿态。

也许是我们都松开了拧着的眉头,气氛逐渐缓和。我尽量用平和的声音提问,希望他能主动向我认错,那样我就给他个台阶下。但他似乎并不买账,就在我几乎忍不住要提高声音的时候,他终于表达了对班上他认为是“两面派”的孩子的不满,一口气说了很多。当慢慢成为一个倾听者后,我突然发现自己和小舒之间那扇紧闭的门打开了一条缝。我意识到,小舒反感的是我们这些“自以为是”的大人,讨厌的是我们那种不愿倾听的态度。而我在乎的,不过是在其他学生前的“面子”。从小舒的眼神中我看到了不满和疑惑。房间里温度并不高,但我的额头开始微微发汗……

我的心安静了下来,我开始用心打量眼前的小舒。我耐心地听他说完,了解了他的生活:他的父母是军人,对小舒要求过严,额外布置很多练习,就连周末也采取半军事化管理,有时管教方式非常粗暴,甚至把他赶出家门,小舒只能在马路上晃荡一夜。这孩子情绪烦躁、上课走神、作业缺漏也就不奇怪了。我安抚小舒:“母亲管得严,是希望你将来有出息……”可是小舒却含着眼泪大声说道:“棍棒底下一定出逆子!为什么别的同学回家都可以有自己的活动时间，而我却要不停地写这写那？”说完之后，他好一段时间不吱声。

面对一个被剥夺了童年的孩子，我该说什么呢？

气氛变得有点尴尬，最后还是我红着脸开了口：“没想到会把你带到这里来谈话吧？”小舒不好意思地点点头。我真诚地对他说：“我今天才知道你的不愉快，真的对不起……”

我站起身，拍着小舒的肩膀说：“以后我会多听听你的意见，你遇到什么困难或是不理解的事情，都可以来找我，把我当做你的大朋友，好吗？”小舒小心翼翼地点了点头。推门离开时，他站定回头：“老师再见。”那一刻，他的眼神中已经有了感激和信任。

我一个人坐在会议室里，静静思考。之前我都做了些什么呀！我反思心中的阴暗，深深自责。忽然，我又感到庆幸，庆幸我及时发现了自己的问题，并用心去弥补！如果我继续重复之前的做法，我会离孩子越来越远，我将无法靠近孩子的心。

每个孩子都是一本书，需要我用真诚的心去开启、阅读、交流。谢谢孩子，谢谢生活，让我不断地经历着，成熟着，和孩子们一同成长着。

推开门，走廊的那头似乎有一束光。走过去，抬起头，我的天空中，出现了一束“穿透乌云的光”。

宋　洁

关注人的幸福，关注每个学生的快乐，是教师的天职。教师是智者，也是爱的使者。在尽个人所能去关怀学生的同时，教师也获得职业幸福感。为了学生的生命之路能宽阔一些，教师可以适当地“管得宽”。

“管得宽”

那节课，我和学生一起阅读《心声》。临下课时，我照例布置了一个写作小练习：请同学们写几句话，也表露一下自己的心声。

起初，教室里有大声讨论的，有窃窃私语的，不一会儿就静了下来，似乎都沉浸到写作中了。忽然，我听到了几声抽噎。循声望去，是刘静，一个一向不爱多说话的女孩，正将头埋在两臂间，一抽一顿地哭。有的同学可能也听到了，停下手中的笔，回过头望着她。我快步走过去，低下身子询问：“刘静，你怎么了？不舒服？”她没说话，慢慢摇了摇头。几个同学插嘴说：“老师，她肯定是把自己写得感动了，不如给我们念念。”我想也有这个可能，可我不能勉强学生，就说：“那就要看刘静同学愿不愿意了？”刘静依然埋在那里抽泣，但她明显摇了摇头。我意识到她是被所写的东西触痛了，这其中也许有什么隐情。

下课后，我将刘静领到我的办公室。

我问她课堂上写了些啥，能不能让我看看。她不说话，一直低头看着自己的脚尖。我再问时，她说：“老师，我没事。”

“没事还哭得那么伤心？是不是有什么秘密不想让我知道？”

刘静没说话，摇了摇头。

“哦，对了，你是不是失恋了？”

“老师，您说啥呢，那是写给我妈的。”一直低着头的刘静突然将头抬了起来。

“那能让我看看吗？也许我能帮你。”我说。

“没用的。好几年了，就这么着吧。”说完后，她竟不自觉地叹了口气。

“也好，要有什么不舒心的事，改天我可以找你妈妈聊聊。”

“老师，您千万别去，他们本来就不稀罕我。”说着，她从兜里掏出了课堂上写的那张纸，递给我。

原来，刘静的父亲前几年去世了，妈妈改嫁后，又生了个弟弟。她觉得妈妈说话总是向着弟弟，老要求她让着弟弟。她不听，妈妈就批评她。她现在都不想回那个家了；可回乡下的奶奶家吧，她又没法上学了。

“你爸也这样骂你吗？”

“我爸？他早不在了。”

“我是说你现在的爸。”

“他？您说那个男孩的爸？”

“我觉得你应该喊他爸，而且你也有关心弟弟的责任。”我看出来了，刘静压根就没融入这个家庭，对母亲重组家庭也心存芥蒂。于是，我一边了解情况，一边劝她应该多体谅父母，为他们分担一些家务事，不该和家长赌气，更不能一味地要求他们应该怎么做，得学会适应，学会宽容。渐渐地，刘静的话多了，她好像也意识到了自己的错。

送走刘静，我心里还是很不踏实。我想，这事不只是刘静一个人的，还得和她的家长沟通一下，他们在对待孩子上肯定也有问题。

第二天，我给刘静的妈妈打了电话，约她来学校见个面。看完刘静的信后，她的脸一下涨得通红：“这个死丫头，一点都不懂得大人的心，我这就找她去。”

我拦住她，请她坐下，简单说了昨天和刘静谈话的内容，告诉她刘静已经意识到自己的错误。她突然想起了什么似的："我说呢，昨天晚上她怎么主动照料起弟弟来了，还非要给她爸盛一碗饭呢。"

"这不就行了？还要去找孩子吗？咱们当家长的要注意说话的方式，否则你们和女儿的误会会越来越深。我建议你把这封信藏好，常拿出来看看，这对你、对刘静都有好处。但你必须向我保证，这事不能让孩子知道，好吗？"

事后，有同事取笑我，说我管得宽，是不是想弄个居委会主任当当。我也知道自己跳出了语文课堂，但我没觉得有什么错，我是"教师"啊。这件事本就缘起于课堂上的练笔，如果我假装没看见，那是失职。作为一个语文教师，我觉得自己有责任赋予语文课鲜活的生命，让其成为学生人性流露的港湾、与他人心灵交融的乐园……

我想，如果有能力"管得宽"，有些学生的困难可能就会少一些。

吴素荣

这位老教师用他的智慧，不动声色地做工作，让全班欢聚一堂。比他的智慧更重要的，是他的真诚。有时候，教育就是在展现人与人的情感。

一张纸条

纸条伴随着一件难以忘怀的往事。那天是1986年的最后一天。事情来得突然，叫人不知所措，结果又出乎意料。多年来，它让我一次次地追忆，思索。

下午全校停课，各班开辞旧迎新的联欢会。上午最后一节课前，高三年级的办公室里人头攒动，一派节日的欢乐气氛。一个女生走到我的身旁，神神秘秘地塞了张纸条给我，就急匆匆转身走开。她平时不多说话，课外也很少同我交谈。有什么事不能当面说，却要写纸条呢？

纸条上的几行文字大意是：班里有几个同学相约不参加下午的联欢，希望我能说服他们；但是这几个人的名字，暂不告诉我；如果动员无效，需要私下面谈，她也可以说出来；这件事是她告诉我的，可一定要保密，不然她会被看作“叛徒”。

读完我很感动：一个并非班干部的女生，对班里的事这样关心，甘冒当“叛徒”的危险，也要设法让联欢会开得圆满。我不是班主任，这张纸条却交到我手里，不管是因为我年长几岁，或是因为最后一节是我的语文课，还有说服和动员的机会，都是对我的信任。我不能辜负她这份沉佪佪的期待。

这突如其来的难题，究竟该怎样解决呢？讲番大道理，批评训斥，肯定都于事无补，只能耐心细致地开导。可是会有多少人不到会？原因是什么？相关的情况，一概都不了解，怎样去化解矛盾呢？一时找不出答案，我的心情不由得紧张起来。

走在通向教室的楼道里，心里还一片茫然。“老师好！”“同学们好，请坐。”互致问候过后，我站在讲台上，事先完全没有准备地讲出了下面的一番话：“大家邀请老师下午参加你们的新年联欢会，我非常高兴；因为这是高中三年大家相聚在一起的最后一次喜迎新年。我一定参加，我希望见到在座的每一个人。你们大家都是主人，可不能邀请了客人，主人却借故缺席，那样是失礼，也会让客人感到受到冷落。”

此刻我扫视到的是热切的目光和坦诚的笑意，可我仍放心不下，又追问叮咛：大家真的欢迎我参加联欢会吗？你们可一定也要全班出席啊！

……

下午走到教室门前，我心里还是忐忑不安的，只凭那番话能管用吗？谁知道即将见到的是怎样的情景呢？

教室里一片欢声笑语，我就座时掌声似乎格外热烈，然而是否有人缺席，我还是心中没底。我一边看文娱节目，一边悄悄清点人数。直到确信全班无一缺席，悬在心上的石头才落在实处。

同学生一起迎新年，我经历了许多次，这次最难忘。

难忘的是为什么仅仅几句平平常常的话，竟然能出人意料地解决十分棘手的难题？为什么那番话当我站到讲台上能毫无准备地从心底流淌出来？这两个问题思索至今，也没有能想清楚。

有位同事告诉我，这叫“淡化教育”，即严肃的事，有时沉着冷静，故意轻淡对待，做“冷处理”，却能收到事半功倍的效果。

而我总觉得这次的经历不只是教育方式方法的问题，倒是与“投我以桃，报之以李”更相似：紧张、焦虑、决断、担心，以至最后的皆大欢喜，这一切都源自那张纸条。那纸条所承载的热诚和信任，在师生间交互传递，恐怕才是破解难题的奥秘之所在。

在我同学生相处的五十多年里，有许许多多让我感动的人和事，可最耐人咀嚼回味的是纸条引起的这个小故事。

礼　出

原谅学生一时的不慎，尽可能保全他们的颜面，他们年纪小，不要让他们在羞耻中丧失自尊。教师能这样冷静慎重地处理学生的违纪事件，既要有大爱，还得有智慧。

一念之差

那天中午和平常一样，我伏在办公桌上小睡一会儿，突然被一阵电话声吵醒了，拿起电话，发现是一个陌生的号码。

“你是周老师吗？你的学生王露在我们超市偷东西，被我们抓住了。”对方语气非常生硬。

王露！我的心一下子就被拎了起来，这个大个子男孩总是不让我省心，学习成绩不好就算了，打架、哄闹的事情从来不断，今天竟然干出这样的事，这还得了，我急忙跑向离学校不远的超市。

在超市的保安办公室里，我看到了王露，他低着头，站在屋子的一角，面前放着一个叫不出名字的塑料玩具，也就是个小小的玩具！他真的还是一个孩子。

“你是他的老师？”保安扬头看了看我。

“是的。”虽然在这样的场合亮出老师的身份多少有点尴尬，但我还是努力表现得平静。

“你看你的好学生，竟干这种事！”保安指着那个小玩具，扯着嗓子喊道。

“我没有偷，我只是拿出来，忘……忘了付钱了。”王露的声音越来越小，小得只能让他自己听得到。

“还说呢，我早就注意到你了。”保安的声音高了起来。

“这玩具多少钱？我来付吧。”我不想让他大声吼叫。

保安看了看我，可能他没有想到我会说出这样的话，他顿了几秒钟：“算了，你们走吧。”

我带着王露离开了超市。一路上，心里怒气一直往上涌，这小子，今天算是给我露大脸了。我用余光瞟了他一眼，他全然没有了平时的神气，两手耷拉着，不紧不慢地跟在我后面。

该怎么处理这件事呢？我从没遇到过这种事。心里翻江倒海，一会儿一个念头：写一封检讨书了事？也太便宜这小子了，而且也不会有太大的效果。请他父亲到学校来？还是算了吧，他那火暴脾气的爸爸知道了还不把他打个半死。在班内批评？不行，会丢他的面子的，影响太大了。上报学校？更不行，这事不能让更多的人知道……

我俩一前一后走进了我的办公室，正巧没有其他老师。我不说话，眼睛瞪着他，他低着头，我俩谁也没有说话，屋里死一般的安静。

两分钟后，他终于憋不住了：“老师，我错了，我不该偷超市里的东西。”

听到这句话，那个“偷”字猛然间刺痛了我的心，看着眼前还带着稚气的孩子，我真不忍心听到这个“偷”字。

“你……你怎么这么不小心，把东西带出超市的时候竟没有付钱。”我不紧不慢地说。

王露，一下子抬起头，直愣愣地看了看我，像是不相信自己的耳朵。“以后在这些小地方一定要谨慎，快上课了，你去吧。”我不容他说话，扬了扬手示意他可以走了。

我注意到他的眼圈有些异样，嘴巴动了两下，但什么也没有说出来，转身离开了办公室。

那以后，我再也没有提起这件事，就像这件事没有发生过一样。王露似乎真的老实了许多，偶尔还能听到其他老师夸奖他。

那届学生毕业了，毕业典礼后，王露来到我的办公室，从口袋里掏出一支钢笔，还是用盒子装着的，郑重地放在我的办公桌上。“老师，谢谢你，这是送给你的。”看着他真诚的眼睛，我突然觉得他也很可爱，我破例收下了这个礼物。

又是几年过去了，王露的形象渐渐模糊了，但抽屉里的这支钢笔时常在提醒我，面对学生的过失，教师无论如何要慎重行事，因为那往往不过是“一念之差”。

周　键

让每个学生都享受教育的幸福，让每个远离家乡的孩子都能感受同胞的温情。教师有远见卓识，有无微不至的爱，便能让“祖国”这个词形象清晰地出现在每个人的脑海中。

藏族班的晚自修

星期五，普通住校生都回家了，来教室晚自修的只剩藏族班。

来到教室，十六个来自西藏的学生，零散地坐在教室里安静地自修。我在讲台旁坐下。灯光下，他们埋头看书做作业，这些孩子们面孔大都黝黑，是青藏高原那强烈的紫外线辐射过的颜色。

据说，这些学生在小学时就必须刻苦学习，通过选拔考试，才能有到东部沿海城市学习的机会。上课前，我跟一个小个子的高一学生闲谈。他告诉我，他的初中是在安徽上的；有些学生是在我们这儿的西藏民族中学上的；还有的是在上海、常州和沈阳等地上的，高中才考到我们这儿。

他们的目标很明确：考上大学，大学毕业后再回到西藏。

真的，看到这些孩子从十二三岁起，就离开家乡、离开父母，来到几千里之外的地方学习，我的眼眶就有点潮湿。这个班的贡嘎和格桑措姆，我教过。每次看到贡嘎怀念家乡、怀念奶奶的周记，我都很感动，总会情不自禁地写上批语，鼓励安慰他。贡嘎来自西藏一个比较贫困的县，他家在乡下，没有什么社会背景，他硬是靠苦读才争取到上我们这儿来学习的。

西藏孩子真不容易，既要学汉语，又要学英语，还不能忘记母语，还要学习其余所有课程。但他们都很勤奋，肯吃苦。贡嘎告诉我，这次他语文只考了九十几分(语文卷子满分是160分)。听罢，我非但没有批评他，反而大大表扬了他一番。他那黝黑的眸子，在灯光下闪闪发亮。

前天晚自修时发生的一件事，我永远不能忘。有个学生拿着一份全国语文高考试卷找到我，说有很多地方不解，让我给大家讲讲。二话没说，我就爽快地答应了。讲了基础题，再讲了古文，便到了诗歌鉴赏题。这是唐代严武写的《军城早秋》，想都没想，我就按惯例，先让学生审题并读注解，哪知一读注解，我心里就“咯噔”了一下。天哪，怎么会有这样的内容？注解里竟写了这样的文字：严武……广德二年(764年)秋率兵西征，击败了吐蕃军队七万多人。还没等我发话，前排一个小个子藏族男生就轻声叫了起来：啊，击败了吐蕃七万多人哪！这时，原本安静的课堂有了点儿窸窸窣窣的声响，在场的藏族孩子的脸上也有了一点儿不自然，我也很尴尬。很快，我马上反应过来，说：“这是一首唐代的边塞诗歌，讲的是镇守边疆的汉族将领们与吐蕃交战的历史。是的，汉藏之间，历史上确实有过战争，但更多的是和亲与友好，对不对？谁和谁曾经和亲过？”下面齐声叫道：“松赞干布和文成公主。”“对，你，你们，就是松赞干布啊，”我指着那位惊叫的男生和藏族孩子们说道，“我，我们都是文成公主呀！”我指着自己，也指指旁边的汉族孩子比画道。

“哈哈……”敏感的藏族孩子们、真诚的汉族孩子们间的尴尬瞬间化解了，报以轻快的笑声。

是的，西藏孩子们敏感、羞涩、内向，也很纯洁、善良而有礼貌。这可能是文化背景不同导致的。作为一个教师，我想，我们应该以父母对待孩子的仁慈去关心他们、热爱他们，去尊重他们的习俗，让他们了解汉族的生活、风俗文化乃至历史，达到一种自然的融合，让他们感受到一种浓浓的亲情，有种在家的感觉，这才是更重要的吧。

“老师，我来洗碗。”“老师，我来铺被褥。”“老师，我来……”春节期间，格桑在我家的情景又浮现在眼前。

要包馄饨了。格桑真聪明，看了几眼示范，马上便会了。

要睡觉了。她与我女儿同睡一榻，叽叽喳喳，无话不谈，亲如姊妹。灯熄了，这两个孩子还咯咯地笑个不停……

我就这么胡思乱想着，直到夜自修结束。

忽然，楼梯口下，传来了几声异常高亢悠远的调调，就是青藏高原上那种充满沧桑感的调调。好听极了！歌声是从一名男生嗓子里发出的，非常清晰地在这冬夜的清空里荡漾。我的眼前一下子就闪现出青藏高原上的画面，那纯净高远的蓝天，那奔腾汹涌的雅鲁藏布江，那雪山上翱翔的雄鹰……雄鹰过处，山谷里人家屋顶上一根根五彩的龙达（汉语是“经幡”）随风飘扬，诉说着西藏的神奇和藏族人民的心愿。

“在家里就会唱这些歌吗？”我问。

“嗯。”那男生腼腆地回答。

雨淅淅沥沥地下着。路灯下，掌形的梧桐叶子纷纷落下，投入了大地的怀抱。冬天来了，有学生拿着手机躲在一隅与远方的亲人通电话。

小小年纪，就离开故乡和父母，千里迢迢，负笈求学，其间要克服多少困难才能考取心仪的大学啊！

雨还在下，在漆黑的夜空里参差地描画着闪闪的虚线，很是明亮，就像藏族孩子们那一双双纯洁闪亮的眼睛。

陈祝华

教育素质高的教师，能从与学生的精神交流中获得美的享受和愉悦，摆脱世俗的纷扰。当教师真正把学生当作“弟子”时，学生就会视教师为朋友，这种亦师亦友的关系，可以让学校生活成为我们最美好的记忆。

从心底笑起来

星期五下午，是文学社活动时间。我和学生都很珍惜这四十五分钟，读读写写，讨论交流，话题以“文学”为主，又不局限于“文学”，彼此都觉得有收获。学生参加社团一般都追求新鲜，文学社却有不少老社员，几个学期下来，就是不去别处。常有毕业了的老社员回来参加活动，大家围坐倾谈，真有家园的感觉。

有个周五，我遇到一件很不愉快的事。对我来说，文学社的学生已经是很好的朋友，所以我并未刻意掩饰自己。我告诉他们，遇到不快，我会去想或做一件让自己从心底笑起来的事，比如写作，尤其是自己觉得有进步甚至突破时，那种快乐真是“金不换”。我请大家也说说这类经历，分享彼此的经验，进而获得生活的勇气与力量。

学生的答案非常丰富。有些是我们熟悉的经验：阅读、旅行、听音乐等。有些则比较特别。一名同学说他不喜欢旅行，却喜欢坐火车。在那些观光景点，他看到的只是拥挤的游人，人工矫饰的风景；而在火车上，那些匆匆掠过的田野、房屋、劳作的人们，真实而质朴。每次下了火车，他都觉得心灵被荡涤过了，目的地反而变得不重要。我告诉他，我的一位朋友每到一座城市，不看景点，不去商业街，只逛小巷和菜场，他觉得这是了解当地物产人情最好的方式；而作家苇岸则喜欢避开名胜，在乡野山川间徒步行走，亲近土地与人们。

两三位同学都提到了一种特殊的爱好：抄写。他们说与"读"相比，"抄"是一笔一画地写——更慢，更认真，也更入心。心灵储存的美多了，留给烦闷的空间自然就少了。一位同学说她最喜欢抄写庄子的《逍遥游》，每有不快，就在"水击三千里，抟扶摇而上者九万里"的壮美想象中"遗世而独立，羽化而登仙"。

一位同学说，不期而至的一本书、一封信，都会让她欣喜。旁边的同学则补充说：不期而至的一位故人、一份友情、一段爱情……另一位同学则认为，不期而至带来的是意外之喜，这种喜可遇而不可求，不如从"储存"中去寻找温情，她会将朋友的短信收藏起来，沮丧时就看看。我说，我有两大纸盒学生的信、贺卡和小礼物，与短信相比，这是"实体"的温情，似乎还带着手的温度、异地的气息。还有一位同学说自己的记忆才是最可靠、最便捷的储藏盒……

在这样的交流中，四十五分钟很快就过去了。我对同学们说，自己的心情已平复了，让他们从心底笑起来的那些人与事，丰富了文学的世界，也带给了我愉快和温暖，非常感谢他们。

学生陆陆续续离开了。这时社长走了过来，说："老师，我能抱抱你吗？"这个高大的女生抱紧我，在我的背上轻轻拍了两下。另一个女生则眼泪汪汪地说："老师，我就不抱你了，因为我要哭了。"一个男生走了过来，给我一片树叶。我说，我的储藏盒里又多了一件宝贝。他有些害羞地提醒我树叶背面有字，我翻过来一看，是一行工整的小字："老师，无论什么时候，都一定要美丽！"

我珍重地把树叶夹进书里，从心底笑了起来。

巫小书

在学校里，不是每个学生都能适时准确地理解教育的意义，对教师的教育行为，有的学生领悟得早一些，有的醒悟得晚一些，有的甚至在遥远的未来才会恍然大悟。对待有些特殊的学生，即使无力挽救他们，至少，要让他们记住教师期待的目光。

老师，你很天真

我带高一(5)班时，也算有经验的教师了，可也许是我的文弱样看起来缺乏权威感，面对一个全年级教师都不看好的班，情况显得有些不妙。不和名校生源相比，就在这所普通中学，我的这个班，学生学习可能也是最困难的，有一多半学生的学习状态让我终日操心：近二十个“体育特长生”，加两个学画画的，还有四五个据说是好不容易才被学校接收，“算是有了着落”的学生。——只要你在学校工作过，就明白我会遇到什么事儿了。

刚开学的一天，张旭(化名)来跟我说明前一天旷课的原因：他领初中同学留宿姥姥家，第二天一早同学走了，结果发现姥姥缝在被子里的三千元钱不见了！于是他就到派出所报了案，现在事情还在处理中……

哦，我很为他的事情着急，他松口气，跑回班了。几天后，课间我把张旭叫到走廊，悄悄问他那件事处理得怎么样了，有结果吗？他一怔，然后说，没事了，误会！我没再多问，暗自忖度：他怎么像没事似的，不知道老师会着急吗？

元月，班里的骚动不宁随着寒假将至更甚，让我着急的是有天下午自习课，班里竟然少了十二个人！其中还有两名女生！据同学说，他们一起出去给张旭过生日了。

我回办公室，分别给这些学生打电话，全都关机。快放学时，我看到办公室门上玻璃外有张脸闪露，是陈鑫，拉开门，他面有愧色，说一起的同学现都在校门外，门卫不让进，他翻墙进来的，怕我着急，先给我报个信。

第二天，我收到十二份检讨，每份检讨都写得挺长，字体工整，比平时的作业认真多了。我读出了歉意和诚意，同事们却不以为然，认为对这样的孩子讲慈爱是没用的。我深知大家的善意和担忧，也困惑在这样特殊的环境中自己是不是太理想化了，这对他们的成长有好处吗？

可是我却总愿意相信，相信每个学生和孩子。也许这是我的软弱，甚至也许是我认知的落后，但我总是希望出现一点点能感知到的觉悟，这就是我在面对困境时首先想到的。

还是这个张旭，又一次让我心惊：政教处主任找我，说传言近期两个学校的学生间要打架，其中有我班的张旭。我赶紧到教室，看到他课桌里露出的一角锐器，抽出来，是虽已损坏但很宽的大半截刀片子！惊得班里嘘声一片……

张旭支支吾吾，说是捡的。一时间，我觉得话语的力量那么有限。他也看着我，没有躲闪，倔强中带些蛮气，似乎预备着对抗我的厌弃、愤怒。在看似较量的对视中，我想：这孩子究竟生活在什么样的环境中啊？如此躁动混乱，于浑噩中消耗着自己的青春，令人痛心。

我平静地说："每个人都想着要对自己好些，其实，对自己好最难了。我刚听说，你要参与打架的事，很担心也很害怕，联想到很多……你也能静心想想吗？在学校，老师苦口婆心，你不听；你犯了事，学校必须处分你，你甚至得接受更严厉的法律制裁。在这之后，很多现在根本想不到的后果和痛苦，也只有自己和父母去承受了……我也只能这样提醒你，把你'捡的'刀片交给我吧。"

一天后我去政教处问，这次冲突未发生。

有一次闲聊，这个屡犯事端的张旭像个大人一样对我说："老师，你很天真，像个小孩儿。"是吗？我笑笑，他也笑了……

很多年过去了，不知他现在过得怎样。偶尔想起他，很难没有忧虑。我不是强有力的人，没有把握拯救一个学生，只是在相遇的一段缘分中，我试图用我的真诚去感化一个人，小心从事而已。

如果我没有能力去改变一个人，就让他记住我的善良吧，就让他记住，普天之下，到处都有善良的人。一个人，无论遇到什么样的事儿，总不可以随便伤害人的善良吧。

郭　伟

对教师而言，面对学生微笑，也许不过是职业本能，也许仅仅是一份善意，然而，学生不仅心存感激，而且长久地以之为精神动力。学生对教育的记忆，往往正是这样一些我们意想不到的细枝末节。

因为我当年的微笑

12月31日，这个寒冷又温暖的下午，学校门卫打来电话，说有个2008届姓沈的学生要进校看我。我有点迟疑，脑子里迅速回放着2008届学生的信息，但记不起这样一个名字。办公室的门被推开，看到他的面孔，我想起来了："是18班的吧？""是啊，老师，你还记得我！"学生一脸兴奋，倒映衬出我的窘迫。他在我身旁坐定，开始娓娓道来这几年有关他的故事：当年高考失利，复读一年，终于考取苏大，两年前选择赴美留学，因临行比较匆忙，没有回来看望老师，所以像少了些什么，始终不得安定。两年来，每每上网，他就疯狂地搜索与母校有关的信息，他边说边拿出 iPad，眉飞色舞地展示给我看他浏览过的网页。我很好奇，为何身在异乡的他竟会如此想念曾经待过的学校？他一脸正色地说，想母校自由的空气，想母校深厚的人文氛围，更想母校老师充满关怀与期待的教导。

其实，我对他了解并不多。那一年我服从学校安排留在高三，半途接班，与其偶尔的接触也仅限于学科学习与交流，却不想若干年后他竟会专程来探望我。他说，不如意的时候，会想起我的笑容，因为那是一种温暖和动力。“我的笑容竟有这等魔力？”我有些讶异。“那年，有一次你不是去做了个手术吗？”他见我疑惑，启发我。那年纤维瘤手术的经历我此生不会忘却，不仅因为这是我平生的第一次手术，更是因为第一次深切地感受术后的痛楚，撕心裂肺竟致彻夜难眠，实在不愿再提。他见我不语，便解释说：“但你只休息了两天就来给我们上课了，更奇怪的是，你始终微笑着，脸上丝毫看不出半点病容。全班同学都佩服你！”“就因为这？”我有些不解。“是啊，经历了手术，仍然有那么饱满的精神状态，这需要多么大的力量！”他一脸的认真！

看着他生动而诚挚的神情，我才知道这份感情是如此真切。我似乎突然明白了我与他的“交情”，也似乎突然读懂了那届学生对于一个只陪伴了他们一年的老师的尊敬和喜爱。走进一个人的心灵深处，绝不是靠教学方法或技巧就行的，唯有真心。当年的我其实并没有想得太多，只是本着一种对职业的尊重、对学生的负责，私心里也想用紧张充实的工作麻醉身躯的痛楚，我说服了家人，在术后两天重新回到讲台。虽然行动僵硬而不自然，有意无意地“赖”掉板书，也会因为伤口的疼痛而眉头紧蹙，但或许是习惯使然，或许是潜意识里觉得应该给高三的孩子传递更多的正能量，所以我始终坚持一进教室就微笑，却没料想这微笑竟在若干年后积淀成了一股促人勇往直前的力量。

真得感谢学生，是他们的存在、他们的成长体现了教育工作的价值和意义，让我们获得了幸福和成就。然而，幸福之余，我也在这个故事里咀嚼出了另一种味道：一个小小的微笑竟有如此魔力，可见我们身上的担子不轻，以后更应把工作做细些，免得留有遗憾。或许，我该把这种味道称之为“责任”。

袁　佳

第三辑

一个一个的人立起来

青少年时代养成良好的气质风度，终身受益。教师从“立人”高度深谋远虑，希望学生能沉静从容地学习，而不是一路狼狈地狂奔，沦落为鄙俗不堪的庸人。作者的教育理想和勇气，值得每位老师深思。

让我们从容地往前走

春季运动会第一天，早晨六点半，我收到杨同学发来的一条短信：“老师，您说过‘请慢慢走，不要失了风度’，俺都记得！”小杨高一时是我的学生，高二去了文科班。她的短信让我意外而感动——她说的是去年的事。

去年运动会开幕式刚开始五分钟，不顾学生的祈祷，彤云密布的天空还是落下雨点。于是，一片黑压压的人头上渐次开出了一些伞花，我班队伍里，也犹犹豫豫地冒出了五朵伞花。显然，有些学生有备而来。

雨点变密。两分钟后，主持人宣布“开幕式因雨暂停，各班回教室待命，凳子留在原地”。顷刻之间，学生们抱着头，叫喊着，蜂拥奔向教学楼，留下一片东倒西歪的凳子，场面狼藉。

站在队伍最后的我，目睹整个溃逃过程，内心涌起莫名的伤感：平时做了多少关于文明修养的讲话，再三提醒学生临危不乱，花了那么大气力要求学生保持风度，一场不大的雨就能把他们“打回原形”，这太让我失望了！

我觉得，要提醒学生去“看见”自己的狼狈，去“看见”现实中隐藏的可能性，去唤醒灵魂深处的自觉意识。现实中，一些学生养成不良习惯，其实也有教师的纵容和漠视，甚至默许。

雨中，我以一贯的沉静从容走出操场，穿过教学楼楼道，学生的言笑喧腾从教室的窗口迸射出来，整个教学楼似乎都浸在沸腾中。走进自己班级的教室，我感觉到自己声音比神情还要严肃："同学们，在自己的座位上站好！"大家旋即站好，满脸诧异，邻班的喧闹衬出我们教室的安静。

我克制住激动，努力让自己的声调保持正常："今天，我很失望，运动会还没有开始，我们已经失败了！不是因为下雨，而是因为大家没有风度！我有两点特别的感慨：第一，退场的时候，毫无秩序，场面混乱，让我联想到'抱头鼠窜'这个词。这点点雨，又不是倾盆大雨、狂风暴雨，同学们竟然如此狼狈，不顾自我形象，失了风度。第二，昨天还一起唱着《相亲相爱的一家人》，今天在淋雨时，怎么有人独自躲在自己的伞里？"

我的目光从每一位同学脸上扫过，几个学生不自然地垂眼躲闪。

我用平缓却非常诚恳的语气继续说："先说秩序。我们都知道，要遵守公共秩序，尤其是遇到突发事件或危急时刻，没有秩序，公共安全就得不到保证。如果在狭窄的通道，就有可能发生踩踏事故。刚才很多同学一路狂奔，也许不全是怕雨淋，而是为了冲进楼道抢人之先，但这就有可能造成混乱，容易给别人带来危险——危机面前，没有公共意识，只想到自己不顾及他人，不像受过教育的人。"

"再说说做人。下雨撑伞没有什么不对。但是，你独自撑伞的时候，有没有想过，伞上飞溅的雨珠可能会落到前后同学的身上？有没有想过你的伞可能会遮挡住后面同学的视线？有没有想过，在你独自避雨的时候，与你朝夕相处的同伴在淋雨？——关键时刻，不能同甘共苦，只顾自己，不管他人，做人的格局太小，没有风度。"

教室里非常安静，窗外，邻班同学好奇地往里张望，但班里的学生都只在关注着我。停顿了一会儿，我给学生讲了一个故事："在我们校史上，有一位体操课教师、同盟会成员刘伯能。他在操场上喊立正，就说

‘须白刃交于前，泰山崩于后，亦凛然不动，始得为立正！’遇烈日或阵雨，就说：‘汝辈非糖人，何怕日？非纸人，何怕风？非泥人，何怕雨？怕这怕那，何时能立？’”

我一边说一边迅速地在黑板上写下刘伯能的这两段话，然后告诉学生：“刘伯能老师所讲的立正，意思是说敌人把刀架在你的脖子上，你背后雄伟巍峨的靠山泰山都崩塌了，你还能凛然站立不动，这才能算是立正！青年，不是糖人、纸人、泥人，日晒、风霜、雨雪何足为惧？怕这怕那，什么时候才能真正成人立业！刘伯能所讲的立正，不只是一种身体的姿势，更是一种精神的姿态，是品质，是气度，是境界！所以，我们的著名校友钱穆先生曾经深有体会地说‘此乃人生立身大训也’。”

我把钱穆的话也写到黑板上，我讲得很激动，学生听得很投入，脸上露出感动、钦佩的神情，很多学生都有意识或无意识地站得笔直、挺拔。

然后，我给学生三分钟时间，要求他们理解并记住这几句话。三分钟后，大家一齐大声诵读。学生的声音比平时读书要整齐响亮得多。我说：“记住今天我们的狼狈，更请记住这段校史，记住这几句话！以后如果再遇到类似今天这样的情形，请慢慢走，不要失了我们的风度！以后如果再遇到类似今天这样的情形，请有伞的同学先想到别人，男生让给女生，身强的让给体弱的——记住，在任何情况下，都不要失了我们的风度！”

说完，我转身离开教室，留下一教室的站立和安静。

后来，四月的某个星期天，我带全班学生去浙江大学参观，恰逢一场十几分钟的阵雨。让我感动的是，伞不够，同学之间推来让去，通过组合分配，最后，只剩下一把伞和五位男生。其中一位男生，硬是把伞塞到另一个挤在伞下、半个肩膀被雨淋着的同学手里，他说：“反正一把伞遮不了五个人，你用吧。我们五个人没事。吾非泥人，何怕雨？”他们五个顶着湿漉漉的头发，一直精神奕奕地，从容地走在参观队伍的前面。

潘　勤

今天坐在教室里的儿童和少年，在未来，不仅是有文化的劳动者，他们还将成为父亲或母亲！教育立人，改造世界，要从当下的一点一滴做起。我们今天所做的一切，都会对人的未来起作用。这也是教师职业的使命与责任。

二十年后你会是什么样的人

我曾经给学生布置过一份作业，请他们给二十年后的自己写一封信，想写什么就写什么。

我发现，大多数学生关注的都是二十年后自己从事什么样的职业，比如，设想自己成了科学家、设计师、老板、教师等等。现在的他们，跟未来的某位职业者对话，对话的内容不外乎对今天的学习情况进行反思，保证将来要专心学习，云云。

只有一个小男生，写得特别：他很高兴自己成了一位性情温和、能理解孩子的爸爸，他希望自己努力，让自己的孩子一直幸福下去。

这封信让我眼前一亮，其实，我一直在等待的，就是这样饱满的人性——不是特别关注职业、身份等等外在的东西，而是更关注内在的品性。

“二十年后，你会是怎样的人？”

——因为一直怀有这样的想法，和学生相处的过程中，我更能用一种特别的眼光去看待自己的言行，对一些教育细节，也就不会漫不经心。

与女生相比，初中阶段的很多男生，会有一些劣势——他们可能不如女生爱整洁，不如女生专注，不如女生会管理自己，甚至很多男生因为调皮捣蛋，成为“顽劣”的代名词。我总试图想一些办法从正面引导。

很多外表邋遢的男生，不但衣服不整洁，姿态也不庄重，他们觉得，这是潇洒。对此，我会用他们能够接受的方式，教他们保持整洁，挺起腰杆。因为我坚信，自爱的第一步，就是注重自己的形象，这是对自己的尊重，也是对别人的尊重。

我曾把一个男生变成“浇花使者”。此前他总是恶作剧，追着同学往他们身上浇水，自从让他负责每天照料一盆花之后，他的眼睛里有了从没有过的专注和柔情，教室里也多了一道特别的风景：一名男生每天仔细地给窗台上的花浇水。我找到一个机会，让一个顽皮男孩每天能感受到美，也体会到责任。

我曾鼓动一群上蹿下跳打打闹闹的小男生组成“男子天团”，让他们玩音乐，定期为班级表演节目，唱歌、弹吉他，音乐的浪漫与青春的飞扬让这些小男孩满脸阳光。我相信，这些曾经陶醉于艺术的男孩，未来会是有情有趣、给人们带去快乐的人。

有个男生知识面广却爱在自修课不停讲话，我专门为他开设了“小博士讲坛”，给他机会，让他聊军事、谈时政。后来，他进入大学学经济学，可是依然对于本专业之外的知识保持着浓厚的兴趣，对于这个世界发生的很多事能有独立思考。将来，如果他有了自己的孩子，他们一定会经常开“餐桌大学”，讨论各种有意思的问题吧。

我注意到，个别小男孩会虐待小动物，并对此津津乐道，这些男生常对“英雄”“战争”“武器”之类的事物感兴趣，他们在这方面的知识有时远超成人。对此，我也给他们展示的机会，比如，为他们开设“小博士讲坛”，但也会推荐一些人文色彩较浓的读物，或者在他们进行宏大叙事的时候补充一些历史的细节。有一段时间，男生们对“二战”非常感兴趣，分享了很多经典战役，我给他们补充了同题材的读物和电影，只不过我推荐的这一些作品更具有普通人的视角，以此帮助学生们了解战争究竟是怎么回事，对于普通人意味着什么，引导他们从“正常人”的角度去看待这个世界上的苦难。

前几天，我从朋友圈里了解到，之前那个曾一度“崇拜希特勒”的阿Y同学的高中生活，他正和同学制作一部微电影，他选的研究对象是中国文化学者。问他为什么有那样大的改变，他说，他现在很向往成为温厚的君子。四年的初中生活里，他读了很多书，写了很多随笔，他已经变成一个心态平和而理性的男生，喜欢写作，开始思考很多问题……

今天，跟这些初中生相处的时候，我觉得我自己所说的话、所做的事，都是为将来的一个人在努力，这个人也许并没有显赫的地位或名声，但是，他(她)会是一个家庭里的父亲或母亲，他(她)将有自己的孩子，并因为自己的品性和言行影响到孩子的心灵，比如，能否爱自己和爱别人，能否自尊并尊重他人，是否具有责任感，能否理性而温和地对待这个世界……而所有这一切好的品性，都是从他们做学生时一点一滴地积累的。

我在想，多年之后，学生们的孩子也会长大，而他们又将有自己的孩子……他们的精神气质里，会有父亲母亲的基因，而这些，曾经有我的努力——这样一想，我便觉得自己今天所做的一切琐碎小事，都有了绵延无尽的价值。

阮　瑾

“这一个”有点特殊。每个人都可能有“特殊”之处，教师如果能想到了解“特殊”之因，就有可能找到引导之路。随着岁月流逝，学生那些令人不安的表现会渐渐消失，这中间，有教师的职业智慧，有美丽的爱与等待。

你开始有风度了

早上到办公室，看到桌子上有个保鲜袋，里面装了香蕉，香蕉是切成两半的，装得很整齐，看样子是专门给我的，因为端端正正地压在一叠作业本上。

谁会这样送我水果？想了一想，不明白。上完课，午餐回来，看到香蕉已经发黑了，就拿着去盥洗室，打算扔掉，然而迎头撞上男生 Z，他拦在我前面，问：“老师，我给你带的香蕉吃了吗？”

什么？我手里这袋黑皮香蕉是他带来的？“你不早说！因为不知道是谁送的，我不敢吃，正要扔进垃圾桶呢！”

他一听就急了：“昨天给你猪肉脯你没吃，所以今天我才带水果来的，整根不好带，所以切成两段，怕压坏了，我还装进了个盒子里……”

我答应把香蕉带回办公室吃掉，他才满意地回教室。

但是，我知道他对这根香蕉很上心，因为下午第一节课时他跟着背书的大部队来办公室，人虽然没露面，但是声音很响，我听到他一个劲地在门外打听“老师把香蕉吃了吗”。

这个有些特别的学生，总会提醒老师，要耐心，要原谅，要有特别的方法。

这会儿，他唠唠叨叨地诉说自己如何费心带来香蕉，听得我有些感动，抬手想摸摸他的头，安慰几句，不料他反应迅捷，立刻抓住我的胳膊，像训练有素的反擒拿似的，随即“××”，脏话又从他嘴里冒出来。

我一瞪眼睛：“说什么呢？管好你的嘴！放开手！”

他立刻把话咽回去，松手。

没法子，对于Z，他肯对你正常表达善意已属难得，不让他说脏话却是千难万难，看在他已经算有所改变的份上，且别跟他计较了吧。——我这样说服自己。

这是个几乎每天都有故事发生的男孩。

这学期第一天给他们班上课时，刚进教室，就看到最后一排靠窗的那个男孩使劲跳起来，在头顶很夸张地比画了一个大大的心。我愣了一下，心想莫非我有这么大魅力？不至于吧。整整一节课，他不停地“比心心”，我才有点明白，这可能是他的习惯动作，也可能是他想引起老师关注的方式。下课后回办公室，老师们都告诉我，他见到每个老师都这样，这种夸张的行为一度令老师们十分尴尬，不过后来也都习惯了。

他喜欢跟老师“比心心”，上课时却是一副“不爱理你”的样子，因为他永远都是侧着身子坐的，手里不是在抛硬币，就是在扔纸飞机，提醒一次只能让他老实几分钟。后来，看到他还是在听课的，而且动作幅度也不至于大到影响别人，我也就不再跟他计较。有一次上着课，我突然发现他不见了，大惊，以为他趁我不注意跳窗逃了，到教室后排一看，他正在地上爬，问他做什么，他理直气壮地说：“纸飞机飞得太远了，要捡回来，我不能影响老师上课，所以就爬了！”

对于他的闹腾，同学们一副见怪不怪的样子，这让我觉得奇怪。他跟其他同学相处时也常有夸张的表现，如，他在上课时会大声打断同学的发言，纠正人家的“错误”，喜欢跟人家抬杠，口头禅是“从法律的角度来看……”

班级里的同学都不太愿意搭理他，嫌他行为夸张幼稚，不懂得顾及别人的感受。我跟班主任沟通，问能否找家长来谈谈，一起纠正他的言行。班主任告诉我，她努力过，但是，他妈妈常说的一句话是“他还是个宝宝呢”，于是，就没法谈下去了。后来，经过反复沟通，我才知道，对于他的异常表现，家长也曾经想了很多办法纠正，都没有效果，实在没有办法，只能带他去看心理医生，那位医生发现了他很小的时候留下的一个心结：三岁的时候他跟着妈妈去英国旅游，在一座古堡遇到电梯故障，虽然结果有惊无险，但是，惊慌失措之下，妈妈没有及时抱他，更没有抚慰他，以至于那么小的一个孩子，在陌生的地方，在黑暗中独自经历了一场恐慌。从此，他害怕黑暗幽闭的环境，更害怕被人忽视，为此才不惜用各种夸张得令人不适的言行，希望引起别人的注意。

我不是专业心理医生，但我也曾经是个孩子，深知每个孩子的成长经历中都没有“容易”二字，每一个举止异常的小孩，都可能经历过一番不为人知的惊心动魄，或许只有理解了这些，才会有真正的“教育”。我想，他需要的关注，我能给他。

从此，我便经常抓住机会，公开地肯定他好的表现：他读过很多书，很多诗词名句可以随口道出；上课的时候，常能够引经据典地谈论问题；他熟知一些法律条文，凡事都要用法律来衡量一下……这些表扬，因为有事实，也因为我郑重其事的态度，让学生们很容易接受。慢慢地，一些学生开始在课间找他聊天了，看得出，他也是很开心的。他和我之间的认同感和亲近感就这样建立起来。但是，我更知道，作为老师，我不能把他当“宝宝”无限度地纵容下去（其实家长也不该这样），因为他已经进入青春期，很快就会成为一个青年，他应该有同龄人该有的成长，应该学会对自己的言行负责，从而开始进入正常的生活状态。我要做的，是尊重他，并且慢慢教他自尊和尊重别人。

我跟他的交流多起来。他仍不时跳到我面前比心，这也就算了，考试的时候我到他的考场监考，他也要很兴奋地比画一下，我看他一眼，他立刻收手。上课时，他仍然要插嘴，我会肯定他好的想法，但会温和地提醒他，要注意礼貌，等别人说完你再说，对老师要称“您”……纠正他的不当言行，这是个需要耐心的过程，因为他多年来养成的说话习惯是很难改变的。

某次上课，说到“怆”这个字，我说，有一首交响乐叫《悲怆》，他立刻大喊：“错啦！《悲怆》明明是钢琴协奏曲，不懂别瞎说，会被人笑话的。”

全班哗然。我很淡定：“多谢Z同学。不过，我觉得你还是先去查一查，因为批评别人要有根据。另外，再提醒你一次，给别人指出错误请注意礼貌。”

他不再说话了。

第二天，他来我办公室，有点不好意思，说自己查过了，有钢琴奏鸣曲《悲怆》，也有交响乐《悲怆》。昨天那样说老师，有点……

我跟他开玩笑，说：“难得Z同学也有承认自己错的时候，你开始有风度了，真好。”

阮　瑾

如果从学生受教育权利的角度，从学生的身心健康发展的角度来审视当下的教育现象，我们不能不为之羞愧；而如果对这些反教育的现象习以为常了，那则是教育的耻辱。我们每个教师都应当有这样深刻的反思。

每个儿童都是珍贵的唯一

骨干教师优课展示，需要借我班学生上课，这是一堂科学课，要做实验。只要四十个孩子，但全班共四十九人。我问："能不能多准备一套器材？可不可以每个实验组增加几个人？哪怕去听听？"答复是："四十个足够了，好组织，人多容易乱。"

从四十九人中去掉九个学生，你让我怎么挑？我没干过这种事！看着我的孩子们，一个个都是如此可爱！那个小家伙不好好写作业，但他的思维多活跃呀！他？理解能力比别人差点儿，可是他多么刻苦啊！还是她？胆小不善言辞，然而她的文采多么动人！就他吧，常打闹生事来烦我，万一公开课上捣蛋咋得了，好吧，第一个就是他！我正欲做记号，"老师，你怎么不高兴啊？是不是累了？要不要喝我的冰红茶呀？"唉，惭愧，惭愧啊！孩子们正快乐地游戏，谁都不知道他们亲爱的丁老师正暗藏着"杀机"，要为一堂"优课展示"剥夺九份本应属于他们的课堂权利，为一位"骨干教师"抛弃九个本应一视同仁的天真孩童！我的胸口堵得慌，难受！

我无法直视一双双纯净的眼睛，逃到办公室一吐为快。有个老师说:“干吗你来选呢？或者参加其他活动,或者上课,让学生自己选。”“万一孩子们都要上课呢?”我闷闷地回到教室,忽然灵机一动:不告诉他们上公开课的事,先请教过他们的张老师来挑选,让几个孩子到她班上去讲故事、做游戏,带着自豪感去！这个点子使我的心略微好受了一点。不出所料,张老师的邀请激动人心,在热潮中请了九个同学,九个人自觉地排成一队,跟我说再见。不知为什么,我的泪涌了上来。

上公开课了,四十个孩子在空气和水的世界里畅游。我一点儿也听不进去,一遍遍地想:那九个同学在干什么？开心吗？会不会觉得中了圈套?

终于下课了,进教室后我发现小衣在哭,他是九分之一,我预感事情不妙。“小衣说我们上当受骗了!”“他说我们去讲故事的九个人都是差的！好的都去上公开课了!”我跌坐在椅子上,深度疲惫,无法言说。我怎么办？继续编造美丽的谎言,还是坦白冷酷的事实？忽然,耳边响起天使般的声音:“谁说他们是差的？圆圆不是刚拿喜报吗？她这次数学考八十分呢!”“就是,丁老师说只要有进步,就是好孩子。”“张老师信任你才请你去的,我想去都去不了,她没喊我!”“科学课也就做做实验,到别的班讲故事才锻炼我们的胆量。”“小衣讲得最好玩啦,那些小朋友笑得不得了!”圆圆笑着举荐。我给小衣擦干眼泪,百感交集地讲了一大堆,其中小衣被评为“形象大使”,其余八个也被冠以“小外交官”等声名。可是我知道我永远也弥补不了心头的愧疚:孩子,对不起!

有人说,你至于这么自责吗？九个孩子这次不上课,以后有的是机会。有人说,又不是主课,少上一节并不影响学习成绩。还有人说,优胜劣汰是自然法则,你能保护他们一辈子吗？……有几个人会考虑这九个孩子的感受？为什么我们已经看不见儿童敏感的心灵？到底是什么蒙住了我们的眼睛？是“展示”,是“成功”,还是一切从教育者出发的“为我所用”!

当下的教育,太需要一种静待花开的从容、优雅的心态。当我们迫不及待地追求完美、速成优秀的时候，很多儿童正承受着巨大的成长压力，即便心智成熟得早一些，也常常是提前耗尽心力，昙花一现。更可悲的是，一些心智发育比较慢的儿童在一次次貌似公平的公开课展示中成为陪练、观众，甚至沦为没有知情权、参与权的“非公民”。我们必须坚决摒弃这种无视儿童心灵的“公开课规则”！被尊重、被爱是每一个儿童的权利。2012 年 10 月，在山东某市举行的国家级公开教学活动，主办学校特意选了全年级最弱的一个班。原因是这个班的数学教师一直在换，学生也从未上过公开课，学校决定在学生毕业前给孩子一次由名师上课的机会。上课的名师上得很辛苦，但主办方的教育情怀值得我们尊重。感动之余未免让人心酸：这样的“机会”是不是来得太迟了？每个儿童都是珍贵的唯一。只有我们抛弃功利思想，以发展性的评价来尊重、唤醒、激励儿童自然成长，儿童才是真正的“希望着的”儿童，教育才是真正的“人”的工程。

每朵花都有盛开的理由。让我们俯下身子，聆听花骨朵们的心声吧！

老师，我不想待在角落里，我只要一点阳光就灿烂。老师，等等我，请允许我开得慢一些，好吗？

在我开花的时刻，老师，您一定要看见哦！

丁爱平

你亲切的微笑，你信任的目光，你所做的一点一滴，对儿童来说，都是人间给他的温暖和爱，成为他的世界。这些琐细之所以“伟大”，是因为它所传达的慈爱是无私的、永恒的。教育者也要记住：对儿童来说，我们的每个笑容都在培育他们的真诚和善良。

伟大的琐细

做教师久了，能练出察言观色的本领。有经验的教师走进一个陌生的班级，只要观察学生的眼神、表情，往往就能大致判断出这个班的学习成绩、班风面貌、集体凝聚力等方面的状况。班级成员如果大都表情丰富，眼睛“放光”，那么这个班大体差不了。学生表情、眼神的丰富与否，往往又和班主任的日常表情有着密切的关联。

前几天，我听了一节音乐课，印象很深。教师在教学环节的设计上花了不少功夫，环环相扣，循序渐进。由于教学设计较好地考虑了学生的学习特点，学生在教师的指导下表现得很出色。

上课时，班主任也来听课。她的几个小小的举动给我留下很深的印象。有一个环节，音乐老师请学生与邻座互相演唱给对方听。班主任发现最后一排的一个孩子边上没有小朋友，便悄悄走过去，坐在他身边，让孩子唱给自己听。当音乐老师请认为邻座唱得好的同学举手时，班主任也举起了手。不仅如此，整堂课上班主任始终面带微笑，温和的目光游走在每一个学生身上。当孩子们表演结束时，她率先鼓掌。有时看到哪个孩子有意思的举动，她会和同事笑着小声交流。我坐在那位班主任的对面，听不到她说什么，但她的神情宛如一位深爱着子女的母亲，正怜爱、自豪地向别人介绍自己家的孩子的种种可爱。

或许因为有一个上幼儿园的儿子，所以最近听低年级课时我常常会产生遐想，想象着自己的孩子在几年后坐在小学课堂里会如何说话，如何回答老师的提问，如何和小伙伴合作活动。此时此刻，看到那位班主任的笑容，我情不自禁地感动起来。因为在那一刹那间，我不再是一个教师，而变成了一个与孩子一起坐在课堂里的家长。我想，所有家长都希望老师以甜美的笑容来面对孩子。

笑容的力量是无穷的。它能给孩子以信心和温暖。特别是在低年级时，当孩子刚刚走上学习之路遇到困难时，教师甜美的笑容、温和的仪态、可亲的话语，乃至身上好闻的气息，都会成为帮助孩子克服困难的重要推动力。如果低年级时疏于基础的培植，以后孩子再面对困难，笑就会比哭难得多。

小学教师的工作是琐细的，但这是一种伟大的琐细。比如，那位班主任在课堂上的笑容和一举一动，看上去是那么不起眼，可里面却闪烁着人性的光辉和教育的价值。好的小学教师，就是善于将这伟大的琐细不断累积起来的人。

现在媒体发达，时常能听到看到一些发生在社会上、教育领域内的骇人听闻的事件。我总在想，事件中的那些少年、青年的童年是什么样的？在他们的童年时代，师长给他们累积了些什么？可以肯定的是，他们没有累积“伟大的琐细”。进而，我们还可以想到，这伟大的琐细的作用，岂止在于个人！

朱　煜

全面观察了解学生的学习生活，了解他们的思维特点和能力状况，而不是简单地以考试成绩对学生作出判断，不仅有利于因材施教，也能帮助我们正确认识学科教育的价值。

面馆里的小账房

1992年我接了一个毕业班，在与原任课教师交流情况时，知道了这个学生。他十五岁，已留了三级，数学成绩极差，应用题不会分析数量关系，作业只肯完成计算题。该生父母"文革"中下放农村，返城后，在菜场旁边开了一家小面馆维持生计，终日操劳，也无力辅导孩子的学习。我接班后，曾和他交谈，他的话让我心中有种说不出的酸楚。他淡淡地说："老师，我笨，我学不会应用题。"——小学数学不但没能让一名学生感到有趣，竟会让他认为自己"笨"，准备放弃，这让我心情格外沉重。

课外，我帮他补习，也想通过家访与他父母沟通。家访那天，我走进这家小面馆，可能是接近饭点，小面馆生意很好，孩子的父母在忙着下面条、端面条，价目表上不仅有各种面条的价格，还有很多配料的价格（食客根据自己需要任意选加配料）。但眼前的一幕让我怔住了：我的这个学生正坐在价目表下的桌前收钱，俨然像个小账房先生！顾客报"皮肚肉丝面，再加一份油渣"，"皮肚香肠面，加一份西红柿和一个鸡蛋"……他没有计算器，也不用纸笔，只是默默心算，然后报出应收的钱数，接钱找钱。——奇怪！计算不同品种搭配的价格、找钱，整个计算过程中，他运用自如，正确无误。目睹他的从容，我惊喜之余，对辅导他走出学习困境有了充分的信心：他能连续做这么多复杂的计算，怎么会学不好小学数学?!

我开始尝试用他熟悉的生活背景作题材，编成各类应用题，结合不同的“卖面条”场景，帮助他学习。后来遇到不会做的题时，他竟能自己把题目内容先转换成“卖面条”的场景，然后解答。终于，有一天，孩子告诉我：“老师，原来应用题并不难啊!”

好多年过去了，我走进小面馆看到的那一幕仍历历在目。这件事给我重要的启示：学生不是一张白纸，即使是一年级的儿童，也可能有一定的生活体验和知识积累，这其中就包含着大量的数学活动经验。不同的生活背景、家庭环境，使他们有着不同的思维方式和解决问题的方法。作为教师，要努力了解学生，唤醒他们已有的经验，激励他们通过各自的“再创造”活动，把新知识纳入原有的认知结构中去，成为一种有效的知识。

就如迪恩斯认为的那样，在数学学习中学生应该依靠自己的经验，而不是依靠教师的经验。学生对于教师所讲的必须有一个“理解”或“消化”的过程，所谓“理解”，就是指“被纳入适当的图式之中”，这在很大程度上就是一个意义赋予的过程，即学习者必须依据自身已有知识和经验(认知结构)对教师所说的作出“解释”，也即必须在新的学习材料与主体已有的知识和经验之间建立起实质性的、非任意的联系，从而使其获得确定的意义，这就是所谓的“创造性的理解”。有研究表明，当数学活动和学生的现实生活密切结合时，数学才是活的，是富有生命力的，才能激发学生学习和解决数学问题的兴趣，激发学生思考与创造的潜能，促进学生在以后遇到相关问题时自觉地运用有关的数学经验去思考并解决问题。因此，数学教学活动应该基于学生已有的知识和经验，重视数学学习材料的组织，营造真实的数学活动教学情境，引导学生经历数学活动过程。

这个学生在小面馆里学到的数学就是“活的数学”，它比课堂上所学的内容更实际，更容易激发起学习的欲望。其实，所有学科的学习都可能有这种经验。每听到教师和家长谈学科学习，我都会想，条条大道通罗马，只要教师善于观察和思考，儿童都有可能培养起学习的兴趣；没有最好，适合才好，教师要努力寻找并提供适合不同儿童学习的不同路径。

魏　洁

被剥夺了好奇心，学习就会变为被动与功利；想象力丧失的时候，不但童年结束了，一个人的创造欲望也随之终结。功利主义的教育观泛滥，教育的细节必然被忽略，学习也就变得无趣。

一年级的想象力

但凡教一年级拼音，都会遭遇一件烦恼事，就是不少孩子学前已经学过部分拼音。烦恼何来？因为孩子们来自各家幼儿园，而幼儿园的拼音教学似乎并无明确的统一标准，孩子们的拼音掌握情况差异很大，甚至有个别孩子是零起点。这种大差异给我们的教学带来了难度。

但这还不是最主要的。

这节课教学声母 b、p、m、f。

我出示了教材中 p 的表音表形图：一只小猴子推着小车上山坡。

“你们看看，图上画的是什么？”

“是 p。”

我话音还没落，教室里已是七嘴八舌的一片。

有的小朋友眼睛很亮，看出了藏着的 p。

“小朋友再仔细看看，图上画的是谁，他在干什么？”

“老师，这幅图就是要告诉我们 p。”

“亲爱的孩子们，你们很聪明，你们看到了图画里藏着的 p。但是，除了 p，你们就不再关心其他的了吗？”

课前,我曾经设想,你们看到了一个有趣的故事,你们看到了小猴的辛苦,你们甚至听到了小猴的呼哧呼哧的喘气。“小猴,推车上山太累了,为你加油!”“小猴,你真是好样的,上山后歇会儿吧。”“小猴,我有餐巾纸,给你擦擦汗吧。”你们还会猜,小猴为什么要推车上山?他是去看姥姥吗?车里装的是什么呢?

也许,这些有点远离了教学的目标,但我却希望看到那种情境下的你们,那种神气飞扬的童年状态。

可是很遗憾,知识至上、唯一的确定性已经开始悄然侵袭你们的稚嫩之心。

孩子们的想象力何时遗失了?

我们一起上路去找吧。

今天教学练习一的内容是“你知道小动物们遇到危险时怎样保护自己吗”。课本举例:乌龟遇到危险时,就把头、脚缩进硬壳里。接着要求学生分别试说山羊、刺猬、乌贼在遇到危险时的表现。

编者的用意在于“让学生了解这些动物怎样进行自我保护的常识”,“藉以培养学生对周围事物的好奇心,能就感兴趣的问题进行探索。结合语文学习,观察自然,用口头方式表达自己的观察所得”。

刺猬、乌贼脱险的方法一般人都不会陌生,但山羊使什么招数我还真不怎么明白,只觉得山羊是一种很柔弱的动物,也没什么特别的本领。备课时我心里直纳闷。翻了几本教学资料,我才明白山羊是“用头上的尖角来顶敌人”。于是断定,到课上孩子们对于这个问题也肯定会傻眼。

“山羊遇到危险时怎么样的呢?”我预想着该是沉寂的一片,便准备着适时启发学生们。哪知话音刚落便是小手的树林:

“山羊遇到危险时,就大声叫咩咩。”

哈,出乎意料的有意思。于是,“咩咩”“咩咩”,教室里响起一片羊叫,此起彼伏。

“亲爱的山羊,你们在叫什么呀?”我灵机一动,干脆就着这个答案深入而下。

“我在叫，不好啦，坏人来啦！”

“我在叫，快来人啊，快来人啊，坏人在追我啊！”

“我在叫，伙伴们快走啊，有坏人啊！”

“不对，”我故意绷起脸，孩子们疑惑地看着我，“你们听，你们刚才怎么叫？咩——咩——叫得多欢哪，哪里是有危险，明明是说我好开心啊！”

哈哈哈哈，孩子们大笑起来。

“咱们重新表演一下。小山羊，遇危险，心里急，直叫唤！”真如敌情来临，孩子们一个个做神情紧张样，“咩咩”得急切又可怜。

“谁懂‘羊语’？请做翻译。”

“我们是叫：救命啊，救命啊，快来救我啊！”

“情况那么急，你们就在原地喊叫？”

“我们撒开四蹄，拼命往前跑，一边跑一边喊：‘救命啊，救命啊，有坏人啊！’”

“老师，还有一种情况。”陆星丞站起来激动地说，“如果敌人跑得快，追上了山羊，骑在山羊的背上。山羊就突然停下来，两条前腿高高抬起来，就像人那样站起来，敌人没注意就摔下来了。”

“这只小山羊真聪明。看来，遇到危险的时候一定不能慌，要开动脑筋想办法。”

于是，课程就在兴高采烈中一路进行下去了。连那刺猬遇到危险变成小刺球这几乎不存在疑义的地方，孩子们也充满了疑问：

“刺猬虽然缩成了小刺球，可敌人还是认得它，盯着它不走怎么办？”

“变成小刺球后得在刺上顶满花朵，伪装起来，敌人就认不出了。”

“如果敌人总不走，刺猬就要饿死，所以刺猬应该先钻进一个大果子里再变成小刺球，这样就不怕饿了。”

教到这儿，我真有点想嘲笑编者们的“良苦用心”了：“让学生了解这些动物怎样进行自我保护的常识”,“用口头方式表达自己的观察所得”。他们大概忘记了,这不是科学课,而是一节为正走向文字天地的孩子预备的语文课。常识固然需要,但是孩子的浪漫诗情与想象本能却给“常识”插上了飞翔的翅膀,于是,固定而唯一的“常识”获得了无限的可能,这才是语文最真切的要义。就在这种自我释放中,语言的表达完全成了他们内心的迫切需求。

“我要说”“我想告诉你”——还有比这更重要的吗?

周益民

必须用十分钟的教学过程，不可能简化到只用十秒钟。舍弃必需的过程去追求所谓“高效”，必然传达错误的教育，让学生误认为科学道路上有捷径可走，误认为学习的过程可以省略。探究的兴趣被剥夺了，学习也就失去意义，急功近利的、反常识的教学，最终导致反智主义。

“低效率”的事

接手高一新生时，他们的课堂表现让我吃惊。高一化学第一章中介绍的“萃取”“蒸馏”，对学生来说都是新概念，是原先没有接触过的分离方法。为此，我特别设计了教学环节，想让学生顺利掌握。可课堂实践表明，完全多余——！他们对那些教学环节十分漠然，我还没有来得及展开，学生就将概念背得头头是道。我简直像个蹩脚的魔术师，刚拿出道具来就被观众揭穿了。事后才知道，他们在暑假里都上过所谓的“衔接班”。学生善意地劝我说：“老师，别慢慢讲概念了，多没效率啊，还是讲点题目吧。”学生还向我透露，“衔接班”效率高，十天的课就把《高中化学(必修 1)》这本书上完了。我问，那实验做不做？他们说，当然不做了；不要说校外的“衔接班”，我们初三时都没做过什么实验，不过做了很多“实验题”，老师说这样效率高。

我吃惊于他们的“高效率”，心里直犯嘀咕，以实验为基础的化学不做实验怎么学？会做“实验题”的学生到底会不会做实验？于是，我安排了一次“粗盐提纯”的分组实验。这是初中化学重点考查的实验之一。结果这些以高分考进重点中学的初中毕业生动手实验的情况令人吃惊——

有学生手里捏着圆形滤纸，翻来覆去观察半天，不知如何折叠；

有学生已将滤纸折叠、再折叠成四分之一扇形，然后茫然不知所措，不知如何打开；

有学生将滤纸折叠、打开呈漏斗状后，先在水龙头下冲湿，然后试图贴到漏斗内壁，结果软塌塌的纸破了；

有学生过滤结束后感觉玻棒无处可放，顺手向过滤器中一插，滤纸通了；

还有学生举手喊："老师，快来！"然后指着正在加热的蒸发皿，问："老师，这里面为什么一跳一跳的？"

……

看到这样的场景，我简直要绝望：这些学生会将过滤的操作要领"一贴二低三靠"答得毫厘不爽，他们的化学试卷能考得接近满分，然而，除此之外他们学会了什么呢？他们做过大量的中考实验题，然而，他们见过真正的化学实验吗？他们见过滤纸吗？甚至，他们在家烧过水吗？见过水烧开吗？这些学生以后能干些什么呢？

这些学生并非懒惰而天资愚钝，是学校和家长忙着把他们引上"高效之路"：为了学习的实验，要用一节课；为了应试的"背实验"，可能只花五分钟。今天，"原子"的概念写在任何一本中学化学教科书上，一分钟便可背出，可人类认识"原子"却用了一百多年的时间！不顾这百年的认识历程，"高效"地背诵书上现成的概念，那我们这一代还能有什么发现可以留在未来的教科书上呢？

看着这些迷失在"高效"学习中的学生，我想为他们留出自己探索和思考的空间，带他们做些"低效率"的事。

一次在化学课上认识金属钠的性质，做钠与水反应的实验。这个实验的现象比较奇特，钠与水一接触就十分剧烈地反应：固体钠熔化成一个闪亮的小球，浮在水面上，不停地无规则游动，并且"嘶嘶"作响；同时，原先滴有指示剂酚酞的水变红。许多的教辅书都喜欢将实验现象小结为“浮、熔、游、红、响”这五个字，其实五字诀中的“熔”字可不是通过感官直接观察来的，那是要经过理性思考的。果然，学生对“熔”字讲不清。因为这是反常识的，他们平时哪见过金属放在水里就熔化成液体的？因此，如果他们发现钠熔化了，会惊叹物质世界的丰富——居然有熔点这么低的金属！这才是化学的趣味。所以，我打定主意，要让学生自己把“熔”字讲出来。

我问他们，钠为什么会变成小球？“因为它与水反应，钠慢慢地被消耗了。”这是很正常的想法，大多数学生都这么说。我继续问，钠被消耗只会变小啊，怎么会成球形呢？学生们对这个问题相当不屑，都说均匀地被消耗呗。还有学生补充说，钠在水面上不停滚动，就像滚雪球那样，只不过它是越滚越小。

看来要说出“熔”字来不容易啊，但科学课堂只能靠事实说话。我分别切了一小块立方体状的钠、一小块三角锥状的钠、一小块金字塔状的钠投入水中，结果殊途而同归，它们都迅速变成小圆球在水面游动。

学生十分惊奇，但努力自圆其说：“是尖角处消耗得多，所以最后被‘削’成小球了。”这时不同意见出现了：“好像不是被‘削’出来的吧，似乎特别圆特别光滑。”我进一步问：“不是被‘削’出来的话，会不会是自己‘撑’出来的？荷叶上的露珠为什么是个小球？”有学生站出来说，是表面张力……立即有学生又站出来说，液体才有表面张力！说完，他愣了愣：难道，难道钠变成液体了？

话音刚落，即刻有学生兴奋地拍着桌子站起来说：“是熔化成液体啦！我用手指捏它了，又热又黏！”

钠熔化了？学生兴奋了，一边纷纷戴着乳胶手套去触摸那个逐渐变小的小钠球，一边惊叹着金属钠的熔点是如此的低。

我看了一下表，让学生真正认识这个“熔”字，花了十分钟，如果直接“告诉”他们，只要十秒钟。花了十分钟就是“低效”吗？在这十分钟里，我让事实说话，让学生去探索，他们在观察、思考、分析、推理中有了自己的发现，得出了结论，这是“十秒钟高效”无法可比的。

很多教师在教学中常常有种莫名的紧迫感，总是担心来不及，于是不舍得花时间做实验，不舍得花时间探究，不舍得花时间讨论问题。科学课上，很多教师特别重视那些掷地有声的科学结论，心急火燎地把这些“真理”塞给学生。可是，比科学结论更重要的是科学方法和科学思维，方法的掌握要通过体验，思维的形成要长期培养，这些都不是短期能见效的事。如果一味地追求高效率而直奔着结论而去，甚至以题代教，以考代教，那将与科学教育宗旨背道而驰。

保志明

在“打底子”阶段，学生的课外阅读时间却很有限，这就不得不想方设法，让他们获得最好的东西。学生通过比较，有可能获取选择判断的能力，从而自己去寻找开拓更为广阔的阅读天地。

毕业班的阅读笔记

这天“困难班”下课后，值班老师怒气冲冲地拿着一张纸条走进办公室，对我说：“瞧，你们班小罗一节课就忙着这张纸条呢！”我接过纸条，瞅了半天，也没法破译纸条上写着的“天书”，问旁边怯生生站着的小罗：“写的是什么？”小罗抿了抿嘴，蹦出两个字——“火影”。

又是《火影忍者》！最近，班上男孩子们疯迷这本书，从造句到练笔，乃至作文，都能看见这些“忍者”的身影。可小罗也这样痴迷于《火影忍者》，是我没有想到的。

小罗这个女孩自小就有海量般的阅读，表达能力出类拔萃，有几分老道的文笔常使我感喟后生可畏。她有着一副清亮的嗓音，一股执着的倔劲，一张小嘴从不饶人，三分理能说成七分理。可此刻，她却咬着下嘴唇站在一旁一声不吭。

“喜欢看《火影忍者》？”

“嗯。好玩……”

好玩？《火影忍者》好玩在哪里？我决定借本来看看。翻开书页，一幅幅视觉冲击力很强的图画扑面而来，有的近乎暴力，我这才破译出那张纸条上的“天书”，原来就是书中忍者的名字和他们的“必杀技”。一瞬间，一种悲哀感油然而生，——孩子们把仅有的一点课外时间“奉献”给了这些肤浅但又可以让他们很快乐的东西，是一种极大的浪费。然而，我沉下心来静静思考，孩子们为何如此钟爱于它？是那一幅幅绚烂的画面深深地吸引着他们，还是这玄幻的虚拟世界给了他们释放压力的空间？可能，两者皆有吧！孩子们对《火影忍者》爱不释手，或许正是因为这些流行文学自有它亲切、自由的气息。然而，文学作品的最终目的不是娱乐消遣，而是要让真正的文学推开教室的门，滋润着每一颗幼小、纯净的心灵。

明天，《三打白骨精》就要上完了，我决定给孩子们读读《西游记》。

《三打白骨精》一课根据《西游记》第二十七回《尸魔三戏唐三藏　圣僧恨逐美猴王》改编而成，改编后的课文语言平实，明白如话，但却失去了吴承恩原文的表现力。我节选了这一章回中的片段，标上注释，和孩子们一起走进一个奇丽的世界——

刚一读到开头：“峰岩重叠，涧壑湾环。虎狼成阵走，麂鹿作群行。无数獐羓钻簇簇，满山狐兔聚丛丛。千尺大蟒，万丈长蛇；大蟒喷愁雾，长蛇吐怪风。道旁荆棘牵漫，岭山松楠秀丽。”就听见孩子们发出“哇——”的惊叹声，“好神秘呀！”

再读白骨精的第一次变化：“好妖精，停下阴风，在那山坳里，摇身一变，变做个月貌花容的女儿，说不尽那眉清目秀，齿白唇红，左手提着一个青砂钵儿，右手提着一个绿瓷瓶儿，从西向东，径奔唐僧。”两种声音从孩子们当中传出来，一是赞叹：“还真漂亮！”一是惊呼：“好阴险呀！”

读到白骨精第二次变化时，孩子们都呵呵地笑起来，这老婆婆的外貌描写真是太出彩了！你看：“那怪物：假变一婆婆，两鬓如冰雪。走路慢腾腾，行步虚怯怯。弱体瘦伶仃，脸如枯菜叶。颧骨望上翘，嘴唇往下别。老年不比少年时，满脸都是荷叶折。”

……

孩子们越听越有趣，不停地问："老师，还有吗？还有吗？"课堂上美丽风景徐徐展开了——

"老师，这一回这么长，可为什么写孙悟空三打白骨精只用了三句话？"

"是呀，为什么费那么多的笔墨写妖精的变化和唐僧师徒的争辩呢？"

"老师，原著这么好，为什么还要改编呢？"

"是怕我们读不懂吗？"

……

随后的几天，在孩子们的抽屉里、课桌上悄悄出现了《西游记》的身影，教室里也会看见三五个好朋友聚在一起讨论《西游记》。

常年待在毕业班，让我感受与体会很多——有过度压抑带来的生命之重，也似有自我放逐带来的生命之轻。在轻和重的摇摆之间，我常常对他们说："静静地听我读书吧！"作为一名语文教师，我无限相信文学的力量，在我们迷茫、困顿的时候，它能指引我们的心灵。

我有一个梦想：我梦想，毕业班的孩子能够时常静下心来，听听鸟儿的歌唱，仰望深邃的星空；我梦想，毕业班的孩子在阳光熹微的早晨，在春雨淅沥的午后，在暮色渐起的黄昏，能够拿起一本书，忘情地翻开那散发着墨香的书页，尽情地感受那无法言说的温暖和快乐……

周雪艳

善良，诚朴，庄重……我们会长久记住学生那些优秀的品格，因为我们在教育学生的同时，也在感受他们的真诚与纯洁，并从中获得心灵的帮助。能在教育的过程中认识到这一点，教师的工作也就达到了新的境界。

其实是你帮助了我

整理书橱，翻出一个素白的笔记本。打开，从扉页开始，有好几页是用温暖的橙色写下的工整而大气的字迹。一个女孩清秀的面容，忧郁中带着几分坚毅的神情，随着这些文字，渐渐清晰起来。

想起这个女生，我总有几分内疚。高二时，她的父亲因病过世，她陷入长久的悲伤与沉默，写作几乎成了她怀念父亲的唯一寄托。那些朴素深挚的文字，是我读到过的最感人的悼亡作品。我甚至觉得，所有的“作文评语”都配不上它；安慰的话我也不擅长说，面对最深切的悲哀，没有什么语言可以安慰她。时隔多年，最后我究竟写了些什么评语已不记得，可能只是告诉她，只要她愿意写，我就愿意读，而且会一直读下去。面对生命中的至痛，这些话显得如此苍白无力。她却并不抱怨我的无能，继续着她的倾诉。

接着就发生了下面的这件事。有一次作文讲评课，我实在不愿错过她的作文，就征求她的意见，能否在班上读她写父亲的作文，她同意了。事后我才想到，她很可能是出于对我的喜欢与尊重，不愿让我为难才同意的。读完她的作文，班上一片安静，我看到她把头埋得很低，像是在偷偷地拭泪。那一刻，我又难过又后悔，但事情已无法挽回。接下来我有了一个机会，在天冷的时候，送给她一双橙色的手套，表达我的心意。但我永远都忘不了课堂上她低着头的那个画面，它提醒着我：与保护孩子的心灵相比，一堂成功的课算得了什么！

笔记本上绵延几页的橙色这样结束："老师，我记得您送给我的那双手套如太阳般温暖。这橙色的字迹，也能带给您温暖吗？如果您愿意，留下这个本子，把温暖留在心里。"

女孩毕业了，我们没有再见过面。有一次在公共汽车站看到一个女孩很像她，我正好下车，她正好上车，却是匆匆错过了。我想起高中时曾有一个男生默默守护着她，陪她度过了那段最艰难的时光，真希望在她的生命中一直有如太阳般温暖的人陪伴着。

不久前，有学生转给我一段文字，是女孩写在网上的日志，回忆起那节课，说她最后还是控制不住地哭了；又回忆起那双手套，说到我的内疚与她的感谢："成人仪式的时候，很多同学都把花献给了老师，包括我。在我眼里，她对我的帮助如同再造。"

我无意间伤害了她，而宽容与善良的她，却只记住了老师的帮助。其实，是她帮助了我——不只是她，很多学生都帮助过我。

巫小书

先贤有言，当一名学生毕业后，把学校教给他的知识全忘掉，剩下的才是教育。基础教育到底要教会学生什么？学生能记住的是什么？我们能记住的学生又是什么样的？每位教师都能够从这样的反思中获得启示。

这些，就是教育

那天在办公室，有个十几年前教过的学生来看望我，见我正忙着备课，笑着说：“老师还用得着备课啊，您都教了二十年了吧，以前教我们时就已经教得很好了。”他的话让我感到舒心。他探头看看我摊在桌上的教材，有点歉意地说：“不过，您教我们的化学我现在是一点也记不得了，真的，完全不记得了。”这位学生现在从事建筑监理工作，已是三十多岁的中年人了。我奇怪地追问：“你刚才不是说我的化学教得好吗？怎么你一点都不记得了？”他努力地想了想，说：“化学课上的内容真的记不得了。不过，我特别记得有件事。高一时有次到实验楼上课，下课时突然下起大雨，很多同学没有伞回教室。班上只有三四个细心的女生随身带了伞，她们先赶回教室，每人取了好几把伞又返回实验室，喊‘谁要伞啊’，班上的男生一哄而上，抢光了那些伞，嘻嘻哈哈地冲回教室。没想到，这件挺平常的事儿惹得老师您非常生气，回教室后，您用了半节化学课的时间训斥男生，批评我们缺乏绅士风度。我们那会儿才高一啊，谁会想什么‘绅士风度’啊，只是您那么生气让我们很震惊，我们这些男生还是有触动的。您知道吗？我现在每次替女生开电梯门的时候，都会想到这件事呢。还有啊——”他突然大笑起来，“我谈恋爱的时候，女朋友说我最大的优点就是‘有绅士风度’！”

说实话，我很意外，我自认为我的化学教得还是不错的啊，学生怎么记住的却是这些呢？震惊之余，我也开始回想二十年来教过的千余名学生，我记得他们的什么事呢？记忆清晰的竟然也是那些“非主流”的人和事。

十多年前教初三的时候，班上有个男生姓朱，大块头，安安静静地坐在最后一排；平时话不多，上课偶尔也发呆走神，作业也还算认真，成绩中等。总之，是那种不容易被注意的学生。毕业前学校组织野炊，我们步行了一个多小时到达山坡，然后生火煮饺子。学生们都走累了，都不太愿意再劳动了，当然这种劳动也得有点技术的，大部分独生子女确实不知道怎么生火煮饺子。我注意到小朱同学，点火，加柴，架锅，烧水，和他平时一样，没有多话，很自然地把这一切做了，而且做得熟练流畅。而那些在化学课上能对“燃烧需要的三个条件”侃侃而谈的同学们欢乐地围在小朱身边，敲着空饭盆嚷嚷“煮好了没，饿死我啦”。第一锅热气腾腾的饺子终于从锅底浮出水面，白白胖胖地翻腾着，香气四溢。“可以吃啦！”周围学生们的饭盒敲得更欢了，有人已等不及小朱拿把大勺一一盛装，纷纷自己去大锅中捞。“好吃好吃！”“哇，烫舌头了！”“再来两个！”我远远地站在边上，看着他们的快乐和童真，也很开心。这时，平时不多言的小朱大声地说了句：“哎，别都抢光了，给老师留一碗！”

你知道我当时心里什么感受吗？鉴于我的教师身份，我没好意思说出口，心里想着：嫁人要嫁这样的男生啊，以后哪个有福的女孩儿会嫁给他呢？

还有一年，我做高一班主任，教室在一楼。为了安全，学校给一楼教室的外窗都装了防盗网，是那种大约只能伸进两个手指头的金属网格。因此，搞卫生擦窗户时只能擦里面的玻璃，那效果自然不怎么样。不过也没办法，一楼的所有教室都这样。有次大扫除快结束时，我去班上转了转，感觉教室特别明亮整洁，仔细一看，原来是玻璃擦得透亮。劳动委员小陈走过来，得意地问："老师，你有没有发现今天的窗玻璃特别干净啊？"我说："是啊，你们怎么弄的啊？"他更得意了，变戏法似的掏出两把螺丝刀，说："先把防盗窗卸下来，玻璃就里外都容易擦干净了，然后把防盗网拿到水龙头下面冲干净，弄完再把它装上去。怎么样？又快又好。"看我若有所思，小陈又说："我琢磨了好几天，终于想到这个办法，不过——"他突然又若有所思，"看来这个防盗窗只防君子啊。不行，得向总务处去反映。"话刚说完，人就转身跑了，只留下我望着他的背景和明亮的窗户满意地发呆。

还有一件事发生在六七年前。我正在高三上复习课，突然听到"咚"的一声，有个学生倒在地上，口吐白沫，手脚抽搐。之前我听说过这孩子有癫痫发作的历史，但真遇上了，还是慌乱，本能地想去扶起他。可就在这时，在第一排的那个小个子班长站起来，大声吩咐："周围的同学，快把桌椅移开，不要让他碰伤！王××，你下楼去找校医。李××，你马上打120喊救护车。张××，你去传达室，让门卫打开边门，好让救护车进来……"因为他的冷静果断，一切井然有序，那个发病的同学得到了最及时和正确的救治。

这些人，这些事，多年来，如此清晰地留在我的记忆中，我甚至清楚地记得他们当时的表情、语气、动作。可是，他们后来考上什么学校了？就像学生们记不清我教他们的化学一样，我也记不清了。他们现在在做什么工作呢？我并不知道。但我相信，他们的品行、才华一定给周围的人带来了幸福，他们一定在向世界传递着正能量，他们自己，也一定过着幸福的生活。

保志明

望子成龙，还是望子成人？从小就给孩子灌输“成功”“权力”的意识，试图让他获得高人一等的优越感，无疑是让他们背负起沉重的枷锁。这样的孩子，即使有一时的荣耀，也经不起挫折，难有一生的平静和幸福，偶有侥幸，至多成为那种“精致的利己主义者”。

你能撑起谁的天

下午给预备班的学生上了节写作课，班里的十七个学生都是来自各个小学的“尖子生”，今年九月，他们将成为我们这所以“难进”著称的学校的一员，我能够想象出他们那“千里挑一”的感觉有多自豪。

上课了，我请小学生们把自己的名字写在黑板上，因为“殷老师很想认识一下大家”，然后，我一个一个读过来——我发现，很多小朋友的名字里都有“天”“昊”这样意义宏大的字眼，于是我又请他们谈谈自己名字的含义。有个名字里有“天”的学生说：“我爸爸妈妈给我取这个名字是因为他们希望我将来顶天立地，做一番大事业。”

我一听很有兴趣，问：“哦？你觉得什么是大事业呢？”

他不好意思地抓抓头发说：“比如当科学家，比如当国家总理，这都是大事业，可以为民造福啊。”大家都笑了。

有个名字里有“昊”的同学说：“‘昊’这个字有天和太阳，爸爸妈妈希望我能够成为万众瞩目的杰出的人。”

有个名字里有“玺”的同学站起来说：“‘玺’是皇帝的大印，是权势的象征，我将来要成为一个能说了算的人，让别人都听我的。”

……

听着小学生奶声奶气的豪言壮语，我突然想起前几天接到的一个电话，那是我十年前教过的一个女孩的妈妈打来的。当年，那个女孩在众人眼里绝对是非常出色的——聪明漂亮，是小荧星艺术团的台柱子，成绩一直数一数二，一帆风顺地考上重点高中、重点大学；在大学里是活跃的学生干部，兼修了外语和法学专业。这是一个光环笼罩的女孩，似乎人生的道路上铺满了鲜花，她对自己的未来也有着很高的期许，她想成为著名的主持人，或者，演艺明星，再或者，名律师、名记者。总之，她的梦想就是成为风云人物。然而，大学毕业那年，因为金融危机的影响，她没有找到理想的工作，进了一家银行。银行小职员的身份让她"成名成家"的前景就此暗淡，可是不菲的薪水又让她无法放弃这份工作。现在，她是这样生活的：在一群她看来俗不可耐的同事当中自命清高、落落寡合，因为总觉得自己"混得不够好"而跟以往的同学基本断绝了联系，她看不上那些追求她的男生，因为他们"不够出色"，因此至今感情上一片空白……

那位忧心忡忡的母亲打电话给我，因为她发现曾精心培养并引以为傲的女儿竟已有抑郁症的征兆，而且跟她严重对立，只要母亲一开口，女儿必定说："你除了要求我怎么出色，还能帮我什么？"所以她想起了我，希望我这个当年的班主任开导开导她的女儿……

女孩在初中时，每次我去家访，基本上都得听她母亲口若悬河地讲述如何逼女儿"追求卓越"。记得当我提醒她孩子有点自命清高，不大能与同学正常相处时，她是如何的不以为然……

工作了十几年，我教过很多拥有炫目的学习成绩和各种光环的学生，他们从我这里走向全市最好的高中、全国知名的大学，给他们的父母，给老师，还有学校，带来很多骄傲的资本以及各种好处，这是毋庸讳言的。可是，随着年龄的增长，我却越来越痛切地感觉到那些对孩子寄予成名成家"撑起一片天空"之厚望的父母，以及学校——也包括我——

在教育上的可怕缺失，我们希望孩子出色、优秀，将来去干一番大事业，日复一日不遗余力地将这种观念灌输给他们，还用各种方式让他们享受因为“出色”而带来的特权——比如，现在这种令大多数同龄小朋友望尘莫及的“预备班”待遇——却很少有人考虑过，当有朝一日这些孩子“成名成家”的美梦被现实击碎，突然发现自己并没有成为什么“杰出的人”的时候，他们将怎样承受那种巨大的落差？当这些孩子成不了“杰出的人”时，他们将如何艰难地回归“普通人”的身份？最糟糕的是，很多小朋友的自高自大深入骨子里，在他们心目中，要么觉得别人都不如自己出色能干，要么自认为有驾驭别人的特权，他们动辄以“泽被苍生，造福百姓”自诩，可是说说大话容易，实际上他们又能撑起谁的一片天呢？大多数人能清白正直地做人，撑起自己的一小片屋檐就算不错了，但是，话又说回来，谁又能说一小片屋檐的价值就绝对小于一片天空呢？

在这节课的最后几分钟，我说：“希望自己做大事，造福百姓，这种想法非常好！但是殷老师觉得，将来，我们中间更多的人是当不了科学家和国务院总理的，就算我们只能做小事，我们也可以把小事做好，使自己和别人幸福啊，你们说是不是？”

说这些话的时候，看到有的孩子神情严肃地点头，我感到很欣慰。

殷会荻

在浮躁的社会环境中，很多教育教学的常识被颠覆，这给学生的学习造成极大的困难。遵从教学规律，让学生在学习的过程中感受探索和发现的愉悦——教师应当向社会普及这样的教育常识。

啃甘蔗和教孩子

林清玄先生有篇文章叫《双头甜》，其中有一段啃甘蔗的描写传神至极：

> 最好的甘蔗要双头甜，蔗节要宽松，才会脆爽；蔗身要一手盈握，粗细适中。有时啃到很好的甘蔗，咬一块皮，一口气撕到底，欲罢不能，令人感到无比的痛快。细细咀嚼甘蔗，并尽最大的力量把甘蔗渣吐得远远的，那种快乐是喝甘蔗汁不能感受的，天下的甘蔗汁都一样，但每一枝甘蔗都不同。

林先生的文字，勾起我孩提时乡村生活的记忆。

那时，家乡每家每户都会种一方甘蔗。我们等不及秋霜初降，甘蔗发甜，便溜到地里掰一根下来，撕下叶，不用洗，也不用削，就在膝上用力一磕，便开始啃起来。

有的小伙伴先啃甘蔗下半截，那里最甜。但啃了下半段，再啃上面，便觉得没有了甜味。于是大人就教我们，吃甘蔗当然要先吃梢再吃根，这样越吃越甜。有的同伴开始不太会啃，找不到地方下口，一口下去咬的是蔗节，皮撕不下来，就跟它较上了劲。但不用几次，就知道蔗节这地方不好啃，开始寻思从哪里下嘴好，找着经验了，一口下去，就能撕下一大块皮。调皮的，还相互比试谁能把甘蔗渣吐得最远。

那情形，现在想来心中还满是甜蜜。

后来，我到城里读书、工作，便再也没有那样酣畅淋漓地啃过甘蔗了。有几次看到卖甘蔗的，很想买几根，啃一啃。但一看，别人买甘蔗都是让小贩削好皮、装好袋带走的，若独我一人拿一根啃，不太文雅。有一次，我和妻带着孩子看到路边一家卖甘蔗的，便说："我们买一根甘蔗不削皮，啃一啃好不好？"妻点头说："好，你啃有皮的，我跟儿子啃削好皮的。"我不想让他们看笑话，自然也没去啃。

不知从什么时候起，卖甘蔗的不仅有削皮刀，还多了一台机器，可以为顾客现场榨甘蔗汁了。这时代进步真是太快了，也许啃甘蔗这不太文雅又浪费时间的做法真的是过时了。

作为教师，有时总不自觉地把生活中的一些现象和教育联系起来，生出莫名的感慨。我在想，如果给现在的孩子一根甘蔗，不知道他们还会不会啃？我在想，让孩子啃甘蔗和教孩子学习，其实是一个道理。

给孩子一根甘蔗，让孩子自己去啃——从哪里下口好，怎么啃最省劲？孩子经历一番摸索，得到几次教训，动作快一些，动作慢一点，最终一定都会嚼到甘甜的汁液。如果孩子真的无从下口，你也不必着急，更不必大声训斥"连根甘蔗都不会啃"，你只需对孩子笑笑，啃给他看看，孩子自然就明白了。你也不要管孩子是边啃边嚼，还是先撕掉皮再慢慢嚼，你要知道，孩子最后嚼到的都是同样甘甜的汁液。

给孩子一根甘蔗，让孩子自己去啃——如果孩子啃到后来，觉得越来越不甜，不想啃了，你不要让孩子轻言放弃，你可以让孩子把这根甘蔗先放在一边。等会儿，孩子又想啃甘蔗时，你建议他先啃曾经放下的这段甘蔗，孩子会觉得，原来甘蔗这样啃，越啃越甜！

给孩子一根甘蔗，让孩子自己去啃——你不必急着告诉孩子，什么样的甘蔗是最甜的甘蔗。因为，多啃几根，他们就明白了。你也不必担心啃甘蔗浪费了太多时间，因为啃甘蔗至少让孩子的牙口得到了锻炼，因为啃甘蔗有直接喝甘蔗汁所没有的乐趣。

“天下的甘蔗汁都一样，但每一枝甘蔗都不同。”

因此，我想问问可敬的老师、亲爱的家长：

给孩子一根甘蔗，你愿意让孩子自己去啃，还是为孩子削好皮甚至榨成汁？

徐红飞

有时，教师无法回避教学的内容，尽管这些内容有可能触及学生的伤痛；然而，教师可以凭借自己的情感、态度和智慧，因势利导，解开学生的心结。——优秀的教师在课堂上的所有言行，都会是“教育”。

我在课上说的闲话

初二语文教科书上曾有一篇小小说《甜甜的泥土》，写一个身处离异后重组家庭的孩子小亮的悲惨生活：在生日这天，他得到了生母偷偷送到学校的奶糖，短暂的兴奋在放学后变成了恐惧——他不敢把这包糖带回那个家。他担心的是，“现在的妈妈扬起细眉在爸爸的耳边嘀咕什么，爸爸抓起一根柴棍，气势汹汹地向他走来”——于是把糖埋在了路边的雪堆中。第二天一早，小亮忙完所有的家务赶紧出门去挖糖时，却发现糖浆已同融化的雪水一起渗入大地。小亮哭了，后来忍不住去抠了点泥土来尝，又笑了，因为泥土是甜的……

这是一个悲哀的故事。要想通过这篇课文让学生理解离异家庭的孩子对母爱的渴望，实在是太容易了，有些老师竟然特别喜欢用这篇课文来“做课”，不少教案设计竟将其与上世纪 90 年代初风靡一时的电影《妈妈再爱我一次》结合起来。

语文老师最尴尬的，就是不赞成课文所表现的价值观与情感倾向，却不得不带着学生学一遍。

我看着我的学生。有些孩子睁着大眼睛看着我，那都是些很纯真的眼睛，有些眼眶已经略微发红，有些孩子脸上露出了愁苦的神色，有些在愤愤不平……

班里还有几个低着头的学生，无精打采，似乎对这篇课文毫无兴趣，有意无意地在做着别的事情，或者发呆。这几个人恰恰是最爱上语文课的。作为班主任，我了解他们的家庭，我知道，他们经历过父母离异的痛苦。这样的事情他们没在我面前提过，同学中也只有密友知道，甚至，因同病相怜，几个孩子彼此也走得更近一些。这是他们的父母私下告诉我的。记得其中有位母亲无奈地告诉我，离婚后她的孩子明显变得早熟，与同龄人交往非常敏感，与父母相处又常常很叛逆；她说，再婚后的先生其实对孩子很好，但孩子无论如何也不能与之亲近，同时与自己也疏远起来。说着说着她的眼泪就流了出来。她说内心很痛苦，她的先生也很痛苦，但她知道，孩子也非常痛苦，只是这个痛苦似乎已经成了一个无法拆开的死结。说到最后，她只是反复说是自己亏欠了孩子，只有叹息。

这节课硬硬地触到了这些孩子隐蔽的伤口。小 H 酷爱篮球，每天放学必在球场运动到天黑；小 B 擅长冷幽默，总是带着一丝狡黠把周围的人逗得大笑不止；小 Z 性格大方，身边永远围着一群伙伴……表面看来，他们都自得其乐，但这节课上，他们都换上了漠然的表情——他们在保护自己。当课本用这样的苦情呼唤同情时，他们在拼命抗拒，他们都是要强的孩子，不愿被人怜悯，不愿显得和别人不一样。面对这些极其敏感的有着强烈自尊心的孩子，我想我得做点儿什么。

我能做什么呢？我就把心里话说出来吧。

“这篇小说刻画了一个虐待孩子的继母形象。但我想说几句题外话。从小我们听了很多恶毒的后妈的故事，比如《白雪公主》里的皇后、《灰姑娘》里的继母，也因此，很可能有些人一提到继母继父，就觉得肯定是不爱继子继女的。所以，听说谁家父母离异，重新组织了家庭，就会觉得这家的小孩很可怜。其实，人与人不一样，时代也不一样了；故事归故事，现实是现实；离婚率高也是社会趋向文明的特征之一。因此，重组家庭也可以很幸福，只要我们不带偏见，到处都能看到。这就需要我们用自己的眼睛去观察生活，也用自己的不带偏见的心去感受生活。要想得到别人的真诚与爱，自己要能先付出真诚与爱。如果在心里先竖起一堵墙，收获的只能是隔膜……"

我尽量用平和的语调，说了这些与课文无关的"闲话"。那些刚被课文调动起强烈同情心的学生，脸上现出思考的神色。而我更关注的是那几个孩子，他们渐渐抬起了头，于是我看着他们，想尽量把我的想法传递给他们。当他们终于看向我的时候，我读出了他们眼睛里新升起的一点光亮。

当然，这样一番话未必能解决问题。课后，几个孩子分别向我敞开了心扉，谈了他们的苦恼，寻求我的帮助。小 B 毕业后告诉我，那一天晚自习后，我顺道和他一起走，在路灯下，我的谈话对他影响很大。他终于在母亲节那天向母亲表达了他的爱，母亲喜极而泣，而他也终于把压在心上沉重的负担放下了。"很舒服"，他说。后来，他把那个晚上写在了中考作文里，说这是考场上他最想写的内容，那年的中考题叫"并没结束"。

是没有结束。小 Z 家庭氛围不好，高中时被送到了外地姥姥家；小 H 如今在大学里交了女朋友，他告诉我，对情感的过度看重以及敏感仍会对他的爱情生活造成困扰。生活是如此复杂，仅凭课本培养学生的情感态度和价值观以及思维水平肯定是不够的，对大多数人适用的未必能够把所有人包含在内。所以，我很高兴，自己曾在讲课时多说了这样的"闲话"。

汤　莉

生命中美好的人性、人情，如春风风人夏雨雨人。当学生美好的心灵感染了教师的时候，教育，便更加显出她的绚烂美丽。

呵护灵性

今年我过生日那天，轮上晚自习值班。晚上回家，走在路上，尽管空气质量欠佳，但环境安静，映衬了点点星光，点缀着苍穹，模糊微弱的光，像刚睡醒的孩子般令人感动。三年前的生日，收到学生发来的一条短信："老师，出来看看天空吧，真美啊，我找圣诞老人布置了一下，这份生日礼物你喜欢吗？"——我当然喜欢，以至于以后每年此时，我都会想起抬头看一看遥远神秘的夜空，去感受这特别的、充满"灵性"的礼物。

我一直在想，教师工作真的是有灵性的。这种灵性不在于教师如何教，不在于学生如何学，它基于彼此的信任，在心灵中累积了对善的体认和对美的感悟。"礼物"不再是具象的包装精美的一个个盒子，它是一个邀约，借着月光去看清自己，望着星辰去释放自己。

关于这个请我仰望星空的学生 M，令我印象深刻的还有一件事。冬天，放学后班级排练合唱，有个同学生病了仍坚持参加，M 同学知道后去商店帮他买了瓶水，买好了才想起，最好能让他喝点热水。可是教室的饮用水用完了，于是他一个教室一个教室地找，跑完了全楼层的教室，也没找到一口热水；于是又去商店，买了一杯热饮给生病的同学，回来时，跑得气喘吁吁。

那个生病的同学可能和我一样，会长久地记得那杯热饮。生病了，在冬日的傍晚，能喝到一杯同学费尽周折找来的热饮，是一件多么幸福的事。我们经常教育学生“学会关心身边人”，但接受了 12 年甚至更长时间的教育，仍有很多人没学会。唯有他们体悟了其间的要义和快乐，才能使得这样温暖而有灵性的故事在我们身边发生。

做班主任的第一年，有件小事令我难忘。高中第一次期中考试结束，一个同学忘乎所以，在教室大喊大叫，欢呼自己的成绩没有“垫底”，还不停地大声狂笑。他的同桌听了很不高兴，觉得他是故意在嘲笑自己，两人似乎争论了几句。这时，班长把这个大喊大叫的同学叫出去，跟他说：“你的同桌可能考得不好，本来就很难过，你这样，他会更难过的。”这个同学幡然醒悟：“我真的不知道耶。”他面带歉疚地回到教室。

当时我想，如果换成是我，很可能会把那个大喊大叫的同学痛批一顿。而班长用如此温和的方式化解了少年之间的冲突。似乎一瞬间，他的“灵性”传递给了同学。

我是怎么记得这些故事的？我想不起来了，只是从来不会忘记这些同学对别人的祝福、温暖和理解。如今，他们已经毕业，生活在别处。我想，不管他们在哪里，那里都会有美丽的夜空，哪怕是大雪漫漫的冬日里，雪花也挡不住他们灵性的光芒。我想，也许不是我把学生教育“成功”了，而是他们纯净的灵性点亮了我的工作和生活。

吕　锋

告诉他们：你们是人，你们有自由表达的权利；在这个年龄，你们应当有自由表达的激情；如果你们今天不能有个人的见解，如果你们今天不敢喊出自己的心声，那么明天你将面对无声的世界。那块黑板属于所有的人。要经常地把这样的话告诉他们！

“101010”班的黑板

我们可能是第十中学百年历史上独一无二的班级，因为我们是2010级10班。和新班级第一次见面时，我在黑板上写下自己的名字，打趣地告诉大家伙儿我名字的正确读法。大家也在羞涩和不安中纷纷上台，讲述自己名字的由来，有的风趣幽默，有的直截了当，一堂课下来，黑板上就布满了胸怀期待踏入十中的年轻的姓名。

黑板是我们表达个人想法和集体意志的最好舞台。班级公约是由同学们一个个写在黑板上的，然后像做加减乘除一样，把最为贴切准确的挑选出来。运动会的口号，大家你一言我一语，无意间就在黑板上商量了出来。教师节，我们把黑板报安排到前面，老师同学一整天都舍不得擦去。有个同学生了水痘，我们在他复课的那一天献上了风趣的标语——“战痘英雄”。每一天看似平淡的生活充满了乐趣和温馨，洋溢着小小的幸福。当然，我有时看到班级的卫生或者纪律不佳，也会把想要说的话写在放学后的黑板上，每一个字我都认真地书写着，早上同学们陆续来到教室，就会读到我想要表达的心情，这种无声的交流胜过严厉的批评和呆板的说教。

我们班有一个很有创意的活动——抽签换座位。因为座位的调换往往牵一发而动全身,隐含着不少敏感的关系,常令我顾此失彼。后来,我和班委们一同讨论出了一个办法,就是全面公开换座位的过程,用随机抽签的方式完成每一次调换,把座位的时时变化如同现场直播一样写在黑板上。每个同学都有可能坐到任何一个位置。这种做法得到了同学们的热烈响应,于是我们每半个学期都会换一次座位,频率之高令其他班主任难以想象。实际上,每个人都十分期待,又都十分紧张,我们把座位抽签的结果由每一个同学自己写在黑板上,大家激动地等待着自己的位置,又紧张地观察着自己周围会是谁,每次都会有人欢喜有人担忧,但大家从没有抱怨过。一个本来令班主任头疼无比的问题,现在变得十分有趣味,同学们之间再也没有因此打过小报告,也没有过事后埋怨叫苦。每一次黑板上都会出现新的座位表,随之而来的是各个小组的变化、值日生的变化、同学关系的重新梳理以及学习资源的充分流动,大家一次次地重新和身边的同学相聚分离,每个人都频繁地运动起来了,而彼此之间的关系则更加深了,整个班级的凝聚力也更加强了。一块黑板,承载了很多同学的心愿,重要的是,它让同学们在公开平等的环境下自由生活和交流,大家的关系也更加亲近。

印象最深是那次我们的班长改选,我对大家说,我们以往的选举都是不记名的,那么这次,为了选出我们的班长,大家敢不敢大胆上黑板写下自己的一票呢?起先,大家都不说话,继而都报以同意的掌声,于是我看到了一个最为难忘的场景,每个同学郑重地走到讲台前,用力地认真地写下自己的一笔,这一刻,没有任何的闪躲和顾忌,也没有任何的猜疑与后悔,因为每个人都知道这是一场真正的竞选。我记得一个女生在写完自己的一票后对我说:“老朱,我觉得,其实无论谁当选,对于10班来说,我们都会收获一个更出色的班长,你觉得呢?”最后当报出当选班长的名字时,全班都发出震天的呼喊,因一票之差失利的竞选者也如释重负地和班长深深拥抱,两个人惺惺相惜的场景在黑板的映衬下显得格外夺目，那是我记忆中最牵动人心的一幕。

高一高二两年的分别季，同学们都在黑板上留下自己的祝福，写下最令自己感动以及自信的话语，写满整整一黑板。像往常一样，我想，一块小小的黑板永远伫立在教室的正前方，它默默地注视着每一个老师和学生，注视着他们的交流、讨论、争吵、冷战、狂喜、感动、荣耀……把黑板的主动权交给我们每一个人，人人都能走到黑板前抒发自己的想法，就像著名的海德公园一样，让我感到和每一个同学的相处都是平等的、自由的，黑板也不再是至高无上的神台，而是我们共同的舞台。

在2012年末的一次公开班会上，我和同学们一起回忆了高中三年来的点滴收获和心路历程，临了，我在黑板上写下了"我的梦"三个大字，然后附上"做一个好老师"的自勉。同学们沉默了一会儿，在背景音乐的映衬下，陆续走到前台来，拿起粉笔，一笔一画地写下了自己的梦想。我们把最美的回忆收在手心，把最好的愿望留给未来，黑板上留下了大家的梦想，有的志存高远，有的平淡无奇，有的豪情万丈，有的搞怪可笑，但我相信这些都写进了大家的心中。

回想起自己做学生的时候，我总会用湿抹布小心翼翼地将黑板擦得干干净净，那一刻，我的心中总有莫名的悸动。每一块黑板，每一次擦拭，都有一段故事，我们需要的是等待、倾听、挖掘和珍藏。这三年的班主任点滴积累如是，我所理解的教育，也如是。

朱嘉隽

我们的工作是有温度的。在困难的时候，学生最企盼的是教师信任的目光，他可能只需要一点点鼓励，或者一个微笑；有时，你和他一同走一小段路就够了；有时，你和他握一下手就够了；有时，你和他说上五分钟的话就够了……伸出你的双手，传递温暖！

温暖的传递

作文课上，有时我会不由自主地说些美好的事，我习惯了，我的学生也习惯了；然后，他们也会发现美好的故事，也成为讲述者。

霜降之夜，寒意已浓。正准备关电脑，来了一封邮件。是早几年的毕业生小琪写来的，信很短："周老师，这是长假期间发生的事，同学们都说应该记下来。我们都觉得这是个温暖的故事，想把它传递给你，感谢你给过我们很多的温暖。"

小琪的叙述太美好了：

长假，我和阿迷去武夷山。火车票是零点二十三分的，但我们晚上九点多就到了。候车厅里人很多，坐在我左边的是一个很清秀的男孩，大概二十岁出头。他独自坐着，穿一件单薄的上衣，脚边放着一个很大的拉杆箱。阿迷去洗手间时，这个男孩子忽然碰了一下我的肩膀，我被他吓了一跳，猛一转头，他又激动又有点害羞，支支吾吾的，他说刚收到一个女孩的短信，给我看。我猜可能是他一直喜欢着的女孩发来的，短信是这样的："等车时，拿件厚点的衣服披在身上，当心着凉。如果你一个人觉得无聊，随时给我发短信或打电话，我的手机会彻夜开着。”

他可能觉得自己拙于表达，无法用恰当的词句向女孩表述心情，所以问我该如何回复。我也不知该如何回复，因为我没有遇见过这样的事情，而且我也被那个女孩感动了，脑子一直处于空白状态。但我无法拒绝他，于是我对他说：“你就把自己内心深处真实的感受告诉她。告诉她，你很感动。”

男孩谢过我，就转过头去独自对着手机，好一会儿才写下一段话，然后又把它删掉。等火车进站，我们收拾好东西准备离开的时候，男孩还在低着头对着手机绞尽脑汁。从读到那则短信开始，我内心就充盈着一种很奇妙的感受，因为他们！我觉得我必须得做点什么，于是我走上前去，对他说：“我们要走了，你要加油呐。”

他把头抬起来，那一直处于纠结状态中的五官舒展开来，对我笑了。

当时我心里默默想着：谢谢你们，你们一定要幸福。

后来我就没有再见过这个男孩了。

我想，如果哪一天，我被生活里那头叫“绝望”的野兽追逐，被生命的巨大的空洞包裹住，那么就去火车站吧。在深夜的火车站，坐在那儿看周遭的人。在那儿，每一碗泡面升腾的热气后面，都有一个丰富的灵魂。我可以坐在那儿看他们来来往往，说不定可以偶遇他们的故事，像偶遇这个男孩的故事那样。这些故事会告诉我，生活没有那么艰难。我会有勇气说服自己，再试着努力地活一次。

读完故事，我静静坐了很久。

就在那天早晨，我所在的城市，一个十七岁的少年从教学楼六楼纵身跃下。当时正是课间操时间，许多学生目睹了这一惨景，相信留在他们心上的，不会只是“淡红的血色和微漠的悲哀”，虽然校方随即宣布该生自杀与学业无关。那两天，我正带着学生一起读《记念刘和珍君》，再次深切地体会到“出离愤怒”与“浓黑的悲凉”。

如果那天早晨，有人告诉少年这样一个温暖的故事，并且对他说，“嗨，生活没有那么艰难，试着说服自己，努力地活着”，他会不会有不同的选择？

我的同事说，如果他的决定不是一时形成的，也就不会因一事而改变。那么，如果有人持续地向他传递美好和温暖呢？教育的某种意义，不正是一种正向的传递吗？像花朵一样美好，也像花朵一样易折的少年，能因此而获得生的勇气，找到生的意义。可作为教师，作为父母，我们究竟在传递些什么？

长久形成的伤害，不会因一个故事而改变；但至少，生命中可以多积蓄一份对抗伤害的力量。我相信，听过这些温暖故事的人，会对生命多些留恋，多些期待：未来，有那么多美好的故事在等待我们。

第二天的早读，我给学生读了这个故事；第三天下午，我给文学社的同学读了这个故事。下班回家，公共汽车上，前一站上车的学生正向几个好友讲述这个故事，有些细节记不清了，正好遇到我上车了，大家惊喜地请我再讲一遍。于是，在摇摇晃晃的公共汽车上，在其他乘客的注视中，我完成了一次温暖的传递。

那天的车上，在一旁注视着我们的那些乘客，会不会也被这个故事打动，将它传递下去？

周春梅

为了让学生能保有诚信的品格，让他们能庄重地履行诺言，有时，教师也可以这样直面学生身上的问题而不必忧谗畏讥，为了他们今后能有一个好习惯，教师必须这样认真。

虽然只是一元钱

那是两个星期以前的星期五，下午放学后，我上街买东西，回来走到医院门口，看见对面走过来一个学生，初三的，但不是我班上的。他沿着缓坡走下来，到距离我还有五六米的地方停下来，好像想起什么似的，开始翻自己的口袋，上下左右都翻了，还在原地转了个圈，往回走了几步，好像在找什么。

一定是丢东西了。“怎么了？丢东西了吗？”我问。

他抬起头，扶了扶眼镜，看见是我：“嗯，钱找不到了。”

“多少钱？”

“好像是一元。”

“你身上有多少钱？”

“一共两元，现在只剩下一元了。”说着他从身后的口袋里摸出了两张五毛钱。

“你是要坐车回家吗？得多少钱？”

“一元半。”

“哦，那给你，赶快回去吧！”我正好有几张零钱，抽出了一张一元钱递给他。

“那……那我回学校还你……”他嗫嚅着。

“不用还，没事。”我赶紧让他赶车去。现在谁还拿一块钱当回事？过去那种一块钱买一堆东西的时代已经一去不复返了。

“我会还你的。”他说。

过了一个多星期，如果不是再看到那位学生，我早把这事忘了。可是他从我身边经过时，像是不认识我。这就让我想到，他是说了要还钱的。

在这件事里，有比一元钱更重要的东西，那就是礼貌和诚信。在困难之中，面对别人的帮助，我们的学生要学会感恩，这是教育要教会学生的品质。有感恩的心，才能把仁爱传递给更多的人。学校教育就应该从这些细微处着手，而且是从书本上没有的生活体验着手。

为了避免他的难堪，我避开办公室里其他同事，在楼道里问他：“你是不是忘了什么事？”我的语气很委婉。

“没有啊！什么事？”看得出，他很诧异。

“不，一定有，你想想。”

他沉默了片刻：“哦，是借了老师一元钱，我忘记了。”他果然是忘了，我宁愿相信他的健忘，也不愿认为他是故意的。

“是这样的，老师知道你不在意这一元钱，老师也不在乎。可是，最重要的不是多少钱，而是既然你说了要还，就得算数，同时，要知道感激那些帮助过自己的人。”顿了一下，我又说，“我不是要你还钱，老师只希望你明白这个道理。还有，希望你以后懂得帮助别人，好吗？”

他点了点头。

事后，我想了很多。这不是鸡毛蒜皮的小事，我也不是那种算小账、斤斤计较的人。我常听同事说起学生借钱不还的事情，原因虽然不一样，但如果教师碍于情面不提醒学生，学校教育的缺失就会养成他们对一切漫不经心的不良习惯。

孩子们，不管这个世界多么混乱，多么让你失望，你都要知道，做人的准则都应该坚持，只要说了，就得去做。这与你的品格有关，与别的无关。

李　刚

对学校的各种评比，无论教师还是学生，内心认识和实际选择可能都比较复杂。作为班主任，如何引导学生思考并树立正确的荣誉观，如何为他们长远的发展考虑，是绕不过去的问题。

两次印象深刻的评奖事件

班主任工作期间经历的两次评奖事件，让我至今难忘。

第一次是评选“年度优秀学生”。学校给每位同学发推荐表，让学生自荐和推荐各种奖项候选人，如“青春活力奖”“领袖才能奖”“学业进步奖”“公民责任奖”等。从交上来的推荐表看，每个同学都会结合自身特点申报一些奖项。但我发现班上 W 同学的推荐表是空白的，没有申报任何奖项。W 同学是一位非常认真的男生，做值日生总是抢着干最脏最累的活，从不抱怨。我很奇怪，他为什么不申报奖项呢？找他询问，他羞涩地笑着说：“老师，我觉得我还不够格。”然后就走开了。

继续翻阅推荐表，我发现 Z 同学的推荐表也很特别。他是一位很有趣的男生。开学第一天见到我，他就跟我讲不想当班干部，因为觉得自己能力不够。他显然是谦虚了，班上的许多活动他都能积极参与，两次面向全校的公开班会，他都参与了策划和主持；平时，班上的饮用水都是他从楼下抬到教室。这次他没为自己申报任何奖项，但推荐 W 同学申报“公民责任奖”，推荐理由是“W 同学为班级上的事情花了很多的时间，但他从不抱怨；教室有垃圾时，他都会主动去打扫”。我反复查阅了班上所有同学交上来的表格，只有 Z 同学是推荐他人获奖的。班会上，我隐去姓名向同学们讲述了这个故事，没想到同学们竟猜出了故事中的两位主角，并一致推荐他们申报“公民责任奖”。后来，但凡有评选个人的奖项，班上越来越多的同学都会想着去推荐别人，我想，一定和这次独特的评奖经历有关。

第二次，是校运动会评选“文明班集体”。我校运动会有一个“惯例”，即运动会期间要求各个班向广播站投稿，根据各个班级投稿量来决定文明班集体的名次。这个做法虽屡遭诟病，却多年不改。对于我们这样一个体育偏弱的文科班来说，这可能是运动会上为数不多可以竞争的奖项，但我觉得真诚地参与运动会更为重要。我对同学们说，运动会期间，大家要尽情享受运动带来的快乐，不必一个劲儿地为广播站写稿。这一决定得到同学们的拥护。但接下来发生的事，和我最初设想的有很大的偏差。因为我们班正好坐在广播站的旁边，能清楚地听到其他班的各种来稿。班长焦急地跑来跟我说：“老师，咱们还是写稿吧，不然一篇没播多难看呀！”体委说：“老师，我们班的比赛成绩不行，如果不写点通讯稿，就得不到文明班集体奖了。”也有同学开始小声嘀咕：“要不咱们还是多写点稿吧。”看到同学们的表现，我略感失望，觉得他们太过于看重这个奖，并且太容易受干扰。我不为所动，坚持既定方针，同学们也只好作罢，但明显能看出他们的失落。

为什么同学们会对这个奖项表现得如此焦虑？一方面当然反映出他们强烈的集体荣誉感，但我想更重要的可能与我先前的工作立场有关。在此前两年，我带领班上的同学几乎参与了学校里所有的评比，并先后获得“卓越班集体”“优秀班集体”“文化先进班集体”。我得承认，这些奖项的确可以“聚气”，让我们班看起来更加优秀；但扪心自问，我们是不是也迷失其中，为了奖项而奖项，使同学之间、班级之间，出现了一种排他性而非共生性的关系？当有一天我突然意识到这样做可能不妥的时候，长期浸在“奖项文化”中的学生又如何能理解呢？

德育工作面对的是每天都在成长变化的年轻人。所以当我们面对复杂的问题时，需要的是更多的深入思考、理性判断和审慎选择。在我不算长的班主任工作经历中，这两次评奖事件非常重要。我时常告诫自己，班主任工作一不小心就容易流于琐碎，但不能因为工作琐碎就把目标也变琐碎了。我们的每一个决定都关乎人的未来和成长，我深切地感知到作为一个班主任，最为重要的不是凭借自身的权威将学生规训成驯服的机器，而是要用一双善于发现的眼睛，去唤醒学生内在的美好，让他们懂得对自己和世界的责任，成为果敢、坚毅并且懂得关爱、勇于承担的公民。当然，这些目标说着容易，做起来非常艰难，但正因为这些目标在一个人生命中的庄重地位，我们责无旁贷。

卢元伟

今天，如果教师在公开课上让学生“配合一下”，则可能是在教育中掺了一分假；从小学到高中毕业，所有掺入的假，渐渐聚合为“习惯”，将会在未来“发酵”。教师的教育行为对未来的社会风气有着不可估量的作用，必须慎之又慎。

“课托儿”是怎样炼成的

我走进课堂，坐第一排的一女生非常热情并兴奋地大声问：“老师，你要拿我们班开课？要不要帮你找几个托儿(tuōr)？”原来，学生从教学楼的电子屏上看到我要在学校对外开放日开一节公开课。学生的这番话让我感到意外，一时竟不知如何回答。看着单纯天真的学生，我只能说：“谢谢。像平时一样，该干吗就干吗，你们是在‘学’，不要想着老师的‘教’，我不要‘托儿’。”虽然这样说着，心里还是有种说不出的滋味。

托儿(tuōr)，《现代汉语词典》上的解释是：〈口〉指从旁诱人受骗上当的人。“百度”说：托儿(tuōr)，本是北京方言，出现在上世纪 90 年代初，最初指的是商店或是路边小摊儿雇上一个或几个人，假装顾客，作出种种姿态，引诱真正的顾客购买其产品。卖的是什么东西，就叫什么托儿，如卖布的叫“布托儿”，卖鞋的叫“鞋托儿”。可见，“托儿(tuōr)”的本质是骗，这一点不知学生是否知道，如果知道，他们为什么甘当“课托儿”，而且说得那么自然，表现得那么真诚？

记得四五年前，在同一个上午连续听三位教师讲授肖复兴的《我的本命年》，文中提到一头名叫韦伯的猪：

《夏洛的网》里那头叫做韦伯的猪，堪称世界上最可爱的了。过年的时候，韦伯面临被宰杀的命运，是蜘蛛夏洛在自己织的网上面为韦伯织下“好猪”二字，让人们以为是“神谕”，救了它的性命。自此之后，夏洛总在她织的网上面写字为他鼓吹，致使韦伯在展览会上获奖而成为一个不同寻常的明星。夏洛和韦伯的友谊就这样建立起来，当夏洛老去，死去，她产下的三只小蜘蛛，即被韦伯带回温暖的谷仓里悉心照料，每当韦伯看到这三只小蜘蛛，总会想起自己的朋友夏洛。猪的情意那样清澈、温暖，足以令人类肃然起敬。

金猪之年，我暗暗地对自己说：如果要做猪，就做韦伯一样的猪吧。

三位教师对这头名叫韦伯的猪都产生了研究的兴趣，有的问：“文章结尾部分作者说要做韦伯一样的猪，韦伯究竟是什么样的猪？”

学生答：“是一头可爱的猪，有情意的猪，知恩图报的猪，感恩的猪。”

有位教师下课前总结说，作者前面所写瓷质猪型存钱罐、北大荒的猪、各种猪形状的小玩意儿，这些都是物质的猪，而韦伯是——(老师把声音拖得长长的，暗示并等待学生齐答。)

学生心领神会，立即整齐而响亮地答道：“精——神——的——猪！”

还有一位教师最后的一个问题是：“你愿意做韦伯一样的猪吗？”

大家说愿意，只有一个学生说：“我愿意做‘玮柏’(指潘玮柏)，不愿意做猪。”全班大笑，像是起哄又像是共鸣，或者兼而有之。的确，正常的人谁愿意做猪？即使像韦伯一样的猪，终究是头猪啊！那学生的话教师明明听清了，却故意高声(分明有了威严和威胁)说：“大声点回答！”全班立即齐声高喊：“愿——意——！”

这是借班上课，师生互不相识，教师提前二十四小时才知道所上的是什么文本，学生课前刚拿到讲义，事先没有任何演练。但师生互动中，分明可以看出学生在揣摩老师的心思，主动迎合老师，想老师之所想，就是缺乏自己的思想;答教师之所望,就是缺失自己的声音。偶有偏差,教师只要稍加点拨或暗示,学生立即回到“正途”;偶尔稍有自己微弱的声音,教师的声音一高,立即自觉失声。在这样的课堂上,学生实际上有意无意地成了“课托儿”,而且如此自觉,绝非一日之功。

每个教师都应该反思:在学生炼成“托儿”的过程中,有没有自己的参与?我们知道,一个教师如果不止教一个班,开课往往会选学生反应敏捷、课堂气氛活跃的班。这本也无可厚非,问题在于,有时为使公开课成功,班主任和任课教师往往会在课前做点工作,要求学生“配合老师”把课上好,甚至还会扯上班级荣誉;如果是对外开放课,则上升为学校荣誉。久而久之,每逢开课,学生就会产生一种莫名的荣誉感,这也就导致他们失却了自我,卖力地“配合”。

学校的一切活动都是教育,今天单纯的学生积极配合你表演,等到他能独立思考后,又会怎么看待你这样的教师?这还是次要的,更可怕的是学生习惯了配合,走上社会后,就会真诚而热情地做托儿还浑然不知。今天,有“医托儿”,有“房托儿”,有“婚托儿”……“托儿”还不够多吗?教师的一言一行,举手投足,都是教育;千万不能有意无意间,把学生培养成“托儿”和猪。我们要让学生明白:在课堂上,要做思想者,不能做“托儿”。

谢嗣极

只不过是没得到一次年级比赛的第一名，学生就能这样沮丧失态，为了所谓的“集体荣誉”，他们就能这样毫无理智地攻击自己的老师。过分地强调“集体主义”和“集体荣誉”，很可能扭曲学生的心灵，让他们变得狭隘偏激，在淡漠友情的同时，也漠视社会伦理。

孤立

美国作家彼得·海勒斯在《江城》一书中谈到他跟自己那些中国学生的关系：

> 每当我提起中国人的排外情绪，他们莫不生出重重防备之心。我据此认为，在他们的身份认同中，大街上随意骚扰老外的中国人身份大过于外国老师面前的学生身份，并且，仍旧有许多场合，学生们会很不爽地低下他们的脑袋。……只要发生这样的情形，我就会意识到，我正在教授的不是四十五个具有四十五种想法的个体。我是在教授一个群体，这样的时刻是他们整个群体想法一致的时刻。……站在全班学生面前，我这个外国人常常感到十分孤立。

读到这段话时，我独自坐在那间朝北的小办公室里，突然想起在几年前，我也是坐在这里，一个人看着电脑屏幕，看着满屏骂我的话，久久无言。

那些话来自我的学生，他们使用了各种各样的网名，我不知道他们究竟都是谁，但是我很清楚，此刻他们就坐在我隔壁的教室里，正在埋头做习题，或是看书、发呆。

那是我教了三年的一班学生，我一直是他们的任课老师而不是班主任，但是在我眼里，和我担任班主任的另一个班一样，两个班都是我的学生，我没有感觉到有什么不同。那一年的元旦，学校组织了一场歌咏比赛，两个班都进了决赛，而且分数几乎不相上下。

决赛前，另一个班经常在放学后练到很晚，他们劲头很足，不断地想出各种创意，还有人从家里拿来很多道具，每天练啊练啊，他们想要夺得冠军，因为在三年多的时间里，无论是学习还是各种比赛，他们几乎都是年级里“最好的”，所有教过他们的老师，都说这是个集体荣誉感很强的班级。

然而很不幸，他们演出时伴奏音乐出了点意外，再加上他们的舞蹈动作太复杂，效果不如预想的好，那次的冠军被我带的这个班得到了。宣布名次时，冠军班欢声雷动，而意外落败的他们班好多人都哭了。

其实，作为一个成年人，我并不觉得这种比赛有什么大不了的，但站在孩子的角度考虑，我理解他们的感受，只是，我觉得自己有责任教育学生们懂得“胜固欣然，败亦可喜”。比赛结束之后，我买了一百份吃的，两个班每人一份。我对我的班说：“请不要过分为胜利而沾沾自喜，因为这次其实是对手的失误成全了我们。”

然后，我又特意告诉落败的那个班：“你们虽败犹荣。”

然而，我对他们的教育不但没有任何效果，当天晚上我自己甚至在本校的贴吧里受到了学生们的“教育”，有个学生发帖说：“我们根本就不该败给×班，但是有些老师还幸灾乐祸刺激我们，说什么‘虽败犹荣’的风凉话……”

后面还有很多表示附和的跟帖。

看到这个帖子，我很不开心，心想这个学生怎么可以这样，输就输了，还这么一副输不起的样子，太没风度了吧，于是回帖说：“赛场上有输赢是很正常的，我倒觉得与其在这里发牢骚，还不如分析一下失败的原因，其实你们求胜心太强也是失败的原因之一。再者，毕竟是歌咏比赛，配那么复杂的舞蹈动作，反而影响了唱歌，得不偿失……"

因为这些话，又因为我是获胜班级的班主任，我立刻成了众矢之的，没有人冷静地分析我的话是否有道理，这里只有一群自尊心被"获胜班级班主任"伤害的失败者。就这样，实名登录的我，被一群匿名的孩子攻击得没有办法再说话。从此以后，一直到今天，我再也不去贴吧。

当时我还在教那个班，我很难忘记自己每天进教室之后看到那四十几张面孔时的心情，那些骂我的孩子就在他们中间，若无其事地记笔记，回答问题，我也要若无其事地批改他们的作业。然而，我却没有办法再像从前那样心无芥蒂地跟他们开玩笑，把自己刚看的书介绍给他们。——我甚至感到恶心，因为我无法接受自己跟学生会是这样一种各怀鬼胎的关系。事实上，到了后半学期，我基本上不再多跟他们说话，在我的眼里，就如他们希望的那样，他们成了一个牢不可破的群体，在这个群体里，再也没有了我喜欢的疼爱的哪个学生，而统统变成了为了维护"班级荣誉"而毫无理性地与我为敌的小刺猬。

为什么成了这个样子呢？在很长的一段时间里，这件事一直困扰着我，我觉得这件事并不能责怪孩子们，肯定是我的失误，或者说是我们的教育在哪里出了问题。

新学期开学的班主任会上，德育主任有一段话是特意讲给几位刚走出大学校门的新教师听的：

> 对于一个班主任来讲，组建一个新的班集体首要的任务就是要加强学生的集体观念，因为只有学生们都有了很强的集体荣誉感，这个班级才会有凝聚力，才会便于班主任的管理……

很多老师点头，露出心领神会的微笑，我的脑子里也如同划过一道闪电：是了，问题的症结就在这里啊！面对一群活泼泼的学生，我们首先想到的往往是如何“便于管理”，而“集体荣誉”之类的诱饵，便是“管理”最有效的手段。当我们用这些手段把有着不同个性和想法的孩子纳入一个有着整齐划一“集体荣誉感”的模子里时，我们总会忘记自己的本职是“育人”——培育学生独立思考的能力，教会他们客观公正地看待身边的事物，而不是把他们训练为一枚螺丝钉、一个肉喇叭，或者是莫名其妙地为“成功者”垫脚的枯骨。

想来真是很有讽刺意味，自诩公正理性的我被那些“热爱集体”的孩子们攻击，多少也有点搬起石头砸自己的脚的味道吧。

般会荻

基础教育是为人的全面发展“打底子”，极端功利的应试教育则让一些家庭和学生忽视考试以外的课程。教育者要遵循教育的原则，善于讲道理，也要适当地激励、引导学生接受正确的教育。

跑，还是不跑

临近期末，我与学生约定某天体育课上男生检测一千米。那天，当我带着秒表和记分册走进课堂时，我明显看到了学生们的变化，还没正式上课，就陆续有人来请假：

老师，我感冒。

我下楼梯脚扭了。

我鞋子不好，能不能下次跑？

老师，及格线是多少？

我昨天吃了不好的东西，肚子不舒服。

我打球被人撞了，不能跑了。

老师，我支气管炎发作了。

老师，这是我的病假条。

……

全班级四十多人，竟有十多个要请假！

竟会有这样的大“罢工”！我顿时气冲脑门。强压怒气，我把班级带到安静处，到器材室拿了两块小黑板，支好，让学生席地而坐，然后在黑板上写下“跑与不跑”四字，辟成“正方”“反方”两栏，要求所有人做简短的辩论，全班先作反方陈述，再作正方讨论，参与发言算体育平时成绩里的“情意表现分”。

同学们有的举手发言，有的被旁边同学拉起来发言，有的被我点名发言。我一一将反方的言论扼要地写在黑板上：无趣，难受，反感，丢脸，一跑肚子就痛，家里不赞成，紧张，没准备，不想跑，担心跑不过，没信心，不想被别人涮，成绩不好，身体不好，跑死谁负责，懦弱，胆小鬼，软脚蟹……

接下来是正方言论：不跑没成绩，不能示弱，我一直喜欢跑，不感觉难受，不好意思不跑，学校要求，国家规定，检验水平，检查体质，挑战自己，锻炼身体，提高肺活量，增加心肺功能，收获领头的感觉……

开始时的欢呼、抢答、争论、鼓掌、哄笑、指责，我假装不见，而叙述内容渐渐从心理被动转向了责任觉醒，吵闹声渐息，同学们的坐姿越来越正。我接在学生发言后面继续写：成就感，考验意志，不能跑还能做什么，强大，理想，男子汉……

我写“男子汉”时，刚才请假的一个同学忽然站起来说：“老师，不用写了，我知道错了，我现在能跑了。”

后面的声音陆续跟上了：

> 老师不要说了，让我们上吧！
>
> 我们知道怎么做了！
>
> 老师开始吧！
>
> 不跑算什么呀？
>
> ……

体委对我说："老师，我带他们去做准备活动……"

我示意大家安静并继续保持坐姿，缓缓把两块小黑板绑挂在身后的树上，然后说："你们最后的选择让我很欣慰，看得出你们是有理想有担当的人，大家再给我两分钟时间，我有话和大家说。——跑是人的基本能力，也是一个从身体磨炼到心理磨炼的过程。如果一个年轻人连跑步都觉得困难的话，那他将来还能从事什么工作？"

我继续说："我们不要把今天当作是考试，经过前面的跑操锻炼和体育课的阶段性练习，只要你没有器质性病变，这种运动量和负荷绝对没问题。'猝死'一般是因为心脏本身有隐患，意外不仅可能发生在长跑中，其他情况下也会出现。长跑作为一种对青少年而言有效的锻炼手段，本身没有任何问题。从表面上看，青少年的体质健康是个人的事情，实际上是关乎民族盛衰的大事。体质不强，青年一代今后还能做什么事？难道你们对体育的热爱，就只停留在熬夜看球赛，却不愿迈开双腿走上运动场吗？今天你躲开一千米，那人生还有众多的一千米又要怎么躲呢？"

我讲得情绪激昂，同学们鸦雀无声，一节课剩下的时间不到二十分钟了。但接下来的测试又快又好，出奇的快！出奇的好！

刘成兵

一般而言，老师喜欢什么样的学生，就有可能出现什么样的学生。教师不要鼓励学生去学精明；青少年时代有点愤世嫉俗，甚至有些迂阔，未必不是优点。有些事，年轻时不愿去做，以后也就很难做成。

我就喜欢这种迂

听老教师说，教师的学生观，对学生会有影响。但我也觉得，这个问题难说清，有时，学生的性格、品格，对我的教学观也有所影响。

晓康给我的第一感觉很好。高三，我刚接他们班，其他任课老师介绍说："这个男生'正'得有点迂。"为什么会说他"'正'得有点迂"？我向来赞赏认真的人，我们这个社会，就是那种"一根筋"的人太少，更何况"'正'得有点迂"的学生，我听着都喜欢。遗憾的是那一年他们高三，我们课外相处的时间并不多。校园里遇到，他永远不紧不慢，目视前方，温和地和你打声招呼。在日复一日的复习、讲题、答疑中，他总是一副庄重的表情，偶尔一两次私下向我透露过他的焦虑，觉得负担有点重，复习效率不够高，我也只是就事论事，没时间深谈。

高三上学期的一天中午，教学楼大厅气氛热烈，聚集了很多学生，原来是微光社的杂志——《微光》第一期首发。我凑过去，也买了一本，这杂志办得有模有样。读了几篇文章后，我简直欣喜若狂：从内容到编排，耳目一新，选题朴实，文章老成直白，不矫情。细细一看，主编竟是晓康！我感到意外，没想到他在"日理万题"的高三做了这么一件大事；但我又不意外，以我的经验，能做成事的，往往正是这种默默无言的人。第二天到教室，我一见他就忍不住地夸，他笑着涨红了脸，半天才说："其实我挺担心的，之前知道不容易，虽然做得很认真了，但还是有很多遗憾，比如，排版本可以更好些。"趁着下课几分钟，我们谈杂志，他说到如何找崇敬的老师给杂志签名，说到自创的插图，从头至尾，他的眼睛闪着光，透着兴奋，一句也没提有关高考复习的事。

后来才知道，那届高三，我的好几个学生都参与了《微光》的创刊。高三生活那么紧张，这些学生从没想过会"影响高考"，反倒因此更自信。我私下想，高三时间紧，即使有点空闲，也该注意休息，哪怕多睡一小时也是好的。但他想的是，办一份杂志，留给学校，告诉学弟学妹，有些事，得在高中时代去做。

《微光》传下来了。后来，我每每和学生提起《微光》的首任主编，他们都说，在他们眼里那是个传奇人物。在高三，做那么一件大事，没那么一点"迂"劲，干不成！

然而，这个传奇人物真是迂得出奇。那次和他聊过不久，有一天，我在小区的花园小路上，看他迎面走来，还是那样不紧不慢、若有所思地直视前方。我当时有点窘：我不愿让学生（尤其是学生家长）知道我的住所，招来不必要的麻烦。路太窄，非碰面不可，我是老师，不能躲，只能笑着迎上去。越走越近，他竟然毫无反应，我的笑容变得尴尬；到了面前，他看我一眼，却像是没认出我，连我冲他笑都没反应。从眼神可以看出，他在思考，不紧不慢，心无旁骛。我也就没打扰他，和他擦肩而过，然后一路笑着回了家。想到我有这样一个"'正'得有点迂"的好学生，心情特别好。以后在小区，这样的偶遇有四五次，原来我们是邻居。

上了大学，他回母校看老师，我说起"相遇不相识"的怪事，他涨红了脸笑了，说总是想问题，没在意。前几天，又在小区里遇见了他，他还是一路走一路想，我主动和他打招呼，听到我的声音，他如梦方醒，爽朗地笑着向我问好。那会儿，我只觉得当老师真好，有个这么迂的学生，也很好。

刘　瑜

少年往往很珍惜表现自我的机会，他们珍视集体的荣誉，同样也爱惜个人名誉，因为，“每个学生都是一颗璀璨的星星”。

聚是一团火　散是满天星

“聚是一团火，散是满天星”是我们班的班级公约，也是我班主任工作的转折标志。一个班的学生如何处理好个体和集体的关系，这句话是最好的阐释。每个学生都是一颗璀璨的星星，汇聚一起就是一团炽热的火焰，会发出更多的光和热。

2021 年秋，校园里又迎来一批新生，男生 29 人，女生 18 人。相处三天，我就发现这可能是个“让父母不放心，让老师操碎心”的班，果然，不到一个月，他们就“原形毕露”。

刚入七年级的学生，稚气未脱，男生更像是群顽皮的猴子，上蹿下跳，一到课间，教室就炸开了锅。接下来的两个月，任课老师叫苦连天，年轻教师更是束手无策，班委总是委屈地诉苦，期中考试成绩也不尽如人意。我虽使出老班主任的浑身解数，心力交瘁，但收效甚微，那股冲劲开始衰竭，甚至开始埋怨学生。

直到那次全校大值周，情况出现了转机。

值周时，这个班级要负责全校 34 个班级的考勤、出操、卫生、纪律等常规工作。没想到这成了我们班的转机，给了我们彼此信任与希望。原来，每个学生都会为了同一个目标而全力以赴！

11 月的乌鲁木齐已经是冰天雪地，接到大值周任务，我就开始焦虑忐忑，这群皮猴子连自己都管不住，怎么管理全校？既是初始年级，又是第一次全校活动，万一做得不好，在全校留下个“无能”的“名”，怎么办？棘手的问题一个接一个困扰着我。

周五，德育处利用班会课进行全班值周培训，内容只是一个大致轮廓，包括时间、位置、人数、职责、要求等。我看见每个学生都在记笔记，整个过程中，教室里很安静，我感到异常，对同学们的认真感到惊讶。德育主任给我们半小时时间做好方案，安排好具体任务，周一直接上岗。

这时，班长跑上讲台给我看她的记录，其他班委也都围过来，开始根据记录分工安排。班级顿时又炸开了锅，一时间人声鼎沸：怎样安排才能让 47 个人人尽其才呢？学生们的讨论有了结果，如：门口值岗的，由住在学校附近的同学担任；冬天室外冷，由男生负责；班级门口值岗的要考虑三个年级，个子大善于交流、敢于管理的值九年级；卫生组打扫班级，不值岗；安排机动人员应付突发情况……没想到这时同学们能提出这么多问题，考虑得这么全面。一时间，我有点惊喜。这还是我那些小皮猴子们吗？竟然这么有责任心。从他们热情洋溢的建议和贴心合理的安排中，我发现平日的唠叨没有白费，每一次教育都在暗暗地积蓄着力量，他们心中有爱，懂得推己及人。时间短，任务重，这一刻，学生们的认真劲爆发出无限的青春活力。

最后，班长说，她今晚就制定好全班具体分工表格。我半信半疑，一个小女生真的有能力完成吗，我甚至做好了周末加班的准备。入睡前，我收到了班长发来的文件。出人意料的是，整个值周表安排得非常细致：岗位、人员、时间、任务及检查、预案，一一标明，清清楚楚；任务落实到人，准确到每一分钟。稍微调整了几个细节问题后，我把电子版和要求发到班级群，同时打印了 5 份电子稿，周一带到班级。一切准备就绪，我竟然开始兴奋，内心充满期待。

值周第一天，学生们到校特别早，一进班就披起值周绶带，拿好记录表，趴在公示栏前看自己的任务。值周班长小小的身影满校园巡视；站楼道岗的身姿挺拔，9 个课间不间断；班级岗的详细记录，严格管理；午饭时学生们扒拉了两口，又匆匆上岗了；“请戴好口罩”成了楼道内回响最多的声音……

每天，学生们都在奔波忙碌，彼此支持鼓励着，原来同学们为了同一个目标，竟会这么全力以赴，一丝丝心疼和感动涌上心头。一天，两天，终于到了周五，却出现了突发状况。

最后一节课时大扫除，我和三个学生留在班级等待检查，德育处梁主任专门走到我们班，夸学生们值周辛苦，工作认真，比高年级做得都好。正沉浸在喜悦中，一女生哭着跑来说，“老师，我们班放学路队岗没有人值，德育处要给我们班扣分！”我仔细看了安排表，周五最后一岗不用值啊，我安慰学生，没关系，我们是按要求做的。这时又一个男学生从楼下跑上来，气喘吁吁地说：“老师我去值吧，万一我们理解有误呢？”

我和几个学生一起跑到校门口去了解情况，并都解释清楚了，学生们还在不停地问：“不会给我们班扣分吧？”直到督查组答复说没有这一项时，学生们才破涕为笑，安心离校。这一刻，我的眼眶倒湿润了。

在第二周德育会上，督查组给予我们班很高的评价，打了 99 分，真的比高年级的分数还高。班长落落大方，有条不紊地总结了值周工作。更可喜的是，我们班的值周安排表竟然成为学校的模板，为后面的班级值周提供了依据！

那次值周以后，我看自己的班，像是发生了很大的变化。我有点说不清：究竟是他们在活动中学会了负责，还是我的学生观有了变化。我隐隐约约地感到：同学们可能会长久地记住这次大值周，虽然以后他们还有很多自我教育的机会。

一次大值周，让我看到了不一样的班级：每一颗星闪着光奔向共同的目标，集体才表现出非凡的团结与奋进。教育需要给孩子们一片星辰大海，他们才能在征途中乘风破浪。

刘春燕

当庸俗的社会风气开始影响到学生时，教师总得做点什么。虽然这样的工作有很多难处，既要体现教育，又要保护教育对象的尊严，但是，我们的思考和行动，对学生的未来会起作用。

究竟用什么方式培育友情

12 月 31 日，班上例行举办“迎新联欢会”，热心家长会买一些饮料、比萨等食物给全班同学。家长热心支持孩子们交往，以前我一般不多干预。

这回，阿丰同学请每人吃了一份炸鸡，还特意告诉我，这是妈妈给全班同学叫的外卖。孩子们吃得很开心，都很感激阿丰。但我心里却犯起了嘀咕：一份炸鸡要 20 元左右，买四十多份，那得多少钱？这样奢侈的生活方式，我觉得不符合教育原则，作为班主任，我不希望学生攀比，再说，他家里并不宽裕。

但我觉得还是得感激一下阿丰妈妈。可是，阿丰妈妈说自己并没有给阿丰钱请大家吃东西，这几天上班比较忙，都没见到孩子。

原来，阿丰的钱是向亲友借的！

我将阿丰请到办公室，他一脸羞赧。妈妈在家已经问过他到底怎么回事，所以他在我身边，只是低着头不说话。

“老师，我错了。班上同学的爸妈或多或少都请全班吃过东西，我总是吃别人的，不请大家吃一次不好意思，担心被一些同学看不起，所以也想表达一下我的心意。我就是要面子。我想过向妈妈预支零花钱，但是她忙得早出晚归，眼看联欢会就要到了，我还没在家里碰到过她，所以我就向亲戚借了……”

阿丰生长在单亲家庭，妈妈是售货员，平时工作需要倒班，他经常一个人在家，虽然才读初二，但生活自理能力比较强，在家做饭可是一把好手。六年级的时候，阿丰的爸爸还会来校门口接他回去过周末，但爸爸再婚，有了妹妹之后，阿丰便和爸爸没什么联系了。

阿丰不爱学习，很少能完成作业，考试成绩总是落后。但他和同学的关系很好，做起事情来倒是非常积极，遇到要出力的事，他从来都是二话不说，第一个上。同学们对他的感情也有点微妙，一方面他们对学习习惯不好的阿丰有点疏远，但对于“热心人”阿丰又很喜爱，甚至有点依赖。我知道，对阿丰而言，在同学面前的“面子”大于一切，而这所谓的“面子”，他没能力从学习上“挣来”，所以只能从其他方面为大家服务。——做班主任的，应当特别留心这样的学生，千万不能让他们为了“面子”扭曲自己。

我相信他说的话，知道一名少年的难处，看到别的家长那么支持自己的孩子，而自己家庭却没有条件，他多难堪呀；他不想让别人发现自己家的窘况，希望用请客这种方式让同学知道，自己也生活在一个温暖的家庭里——他爱虚荣，但他想要的不过是同学对他的认同。

我告诉他，对班级同学“好”，不是只有请客这一种方法。一个人要想得到别人的尊重，先得有自尊，在学校，最重要的任务是养成良好的习惯，考试成绩未必能说明问题，但学习态度也表现一个人的尊严。想要班级同学对自己“好”，就得拿出实际行动，转变学习态度，改掉坏习惯！在班上，谁会佩服一个作业经常不交、上课睡觉的同学？

听了我的话，阿丰又一次低下了头。我说：“你一定会改变的，我等你。”

他充满感激地看着我，说：“老师，我一定记住您的话。”

我也开始反思：班上还有没有阿丰这样为了“面子”而烦恼的学生？在学校，学生应当建立什么样的同学关系？家长对学校、对班级工作的支持，是不是也应当符合教育的原则？

我也感到不安：社会风气在影响学校教育，家长想要发展孩子们的友情、增进相互交流的想法是好的，但是从为班级提供各种方便到请吃饭和送礼，这类现象越来越多，教师应当怎样引导学生防微杜渐、有所作为呢？

不久，我主持了一次以“请客送礼”为主题的班会，和同学们讨论“在班级有没有必要请客”“同学之间有没有必要送礼”的问题，如我所料，确实有一些同学为此而焦虑。

在总结时，我说：“现在，同学们的家庭经济条件都不错，父母也几乎无条件支持大家的各种要求，你们可能会觉得，让家里人请自己要好的同学吃点东西，去哪里一起游玩，能证明你们之间感情好。但是，同学们有没有想到，‘请客’容易引发别人的心理负担，你请一次，我就得回请一次，大家都会想着怎样回报，像欠了人情债一样。对于还没有靠劳动领取报酬的未成年人来说，这种人情往来就显得过于沉重了。其实，你们长大后就会发现，中学阶段的友谊应当是最纯洁的，因为同窗情感在于我们共同向往真善美，是用真诚地对待他人积累起来的，没什么目的性，友谊绝对不可能靠一次次请客来换取。究竟用什么方式培育友情，这个问题，大家认真想一想，回家再和爸爸妈妈讨论一次，好吗？”

教室里响起一片掌声，阿丰也看着我，郑重地鼓掌。

后来，阿丰虽然成绩并没有什么起色，但他能努力完成作业了。再后来，他选择去一所职业学校学习。现在，他有时会带着试做的菜给我尝尝，真诚地对我说：“老师，这是我亲手做的。”

陈潇潇

学校无小事，教育无小事。陪小学生吃饭，培育好的生活习惯，教师得做多少工作！然而，这就是教育，这就是职业素养，这也是教育的境界，岂是什么人都能做到的！

陪餐小记

每天上午第四节课临下课时，身强力壮的食堂阿姨们会把饭盆菜桶运进各班教室。下课铃一响，作为班主任的我，也会准时在教室出现——陪餐。从 11:50 到 12:00，我要监督学生完成饭前准备、分饭菜、吃饭、返还食具、卫生整理等午餐的各个环节。

看似简单，其实不然。要想井然有序地完成以上过程，各个环节都有门道，而且需要较长时间的教育和引导。

看看我怎么陪五年级(5)班用餐吧。

刚接班时，每到饭点，教室里便混乱不堪。有的孩子在大声说笑，有的孩子满教室乱窜。下课的放松加上吃饭的兴奋，让他们很难安静下来。午餐在高分贝中开始，在高分贝中结束。往往没等他们吃饱，午餐结束的乐曲就响了——没吃完的干瞪眼，一个个只顾着说话哄闹了。

要想好好吃饭，就要把就餐秩序当成首要问题来解决。让学生们静下来是第一步。

结合以往的经验，我开始着手进行整顿。首先规定了饭前准备三部曲:收拾好桌面——出教室洗手——回座位等待。在全班彻底安静下来之前不分饭,而且特别强调,吃饭全过程都必须保持安静,没吃完之前不准聊天讲话。

规矩试行的那几天,我在一旁监督:谁的桌子没收拾、谁说话、谁乱跑,就点名提醒。被点了两三回的,下次就排在最后一个领饭,以示惩罚。刚开始,有学生对不能边吃饭边聊天的规定提出异议,我就搬出孔老夫子:“孔子教导我们,‘食不言寝不语。’吃饭时不讲话,有利于消化。再说,午餐时间就半小时,边吃边聊,时间也不够啊。”学生这才无话可说。

不到一周,教室变得安静下来了,只能听到不锈钢勺子和饭盆轻碰的声响。大多数学生都能提前五分钟吃完饭,然后或者和同桌轻声低语,或者看课外书,等待午餐结束的音乐响起。

良好的就餐环境形成后,同学们吃得专心了,吃得安稳了,那些食量大的孩子也有了充足的时间从容地吃完。一个绰号“朱老二”的男生,每天添饭四次,学生们把他当做奇人写进了周记。

接下来要解决的重点,是学生的挑食和浪费问题。

学校的午餐菜谱由营养专家设定,既营养健康,又种类多样,且各类食材都是定点采购,质量确有保障。但是,食堂做的毕竟是大锅菜,即便师傅们使出浑身解数,也很难做到顿顿都是美味。小学生平日里在饮食上被家长宠惯了,如果不加以引导,就会无所顾忌地挑食和浪费:有爱吃的就抢着添加,互不相让,在菜桶前挤成一团;遇上不爱吃的,要么拒绝,要么尝两口就倒掉。比如,他们最爱吃的油炸食品不可能常有,爱吃的西红柿炒蛋也是两三周才能吃到一次,在没有可口菜的日子里,光我们班的菜桶里倒掉的饭菜就有十斤上下。这些孩子都知道浪费不对,也知道挑食不利于健康,可就是这么任性。

我提出新规:要求分饭的同学将饭菜均量分配;老师负责把每周午餐菜谱发家长群,有忌口的、身体不适造成胃口不好的,家长提前跟老师打招呼后，允许少吃或者不吃，否则必须吃完；初次分饭时留出四分之一的饭菜以供还有需要的同学添加；添饭菜顺序按大组轮流排，然后视人数多少，自觉控制个人添的量。

新规交学生讨论，举手表决时，六分之五的人同意，毕竟大多数学生都懂得其中的合理性。我留意了一下，不同意的大多是平时严重挑食的孩子。我私下和这些孩子的父母联系，希望他们能够支持我的规定。在促进孩子健康成长方面，家长和老师从无矛盾，他们纷纷表示坚决支持，有的还向我抱怨孩子口味太刁，自己在家做饭毫无成就感云云。

新规实行一段时间之后，大多数学生基本上做到了不挑食，能吃完定量的饭菜，添饭的学生也渐渐增多。这种变化超出了很多家长的预期，我也很高兴——他们正是长身体的时候，胃口越好，饭量越大，身体越棒。

但班里总会有几个特别挑食且倔强的孩子。遇上不爱吃的，他们会坐在位子上磨磨蹭蹭，眼珠子转啊转的，只等音乐一响就去倒饭。对他们，我的办法是——午餐时间结束后请到我办公室慢慢吃，吃完自己去食堂送碗。我还不忘打趣他们："不着急，慢慢吃，你有一个中午的时间呢。凉了，就用微波炉打一打。干了，就加点热水，来个菜泡饭。"后来，这些孩子都尽量不来办公室吃饭，努力把不爱吃的吃掉。而我看到他们的努力就会适当放一马："今天表现不错，来，把肉吃掉，胡萝卜吃一半就行了……"

还有很多小插曲。

有的孩子投诉分饭的同学跟他（她）过不去，故意盛多或盛少，我就成了裁判员。有的孩子投机取巧，用餐巾纸把没吃完的饭菜盖上，偷偷倒掉，于是我专设了一个监督员——一个吃饭飞快的男孩子，早早就站在桶前盯着。添菜的环节最热闹。有时桶里只有七八个油炸鸡翅，要求添的却有半个班。有的孩子不管不顾给自己碗里夹了两个，犯了众怒，我就出来打圆场，说已经放在碗里的不好拿出来给别人吃，下次吃油炸鸡翅你就不要添了。没想到有个小家伙跳出来说:“我不嫌弃,给我吃吧。”引得哄堂大笑。

对于最后仍有剩余的饭菜,我鼓励学生打包。没有学生肯带时,我就身体力行,打包带走——“汗滴禾下土”“粒粒皆辛苦”,不应该只是嘴上讲讲。

慢慢地,陪餐变得省心了,几乎不需要人管理。

有一次布置周记,我让他们写写午餐的变化和感受。交上来一看,大家普遍对就餐现状表示满意。有个孩子写了这样一句话:“规矩看起来限制了自由,让人不太舒服,但是遵守起来也不是太难的事,关键是对大家都有好处。”哈哈,孺子可教也。

我一直把“吃饭”作为教育学生、管理班级的重要环节。在我看来,“吃饭”是一件大事,这其中的教育和引导可以让学生懂得物力的艰难,体会到纪律和秩序的益处,学会节约,学会克己,学会风度和修养……

陶行知先生说:“生活即教育。”

吃饭,也是教育。

王　恒

第四辑

讲台岁月

淳朴厚实的乡村教育，让一名儿童热爱乡土，热爱学校。童年种下的种子就这样萌芽、生长，再播下新的种子。在祖国辽阔的大地上，有许多这样的教师，撑起了一个时代的文明和进步。

我一直在乡村当教师

我在乡村长大，接受的也是乡村教育。那时学校里的老师大多是“社办教师”或临时的代课老师，很少有正规师范院校毕业的。在农民眼里，一个农村孩子如果能考取师范当上老师，那是光耀门楣的喜事。我从小便想当一名小学老师，不仅因为父母殷切的期望，也和我从小受到的淳朴的乡村教育息息相关。

至今仍让我念念不忘的，是我在念学前班时遇到的赵老师。她一个人带着二三十个孩子，既教语文又教算术，还教我们唱歌、跳舞、画画，等到很久以后我才知道，那叫做“包班制”。一个老师居然能做这么多事情，真是神奇！学前班的语文课本上有很多的看图说话，赵老师总是先让我们同座位的同学互相说一说，然后再找几位同学在全班说一说——看，三十几年前，“小组合作讨论”的模式其实就已经出现了，只不过那时候没有专门的说法罢了。

我的脑筋转得很快，经常跟同桌说完之后，脑海中又会增添出新的想法与细节，等到老师让我在全班同学面前发言的时候，我的“看图说话”已经变成了“看图讲长篇故事”。可是，无论我的故事讲多久，赵老师从来都不嫌烦，一次也没有打断过我。倒是有一次，我的同桌实在受不了了："老师，她刚才跟我讲的时候不是这样的！"赵老师教育他："同学发言的时候不能随意插嘴，要注意礼貌！"

有一次上课的时候，我的一颗乳牙掉了，赵老师问我："是上排牙齿还是下排牙齿掉啦？"在得知是下排牙齿掉了以后，赵老师笑眯眯地告诉我："下排的牙齿要往上长，只要把它扔到房顶上，你就能长出新的牙齿了。"下课以后，她真的带着我们站在教室门前的空地上，教我使尽全身的力气将牙齿扔到屋顶上，同学们那欢乐的样子，我至今记得。

乡村学校的生活是悠闲快乐的。老师们平时很少布置大量的作业给学生做，遇着农忙的时候，学校甚至还给学生们放农忙假，要求学生帮父母做些力所能及的农活。我仍记得年幼的自己携着弟弟的手，提着满菜篮子的饭菜、茶水送到田间，招呼父母坐在田埂边吃饭的情景。

唯有亲眼见过父母劳作的辛苦，才真正懂得珍惜一粟一饭。学校除了放农忙假，还组织"拾麦穗比赛"，教孩子们将田里捡来的麦穗带回家，不能浪费。校园里也有一大片"试验田"，种的是蓖麻和油菜，也不知听谁说的，蓖麻的种子成熟了以后，炼出的油能做飞机油。蓖麻油能不能做飞机燃料我不知道，可是每当春天来临的时候，那满地里黄澄澄的油菜花真的是孩子们的最爱，我们在油菜花地里捉迷藏、扑蝴蝶，就连晚上睡梦中都是绚烂多姿的。那时几乎没有孩子眼睛近视，偶然见到哪个孩子戴眼镜，都觉得稀奇得不得了。我想，这固然与那个时代学生的学业压力小有关，可能也得益于孩子们时时刻刻都在亲近大自然的缘故。

乡村学校的教育往往很接地气。我们居住的圩区紧靠长江，不少同学的家就住在长江边，靠捕鱼捞虾维持生计。那时候市里、县里都很重视预防血吸虫的宣传，特意组织了一次有关血吸虫防治的主题征文比赛。赵老师便鼓励我去参加那次的作文比赛，那段时间，她帮我搜集了很多有关血吸虫病的知识，还带我走访曾患过血吸虫病的村民，这些真实的情感体验最终帮助我获得了南京市主题征文一等奖，这在我们这所小小的乡村学校是极为罕见的荣誉，为此，我深深地感恩赵老师。

我的启蒙老师赵老师，是一名普通的乡村代课老师，可是她让我感受到了被尊重与理解，让我对学习产生了极大的兴趣。她让我懂得了对待小孩子要有耐心，在她眼里“小孩无小事”，就连掉落的一颗牙齿，也可以很有“仪式感”——一颗牙齿对于一个小孩该有多重要啊！可惜，很少有大人能够明白这一点。

我的启蒙老师或许并不知道她是怎样点亮了一个女孩的心，而我后来在陪伴成百上千的乡村儿童度过他们的童年时，总不免会想起她，想起自己曾经接受过的淳朴的乡村教育。正如一首歌中唱的“长大后，我就成了你”，当我也成了一名普通的乡村教师时，我总试图为孩子们保留一份美好的童年回忆。春天，我带着孩子们开办风筝节，到油菜花地里寻找春天，到野地里探寻“七头一脑”——我们南京人爱吃的八种野菜；夏天，我们去艺莲苑赏荷、钓龙虾，到树林中寻找蝉衣，一起研究水果创意拼盘；秋天，我带着孩子们做陶艺，去爬山，到玄武湖划船；冬天，我们玩起了趣味运动会，寻访各处图书馆开展读书沙龙活动，研究“鸡蛋的N种吃法”等。人的童年只有一次，作为老师，能够陪伴孩子们参与到他们的童年生活中是很幸福的。我希望能用一个特别的方式记录下他们的童年，我选择的方式是制作成长相册。每一学年结束的时候，我就制作一本成长相册，给每个孩子发一本；六年，就是六本成长相册，对于孩子们而言，将是一笔多么可贵的财富！

我沉浸在当班主任的喜悦中，发自内心地去尊重每一个个体生命的生长。当有孩子悄悄告诉我，她的梦想是当一名小学老师时，我笑了，眼前仿佛看到了儿时的自己。

什么是好的教育？我以为好的教育应该是能让孩子扎根筑梦的教育；是能在孩子们心田里播下希冀的种子的教育；是能让孩子心心念念、魂牵梦萦的教育。好的教育，不仅应该关注孩子的未来，更应该关注孩子的当下，至少应该让孩子感觉到安全与快乐。

乡村是中国传统文化的根，乡音乡情是忘不了的乡愁。今天，农耕文明正渐行渐远，然而人们的灵魂终究需要一块宁静的栖息之地、一处能够松弛紧张情绪的绿洲。有时候我不禁想，让我念念不忘的，到底是那童年的美食还是那段无忧无虑的时光呢？我们这代人尚有记忆中的“乡音”“乡情”，等到我们的孩子将来长大，他们会有什么样的回忆呢？会有心灵深处的乡愁吗？也许终有一天，我们会明白，童年不应禁锢于书桌，不应局限于分数，而是应该让孩子们拥有健康、自然、快乐而自由的生活。行知先生一生致力于“中国乡村教育之根本改造”，我想，这个改造不是不要乡村，“教人离开乡下向城里跑”。在某种意义上，对于今天的我们来说，恰是要追寻不变的乡音，好让人们能有一处回得去的精神故乡——童年。

葛德霞

一名教师能有这样特殊的经历，而且她特别珍惜这样的经历，所以才能成为真正的合格的教师。在长期辛劳而平凡的工作中，体会到教育的意义和趣味，教师自身也渐渐地立起来了！

我在和静的山沟里

1994年7月，我大学毕业回了家乡和静县的一个小山沟，一个骑自行车一小时就能转完的地方，女承父业，当老师，一干就是七年。

那时学校全称是"新疆和静钢铁厂子弟学校"，是一所从小学到高中的完全制学校，也是我的母校，人最多的时候一个年级有八个班，300多人。那也是厂子最红火的时候，能够有一份教师的工作很不容易，一开始中学部没有岗位，我只好先到小学部教书。语文、英语、音乐、自然……七年里，我教过的学科五花八门，写不完的教案，上不过来的课，有时糊涂到背着手风琴拿着语文书去上自然课。快乐自然也是有的，教过的学生多，一下课，满楼道的"邵老师好"，让我应接不暇。

刚工作时有的是热情，每天早早去办公室生炉子、烧水、扫地，简单而又快乐。可一拿起课本就犯怵，看着《教参》上一个个熟悉而又陌生的句子，干着急！好在有师傅毕老师。我每日搬着小板凳坐在教室后面看毕老师上课，崇敬溢满胸怀，梦想有朝一日能像师傅一样大气自如。一下课，我便紧紧跟随师傅进办公室，后面还跟着一大群学生，在他们叽叽喳喳的声音里我是最没底气的，只能是瞅个空子问个问题，还没来得及细细琢磨，又要独自面对一教室的无数个为什么了。被投诉是常有的事，尤其是第一个月。上课紧张忘词磕磕巴巴、学生提问答不上来、单元测试成绩不好诸如此类，甚至还因为说话声音太细压不住学生，以至于很长一段日子里见到校长我只能躲着走……那滋味真不好受！每天心里都埋怨父母，大城市干个啥不行，非要把我拴在身边受这般折磨。

可我不能就这样逃跑了，要走也得干出个样子来。那就多学习！学校老教师的语文课我都听遍了，安老师、董老师、苗老师、陈老师……同一篇文章不同的人上起来味道大不相同，单单一个导入都是千姿百态的。大部分课是我隔门"偷听"到的，借口上厕所在人家教室门口一站就是半节课，起先窘得不知如何回应楼道里来来回回的老师们诧异的目光，时间久了办法也就多了，拿个笤帚、拎个垃圾桶，自然了许多。聪明如我，偷师学艺之术绝不仅仅止步于此。放学路上，一看到自己班的学生和外班学生结伴回家，立刻刹车与他们同行，不经意间，老师们怎么布置作业、怎么批改作文、怎么复习，每个老师的独门绝技统统拿下了。

有一首老歌《每当我走过老师的窗前》，那一句"老师的窗前彻夜明亮，呕心沥血您在写教案……"是我们最真实的写照。因为一天要上四五节课，备课、改作业只能回家完成，上班没多久，我的自行车筐就被作业本压变形了。那时候没有网络，只有课本、教参，可教参里也仅仅是指导性的文字。我只好多读书。反复读、使劲读，有疑问就记下来，哪怕是一个标点符号。接着再读教材，以至于大部分的课文都能背下来。好在父亲、姐姐、姐夫、表哥都是老师，家里书多，自己突破不了的疑问就翻书查证，遇到跨学科问题就找左邻右舍求助（我们家住的是教师住宅楼），第二天上课前还要向办公室里的师傅们再三确认。教案写了改、改了写，直到自认为每一个字都经得起推敲，久而久之，教案居然能背个八九不离十，直到今天，我也从不拿着教案"念课"。

一学期下来，班里的成绩总算没被落下来。

我爱笑，人们都说爱笑的人有福气，真的如此。一入职就当了班主任，学生们把我当姐姐，什么心里话都对我说，课后我们一起跑步、跳绳、滑冰，周末去爬山。每到春游的日子，几个班干部早早安排好了各项事宜，锅碗瓢盆、米馍油盐，一应俱全。丛林拾柴支灶，溪边取水煮饭（那样香的饭，十多年没有再吃过了）。当然也会有处理不完的琐事，女生之间的零零碎碎、男生之间的鸡飞狗跳，不写作业都是小事。有时遇上这个男生偷骑了人家的马，那个男生因家里羊丢了没来上学，也真是束手无策。

学校当时基本上是半军事化管理，上课期间如非特殊情况不能出校门。没有课的时候，几个年轻人约了一起在校园里打羽毛球，而山区多数的日子是有风的，于是就追着羽毛球跑，一节课下来，通常要围着球场跑十几圈。冬天，分煤是一件大事。要带着自己班的学生抢煤（几个班一起分），大家常会为哪个班多抢了大煤块争得脸红脖子粗的；办公室也要拉煤，体育张老师就成了香饽饽，拉着一个轱辘都变了形的破车跑了一趟又一趟，女老师负责装煤、卸煤。老师们常常是干到一半就得去上课，抓起书本、教案冲进教室，衣服脏兮兮、鼻孔黑黑的，学生也都见怪不怪了。

我家在学校边上，走路三五分钟。每天吃过饭，改完作业、备完课，家里的书柜就是我的乐园。那些名著都是我的最爱，一晚上就能看完厚厚一本，而且篇篇记忆深刻，绝不会混淆。我在文字里千回百转，在文字里困惑挣扎，也在文字里成长。

我的小山沟地处天山深处，距和静县城有 60 公里山路，全是石子路，坑坑洼洼的，到乌鲁木齐要坐 12 小时火车。交通不方便，外出学习是从未有过的奢望。终于有一次，那是 1997 年 10 月，学校通知我们部分老师去乌鲁木齐市八一中学听课。消息是提前一周公布的，办公室里整整激动了一周，老的少的全都积极准备着。出发的那天，我们早早到了乌拉斯台站，火车一停，让老教师先挤上去，年轻人在底下推着。上了火车没有座位，这一点我们早都想到了，大家纷纷拿出报纸，分散在车厢接口处、洗手池边上，席地而坐。起初还兴奋地聊天，半夜实在撑不住了就彼此依偎着睡去，十二个小时一转眼就过去了。

一下火车我就发烧了，同去的老师架着我赶到了八一中学的礼堂，忐忑而又激动。现在想起那日拖着大包小包地进会场，确实有失风度。坐在前面，一回头看见黑压压的人，我紧张得呼吸都急促了起来，这么大的场面，工作三年来第一次经历。听课连续两天，各科都在一个会场，我一分钟也舍不得落下。吃了退烧药会打瞌睡，我就强忍着，实在忍不住了就跟同事打好招呼，睡一小会儿。现在回想起来，虽然那个屏幕上的字模模糊糊的，有些学科也听得不甚懂，但那却是我人生中第一次听到的、最精彩的课。

2001 年，一个偶然的机会，我获准到兵团一中试讲，居然通过了！一个仅仅二十分钟的试讲！接到报到通知，一时间我竟犹豫不决起来。我舍不得山里那些质朴的孩子们，舍不得一起打羽毛球、排节目的伙伴儿，舍不得我的师傅们，舍不得办公室火红铁炉上的茶香……

每一段路，都是不能追回的过往；每一段经历，都是不能再回首的珍藏。你憧憬而又迷茫的明日，终究也会以最美好的姿态来临。

邵雪丽

在中国几百万中小学教师中，很多人就这样走过一条崎岖的教师之路，以他们的谦卑之心和教育激情；他们兢兢业业，把讲台当作进德修业的基石，而他们最终获取了职业的幸福与自豪。

最初十年的忧惧和激情

其实我一直觉得自己是不适合当老师的，报考师范更多的是迫于无奈。一来是家里穷，读师范会有补助，家里的负担就轻一些；二来是当年师范院校的录取线低一些，机会大一点。我不适合当老师，是因为从小学起就“熟练掌握”了口吃这项技能，从此再无法摆脱。即使到了现在，偶尔还会有说不利索的时候。另外，我记忆力也不好，记名字格外困难。要记住一百多个学生的姓名，对我来说绝对是个巨大的挑战。

我学的是历史教育，班里几乎所有同学都是从其他专业调剂过来的，毕业后工作不好找。所以 1992 年大学毕业后，我回到自己的母校——一所县城中学求职时，遇到的第一个难题就是没有岗位。感谢我当年的班主任，念在我当年做学生的时候品学兼优，说服学校领导，让我留在学校工作。

但是我能做什么工作呢？学校的历史老师足够，各科老师也都不缺，于是我被安排在教务处“帮忙”。教务处已经有三位老师，两位经验丰富的老教务和一位技工出身的教务员，我最初的任务是代替那位教务员接电话，做传达。因为那个时候整栋教学楼里就两部电话，校长一部，教务处一部。有外面的电话打进来找某位老师，教务员就得楼上楼下找人接电话。我就干这个。再后来是分试卷、调课表、填写报表。虽然当老师并不是我最初的理想，但是，当自己无所事事的时候，我多么羡慕那些站在讲台上的老师啊！什么时候，我也能走上讲台呢？

漫长的一年过去了。第二年，学校的档案员退休了。于是我暂时去补档案员的缺。在这里事情就很少了。一个人一间办公室，需要收发的文件很少，前任档案员把一切打理得井井有条。我每天的工作就是看书看报。清闲固然是清闲的，然而我很迷茫，我该看什么书？我以后能做什么工作？因为没有目标，我常常一整天坐在办公室里发呆。半年后学校有了专职的档案员，我又被调整到学校团委“帮忙”。团委的事情同样很少，年轻的团委书记又很能干，完全不需要我帮忙，似乎我也帮不上什么忙，于是我又一个人待在办公室里无所事事。我更迷茫了，下个学期可能会安排我干什么？我就一直这么混下去吗？

果然，事情没有最糟，还有更糟。学校的老警卫光荣退休了，我又理所当然地被安排到校门口担任警卫，同时负责给老师们打考勤。工作两年了，除了刚进校的时候试讲了一节历史课以外，我没有再踏上讲台。我是谁？我要走向何方？我陷入了深深的绝望。

毕竟天无绝人之路。工作的第三个学年，学校有一位初中语文老师生育，于是安排我去临时代课一学期。这对我来说真是意外的惊喜，也是巨大的挑战。我学的是历史，教历史都教不好，教语文自然更是困难重重。但是我知道，这个机会如果把握不好，可能就真的没有机会走上讲台了。我几乎天天泡在校图书馆里备课、查资料、反复修改教案。时隔两年之后再次走上讲台，我的感觉已经不是紧张，而是破釜沉舟的决绝。

情况还不错。学校领导去听课，指出了一些问题，总体上认为我能给孩子们上课。于是我有半年时间站稳讲台了。然后，我的第一篇教学论文《角色扮演在语文课堂上的运用》发表在《中学语文教学》杂志上。

一学期很快过去了，我带的两个班语文成绩居然还不错，休完产假归来的老师也很满意。然而下一步我该怎么办呢？这时，命运又一次眷顾了我：另一位语文老师也要开始休产假了。于是，我又去代她的课。

经过上个学期的磨练，这个学期我的教学顺手多了。可是我的头顶始终悬着一把“达摩克利斯之剑”，那就是：下个学期我有没有课上？我始终不敢懈怠。现在回头来看，那一年应该是我在教学上最用心、最专注的一年。这一年，我从一个门外汉跌跌撞撞闯进了语文教学的殿堂；更重要的是，我已经爱上了语文教学。

第二学期教完，我又开始为自己的工作发愁：本年度不会再有休产假的语文老师，语文老师满员了。正在我苦恼的时候，有位语文老师骑摩托车摔伤了，双腿粉碎性骨折，上不了课了。于是，别人的坏运气成就了我，这样，我又继续教语文了。不敢懈怠的我，抓紧分秒学习语文专业知识和教学技能，到处找教学光碟，一遍遍观看学习，从此，我作为语文老师基本上在学校站稳了脚跟。

1996年，也就是我从事语文教学两年后，影响我一生的机会来了。伊犁州将举办首届中学语文课堂教学大赛。我鼓足勇气参加了县教育局举办的选拔赛。两年来的努力有了收获，我获得了这次比赛的第一名，得以代表县里参加全州的比赛。

这次全州的教学大赛由参赛老师自选课题，我选的课题是《水调歌头・明月几时有》和《天净沙・秋思》的比较阅读。我在家里对着房门一次次试讲，在门板上一次次写板书，然后就是在自己的班级一遍遍试讲，老师们一遍遍听课，一次次提出意见。每次上完课以后的评课环节，我都能记下两三页甚至五六页的评课意见。这些意见有的相互矛盾，但是都给予我很多的启发和教益。可以说，这次参赛的经历使我的教学能力得到了一次极大的提升。直到今天，我都对同事们的无私帮助和指导心怀感激。在这以后，我依然积极参加各种竞赛课、观摩课、展示课、示范课，因为我知道，这些都是自我提升的良机。可以说，我就是通过这一节节的课迅速成长起来的。

全州的教学大赛我获得了二等奖。这个二等奖实在是来之不易，所以至今仍刻骨铭心。这对我而言是一次莫大的肯定和鼓励。它是我两年多来刻苦钻研语文教材教法的回报，也再一次证明了“勤能补拙”的道理。从此以后，我对语文教学慢慢有了信心，也因此站稳了语文讲台。再也不用为自己下个学期会去做什么工作而担惊受怕，这种感觉真好！

1998年，工作第六年(也就是从事教学工作的第四年)，我调到市里一所比较有名的中学任教初三毕业班的语文。凭借自己的努力和这四五年来的刻苦钻研，我总算做到了不辱使命，圆满完成了教学任务，并获得了这一年的自治区中学语文教学录像课评选一等奖。这次获奖成为我下一次提升自己的重要机会。

到了下一年，我被调整到学校的高中部任教——这在以前是不敢想象的事，因为我此时依然只有历史教育的专科文凭，而且从未涉足过高中语文教学。整个暑假，我把自己关在家里，把高中的教材和教参以及最近一两年的《中学语文教学》期刊的高中部分通读了一遍甚至多遍。一个半月以后，我从书堆里抬起头来，能清晰地感觉到，自己已经不是以前的那个自己了。我知道，自己能行。

于是，在教了五年初中语文以后，我这个只有历史专科学历的老师自信地走上了高中语文讲台。我给学生讲《氓》中折射的婚恋观，讲《离骚》中屈原的道德洁癖，讲《阿Q正传》里的国民劣根性；我还和学生一起探讨梭罗的《瓦尔登湖》与中国的隐士文化的异同，一起交流刘心武的《红楼梦揭秘》，也激烈争论《伤逝》里子君和涓生的爱情悲剧的产生原因。我告诉学生：语文不仅仅是工具，也是生活，还是素养，更是一种风度。它能将一个平庸的人变成一个有情感、有气度、有追求的人。这就是“腹有诗书气自华”的道理。我还告诉学生，学习语文一定不能陷进题海里，那是扼杀了语文；只有沉浸于文字和思想的世界里，语文才能呈现出本来的美好。

我庆幸，自己迈出的第一步是对的，这与今天我们提倡的核心素养理念，以及整本书阅读、群文阅读、思辨性阅读等思想是相契合的。但走出这一步不是偶然，和我那个夏天以及以后的读书与思考有直接关系。

2002年夏天，我工作满十年了，我的第一届高中学生毕业。风流云散，一别如雨。但是，我相信，无论他们飘落到哪里，都会有一个共同的心灵之乡，那就是语文。

也是这一年，我成为学校的高中语文教研组长。

如今两个十年倏忽已过，第三个十年呼啸而来。每个十年都不枉辛苦，每个十年都值得期待。但是，第一个十年永远是最令人怀念的。“朝乾夕惕，功不唐捐。”我希望自己永葆这最初十年的忧惧和激情，如此，才称得上不负人生，不负关爱自己和自己所关爱的人。

朱典锴

很多教师"入行"，可能有偶然因素，然而，当教师真切地感受到学生的热爱时，也就能感受到教育的价值和意义。很多一生守望教育的教师，都有着不可磨灭的青春记忆。

山间小道上的驴车

三十八年，倏尔而逝，半生从教的经历中，总有些难以磨灭的记忆。有时去山区，或是看到山间的小路，我就会想起当年在太行山乘驴车的经历。

1975 年深秋的一天，太行山崎岖的山道上，一辆驴车颠簸而来，发出吱吱呀呀的声音。赶车的是村里的老乡，车上躺着的那个严严实实盖着被子的人，是我。我大学刚毕业，就当了班主任，和学生一起到农村参加秋收。——那时的中学生，每学期都有下乡劳动的任务，要和农民一样干活。半个多月，由于日夜劳作，我病倒了。山村缺医少药，离最近的长治市有二十多里山路，不通汽车，生产队长只能让老乡用驴车送我去长治。

凉风吹着，驴车在山路上一颠一颠地往前走。我从昏睡中醒来，眼前渐渐清晰了：一群十三四岁的学生护在驴车周围，快步走着，时不时地低头看看车上的我。见我醒了，立刻七嘴八舌地嚷起来："老师，您总算醒过来啦！""老师您吓坏我们啦！""老师，您要一直病着，我们班谁来管呢?”还有女生上前，摸摸我的额头试体温，有的在一旁紧紧地拉着我的手……

从学生的话语中、眼神里，从他们的动作中，我读出的是焦虑，读出的是关切，我感受到他们手上传过来的温暖，心中涌起莫大的感动。与他们相处不到一个月，在他们身上，我也只是尽了一个教师应该尽的责任，但是，他们却把信任给了我，把真挚的情感给了我。面对他们，我心里涌动的只有一个念头：放下自己的梦，踏踏实实地做一名教师吧，为了可爱的学生！

对于当教师，我是没有思想准备的。大学期间，我对未来的职业曾有过种种憧憬：作家、记者、编辑……唯一没有考虑过的就是教师。为了能够实现自己的理想，我做过很多努力，在刻苦地完成学业的同时，勤奋地读名著，学文学理论，将回乡务农时的经历用文学的形式表现出来。我写小说，写诗歌，写故事，那些十分稚嫩的作品，经常得到老师的高度评价。由此，也更坚定了我走文学道路的决心。得知被分配到中学当教师后，虽然心里极不情愿，我还是带着一大箱子书，去学校报到了。不过，我的文学梦并没有就此而停止，我还在不断地写，写我的评论，写我的诗，写我的小说……希望有朝一日离开讲台，实现自己的文学梦。

然而，就在这吱吱呀呀响着的小驴车上，在这崎岖不平的山道上，我从梦中回到了现实。我不能不去想，我该如何去做一个称职的教师，如何真诚地对待每一位学生。面对巍巍太行的崇山峻岭，我开始了作为一个教育者的思考。

我就是这样走过了三十八年的。

当年在山道上护送过我的那些学生，现在也是五十多岁的人了，有的和我一样，也成了教师。他们也一直记着当年在山间颠簸的驴车——现在很多孩子都没见过的驴车。

在以后的年代，那崎岖山道上吱吱呀呀响着的小驴车，和那些簇拥护送的学生，成为我永久的教育印记——教育我这个教师的第一课，就从这里开始。我能够在人生的漫长旅途中，始终保持一种学生般的单纯与清高，没有被世俗所污染，正是因为这样的经历，在有些人的眼里，这种表现也许显得不成熟，但我怕是终生都不会改变了。

你现在该知道，我为什么那样怀念太行山了吧。

张春莲

因为热爱，她比一般教师付出得更多。学生看到的是她直立的姿态，看到的是她的精神意志和品格，这已经是最好的教育了。

我直立在讲台前

十几年了，我直立在讲台前，用一条腿。

从六岁起，我就只有一条腿了，因为车祸。两年多以后，我走出医院的大门，开始了别样的人生之旅。长达十四年的求学生涯中，我在年幼时遭遇过不懂事的同学的讥讽，高中时忍受着远离父母的孤独，也经历了从双拐到单拐的艰难，从自卑到自信的蜕变！我的信念渐渐执着：战胜苦难，拼搏人生！然而，眨眼间，毕业，让一切重回最初。

家乡风物依旧，我却早已不是曾经的自己！澎湃在心的，是十多年的求学之旅中时时萦绕在心、挥之不去的教师梦！

机会从来都是自己争取来的！我毛遂自荐找到了老校长，老校长为我寻到一份英语代课教师的活儿，要教三个班。我没有因为它是临时性工作就去应付，也没有因为这是代课就不按教师的标准来要求自己。临时的，我也要把它干好！每天至少三节课，每天一节早自习，每两天一个晚自习，我不仅和其他老师一样地站立着讲课，更要求自己注重改善教学方法讲好课。可要命的是，面对讲台上这个只有一条腿的女老师，学生眼里盛满了太多的惊奇与愕然。努力之后，课是讲好了，孩子们也爱听了。问题又来了，因为我是右手拄拐的，所以用右手往黑板上写字时，就必须换左手支撑拐杖，而长时间的右手拄拐已练就的熟练功夫左手是不可能一下子就代替的，因而我在黑板上写字艰难而缓慢。为了提高板书速度，我尝试着用残下肢压住拐杖，用右胳膊夹住拐杖移动，在身子移动的同时，右手迅速落笔，写成连贯的粉笔字。那段日子，我所有的课余时间都交给了那块小黑板，写了擦，擦了写，终于练成了。

可命运总爱和我开玩笑：就在我刚刚有自信站稳讲台时，上面要求农村学校“取缔自雇教师”。那天，我乘车离去，中巴车的后面，一长溜的学生跟着跑，他们挥舞着手，高声地叫着“王——老——师——”那是一个我以前只在电影里看过的场面。那一路，我反复地问自己，你还会回来吗？

20天以后，我真的回来了！学校有位语文老师生病住院，我原先代过的一个班没了老师。学校领导又给了我一次机会，并且还透露给我一个信息：教育局出了一个“非师范生转行”的政策，你若舍不下教师这份职业，就把课代好，我们和你一起争取！这次，我代了一个班的两门主课：语文、政治。为了能尽快地达到专业教师的水平，我绞尽脑汁，费尽了功夫。我借来老教师的教案，一句话一句话地琢磨他的教学设计；我拿来以前那位老师给学生判的作文，逐句分析他的批语；我订报纸，订专业杂志，一篇一篇地研读其中的文章，并分析我们当地教育的实际情况；我和学生谈心，一个一个地做好记录、分析，相同的归类、不同的琢磨……大雨滂沱中，我准时到校；讲课时，我执着地站立，用我仅有的一条腿。

1998年3月的一天，我获得正式教师的资格。

在我的教育经历中，有很多难忘的事。2001届学生临近中考的一个傍晚，学校停电了，我辅导学生后，小心地扶着墙，在黑暗中摸索着下楼。突然，一脚踏空，拐杖跌了，眼镜飞了，我从二楼滚到一楼的拐角。我想喊，可又怕别人看到我此刻的狼狈相。在一番摸索无望后，我慢慢地爬到了墙角，蜷缩在角落里，我的心中充满了一种对黑暗的莫名的恐惧。当身体的各个部位传递出不同程度的疼痛时，我舔到了嘴角淡淡的咸味……

我不会忘记，水北河的挖沙地里，先生陪着我，沿着泥泞不平的小路，漫过疯长的水草，踏着布满深绿色的苔藓、光滑无比的鹅卵石，一步一滑地寻找那三个逃学孩子的艰难——我的拐杖时而敲击着石头，时而陷入泥淖拔不出来。我也不会忘记，烈日下，在红星街长长的街道上，先生陪着我，寻找两个想去太原闯荡的孩子，一个店铺一个店铺地寻找，我心中充满了焦急与无奈……我更不会忘记，大雪纷飞的早晨，门口那条早已扫净的直通向教室的小路；录取通知书发放的几天里，我不停作响的手机声；逢年过节时收到的一份又一份祝福；乡里乡亲见面时问寒问暖的实在话语，纯朴的家长亲自送来的绣花鞋垫；宿舍的窗台外一把把新鲜的香椿、一碗碗新蒸的槐花饭……那一刻又一刻，花落无声，而我的心却像开出无数柔软而芬芳的樱花，灿烂的幸福弥漫心间……

虽然，我只有一条腿，但我在讲台前站得很直，因为我是幸福的人。

王　平

每堂课都可以展现教师的智慧和创造，不管处在什么年龄，教师应始终保持创造的激情，保持可贵的好奇心。学生经常在课堂上看到作为创造者的教师，他才有可能萌生出创造的意识。

在大连的那一课

我常对青年教师说，你们现在的教学设备和技术，是我们当年想也不敢想的，一定要好好利用它，去设计美妙神奇的课堂。

哈尔滨、长春、沈阳、大连四市的教研机构有个传统的联合教研交流活动，那一年第一次将化学学科纳入其中，我作为哈尔滨市的代表，参加了“东北四市青年教师素质教育课堂教学观摩研讨会”，在大连三十四中为学生上了一堂化学课。

精心的教学设计是上好课的前提，为了上好这一课，我使尽了浑身解数，并且学会了“配音”。那节课是《燃烧和缓慢氧化》第一课时。在课堂练习环节，我设计了“定向爆破、森林大火、火箭发射”等场景，让学生判断燃烧的利与害。那时候没有网络，没有数据库，找资料费了很多时间。找到了合适的录像资料，却只有解说员的声音，不适宜课堂教学。我得想办法给截取的录像片段重新配音，让学生有“现场感”。爆破拆楼的“轰隆”声，森林着火发出的“噼啪”声，点火后伴随一团浓浓的烟气火箭缓缓升起时发出的“嗤嗤”声，等等，效果要好，要让学生如临其境——如果是现在，到互联网上随时都可以下载形象、声音逼真的影音资料，不过十多分钟的事，然而在1998年，这是天大的难题！

当时我曾想过放弃这个设计，但又觉得可惜；如果改用文字描述，则失去了激情引趣的效果；如果只有影像没有音效，也很遗憾，达不到声像结合给学生的印象深刻的效果。真是难啊。但什么事都得有第一步，如果教师在教学中遇到困难就放弃，畏惧失败，不敢冒险，不敢创新，我们的课堂不可能培养出学生的创造激情。

一筹莫展之际，我突然受到影视制作过程中配音的启示，得知很多声音效果都是模拟出来的，称之为“拟音”。于是我想了好多办法，一次次地尝试，终于发现，将敲击塑料桶发出的声音录入电脑，经过慢放等处理后，非常接近爆破后建筑物轰塌的声音；用双手揉搓硬塑料袋发出的声响，与森林大火发出的噼啪声几乎没什么两样；至于火箭点火发射发出的声音嘛，只好用口技了。说起来简单，但是从构思到反复试验再到最后成功，几乎折腾了一夜！功夫不负有心人，正是以这段设计为重点的电脑辅助教学带来的精彩——在那个年代，电脑辅助教学还处于探索阶段——课堂教学效果很好，极大地调动了学生的学习兴趣。下课后，各地老师纷纷围上前来，打听这些音像资料是从哪儿找到的，没有一个人想到竟是我制作的。我毫无保留地向他们介绍制作技术，而最让我开心的，是我多了一份创造的经历！后来，那节公开课被相关机构收录为培训资源。这次上课的经历让我深刻体会到：不怕做不到，只怕想不到，精心地准备好一堂课，就好像在进行一次创作！这种体会和感悟一直伴随和激励我做好每一件事。

好多年过去了，现在网络技术发展得太快了。有一天，我抱着试试看的心态到网上进行搜索，竟然找到了我那节课的录像资料，别提多兴奋了，一口气从头看到尾，我这才发现，那堂课还拖堂了一分钟呢！感谢主办单位没有及时更换资料，让我能够一睹十几年前自己的课堂风采：我自始至终都是在微笑，规范和严谨的教学语言现在看来依然还很动听……但不能容忍的是我这个老师基本没有离开过讲台，在前面晃来晃去，没有“走进”学生。

那次去大连上课还有个小插曲。上完课后一下子轻松了，我这个闲不住的人很是寂寞，晚上从四楼房间窗户向外张望，欣赏着这座海滨城市的夜景。看到有小胡同没有路灯，于是将上课时用的激光笔(当时可是很稀罕的工具)拿出来，将红色光柱射向小路中间，看着面前突如其来的能移动的“红点”，步行的人好奇地停住了脚步，骑自行车甚至开车的人也惊奇地从车上下来……我开开关关，红点时有时无，胡同里的人们似乎很是不甘心地在四周寻找。这个“恶作剧”让我们在不知不觉中消磨了半个小时。——我对学生的调皮一直很宽容，因为我这个老师也经常爱找乐子，更何况成长中的初中生。

人生的每一次相遇都是不可复制的，此景、此情、此时的心境……当年在大连和我一起度过美好的45分钟化学课的孩子们，如今已经步入而立之年了，有谁还能在记忆中保留那45分钟的点点印记呢？可是，我忘不了啊，我能成为一名合格的教师，不就是那样一节课一节课走过来的吗？

李　军

就漫长的一生而言，教师和学生在一起的时间并不多。然而，我们有可能长久地存在于彼此的记忆中，因为学校里发生的一切，会随着岁月的河一直流淌到遥远的未来，有些事，时间隔得越长，越能看得清晰。

有许多事你以后才知道

带高中生读儿童图画书时，他们都很喜欢《猜猜我有多爱你》。睡觉前，那只可爱的小兔子和爸爸或是妈妈的老兔子比谁的爱更多，比了好久，最后，小兔子说："我爱你一直到月亮那里。"接着小兔子就睡着了，之后，老兔子"低下头来，亲了亲小兔子，对他道晚安。小兔子睡了，老兔子躺在小兔子的身边，微笑着轻声地说：'我爱你一直到月亮那里，再从月亮上回到这里来。'"。

老兔子的话，小兔子没听到，然而没关系。——好比老师为学生所做的付出，如果老师不说，学生未必能发现；同样的，学生为老师所做的，如果他们不说，老师也永远不会知道。

2009 年夏天，我偶遇一位已毕业三年的学生，说起当时高三的语文课，他忽然问："老师，你当时怎么不让我们多多做题呢？"我问："难道你认为题海战术有用吗？"他摇摇头，然后说道，有位同学私下对此很有意见，经常在背后说你坏话。"不过，"他接着说，"我们同学都没理他，同学们都支持你。"他说的那位同学，我有点印象，是个非常刻苦的学生，每次都能看到他埋头做题；而那个班的课堂气氛很好，很多同学热衷于讨论交流，并无高三常患的沉闷病。现在回想起来，应该是同学们用实际行动表达对我的认可吧。其实已有十年教龄的我，身处目前的教育体制，在很多人已忘却教育常识的情况下，已经不太在意学生是否认同我的教育观和教学观了，不过我依然非常感动于他们对我的默默保护。时隔多年之后他们才说起，大概也是为了照顾老师敏感的职业尊严吧。好几年了，我常常想起这件小事，也许是因为学生那不经意的一句话有让我放不下的情意。

2005 年高考后，语文教研组收到一封我班毕业生的来信，他在信里说："我觉得我最幸福的事莫过于高三所读的书，依然记得一模读完《寻找家园》，二模读完《阳光碎片》，三模读完《精神自治》，五一放假，买了两本书——《守望的距离》《西方文学十五讲》，又在四模之前读完了……"信上说的这些书，都是我在课堂上推荐给学生的，当初我只有一个朴素的想法：高三是学生最困惑、最苦恼的时期，我们要用好书擦亮学生的眼睛，用好书启迪心灵。可是这样做能不能达到预期的效果，我并没有抱太大的期望；正因为如此，结果反而给我巨大的振奋。这位同学在信里说："高三时，我每天给自己读两遍筱敏的《山峦》，直到现在还能背下来。我想我是注定要接受这份火光的照耀。大地万物，瑟缩着哑默着停滞不前，但灵魂却依然生长；学术界被冰封在象牙塔之下，但就在暗流中，依然有许多低沉长叹的声音，许多沙哑咆哮似的悲鸣。"教研组的老师们看到这封信，都非常感动，天下还有比唤醒灵魂更伟大更令人激动的事业吗？如果没有这封信，老师永远不会知道高三的阅读对学生内心所起的作用。我相信一定不止一位学生领受过这份火光的照耀，我的 QQ 上经常会突然冒出个毕业生，说："老师给我推荐点书吧，记得高中时您推荐的书极大地影响了我……"

做老师的，如果能长计远虑，不急功近利，耐心培育、细心耕作，就一定会发现，几年、十几年、几十年之后，才是教育展示其力量的时刻；播下的种子，终会有一天破土而出，显出一片绿色。

不管社会怎么变，人们的观念怎么变，一名有理想的教师不会改变他的职业操守。只要教师坚持独立之精神、自由之思想，学校的精神就永在。——有时，我会这样回复学生的问候。我不确定学生能不能看到我的回复，也许他永远也看不到，那又有什么关系呢？如今我们各自奋斗在各自的人生里，但那高中三年的时光里，老师和学生已经在共同的阅读中形成默契，他相信我们会坚守，正如我们相信他会正直地生活。

曾有学生毕业时低声说："老师送走一届又一届的学生，见惯了离别，是不是很快就会忘记我们呢？"她没有在询问我，仿佛只是自言自语的轻叹，又似乎有意无意地让我听到。我没有回答她，她也永远不会知道，我永远记得她和她的这句话。

这些过往这些话，他们不说，你永远不知；你不说，他们也永远不知。知或不知又有什么重要？重要的是事情在你心里，你一想起来，就能感受到沉甸甸的幸福——这是专属于教师的幸福。

郝　彧

如果在每个教育行为发生之前，教师都能理智地思考并做出选择，这样的教育影响有可能给学生带去长久的幸福。教师“有点意思，有点情趣，有人情味”，学生能看到一个热爱生活的人，他们的生命中便会有更多的美丽。

冬日来信

12 月里连续收到好几封学生来信。——你能想象吗，在这个网络铺天盖地、大家微博互粉的时代，竟收到学生通过邮局寄来的手写信件！

一路走一路读他们的信，有几次我感觉眼泪都要下来了。

细心的彬彬在信里念叨着她最留恋的片段：“那时我和阿雅手挽手，指间捏着你写的推荐书目，穿着同样的袜子，去书店挑书；那时我们几个死党一起期待着周记发下来，然后比谁获得你的评语最多，赢得的人欢呼雀跃，输的人脸上暗淡无光；那时候最期待的就是你讲评周记的时候，全班 47 个人都聚精会神地趴在下面听你念一段段稚嫩的文字，听你表扬同学写得好，听你念 YD 的作文，听你表扬我懂得体味生活之美……”

一个初中三年常常两眼迷离的男孩写道：“记得我初中时几乎都在睡觉吗？记得你一穿红衣服就脾气坏吗？记得何宗胜每次上课都叫得最开心吗？记得我这无敌丑的字体吗？记得以前我总是拿着镜子在那照啊照的吗？现在班上是否有跟我们相似的人呢？你会不会看着他们然后想起我们呢？起码我知道我们很想你，你将来收到信就明白啦！”

他们半嗔半怪地给予我一通表扬：“这里的语文老师不会一穿红色就

生气，不会写很清秀的字，不会认认真真批改周记，不会费尽心思写一大段批语，不会好好说普通话，不会很优雅地穿着黑色长裙，不会让语言触动我的心，不会用水笔写下为我们推荐的书目，不会表扬我很可爱……”

他们略带伤感地表达对未来的思考：“你说我懂得发现生活之美，但是面对节奏这样快的高中生活，我实在是无法停下脚步细细品味我所向往的生活之美。生活也许会慢慢磨平我的棱角，时间也许会让我变成一个平凡到不能再平凡的人，不，是肯定会。想想就伤感，我不希望就连我这小小的光芒也会被掐灭，我一定能坚持写日记。”

……

这，就是我教过的第一届初中毕业生。

他们会选择这样怀旧的方式来表达情感，大概是因为我跟他们讲过一部名叫《开始邮政》的英国电影。影片讲述了一个未来的故事，那时候网络发达，邮政荒废。面对那种境况，有个人决心重振邮政，唤起人们的复古情怀。

有人问他：都已经有了这么方便快捷的网络，为什么还需要邮政？

主人公回答道：你能用一个爱之吻封住网络吗？你能在网络上流下热泪吗？你能在信封中夹带一枝芬芳的玫瑰花吗？

这个故事是很早以前讲的，他们是不是真的受了这部电影的影响，我也只是瞎猜而已。但他们确实很喜欢听我在课堂上讲故事。故事里有哲理，有温情，有爱，有梦，也有诗意。

教他们的时候，他们一直对此乐此不疲。讲故事，成了温暖而美好的回忆。可能正是从这些细碎的片段中，他们发现我这个做老师的有点意思，有点情趣，有人情味。

学生的肯定和怀念让我心里暖暖的，也让我意识到教师是可以做些事情的。当然，“这些事情”不是那种“振臂一呼，应者云集”的英雄事迹，而是回归到现实但又不被现实所击溃的慢耕细作。

做教师的应该要有一点历史感和使命感，不能想着等别人把大环境整治好了我再来做些事情吧，也不能不切实际地抱着凭一己之力改变局面的念头。教师的教学无法脱离学生的实际。对于理想与现实之间的落差，理性的解决方式是归于日常，但又能从日常中发现不同寻常之美。歌德说过："诗人的本领，正在于他有足够的智慧，能从惯见的平凡事物中见出引人入胜的一个侧面。"这番话对我来说同样适用。不管教学中存在多少落差、多少障碍，这都是我生活中的一部分。我应该尽量用一双充满丰富想象力的眼睛观察世界，尽可能从司空见惯的日常事物中，重新发现诗意、发现美。

作为一个普通的老师，面对学生，我们可以从改变自己开始，改变自己的课堂，改变对学生的态度，改变对学生的期许。

两年前，一位去美国念博士的学生给我寄来一张明信片，上面写着狄金森的一首诗：

如果我能使一颗心免于哀伤，
我就不虚此生。
如果我能解除一个生命的痛苦，
平息一种酸辛，
帮助一只昏厥的知更鸟，
重新回到巢中，
我就不虚此生。

从教育的角度来解读，这首诗似乎在无意中道出了真谛：呵护心灵，为灵魂注入香味，这应该成为老师最本质的追求。朝这个方向努力，而非朝考试分数努力，可能会让我们获得更多的快乐；而如果在每一个教育行为发生之前，我们都能停下来想一想孩子们会怎么看待这段经历、怎么评价你这个老师，我们的选择可能会更加人性化。

李燕玲

学生是否愿意做班干部，他们怎样做班干部，学生怎样评价班干部，这些，在爱思考的教师眼中，全是值得观察和研究的问题。优秀的教师首先是学习者——包括向学生学习。

做个什么样的管理者

那天我被那个女孩子惊到了。她是班委，在混乱的课间想要宣布一件事情，周围的嘈杂完全掩盖住了身在讲台上的她的声音，于是，小小的她，突然抬脚猛力踹了一下电教柜，庞大的铁皮柜子发出“轰隆”一声响，所有人都停下来看着她，然后，她完成了她的任务。我非常震惊。我完全没有想到她会这样控制局面，当着班主任的面，做完以后还露出了得意的表情。

强压下心头的错愕，我准备说话，面向大家，拍拍手以示意，有几个学生看到就提醒周围的人，一分钟之内，大家都安静了下来。我说，很感谢大家能允许我占用一分钟休息时间，我想说两件事：一是希望大家体谅班委为这么多人工作的不容易，二是刚才那个女生那么踹柜子是错误的。班里一片寂静，随后铃响，上课。

下一周，看到了一篇随笔，是另一个女生写的，提到了这件事情给她带来的震惊。但她感到惊讶的不是班委踹柜子，而是我批评了班委。她说没有想到班主任会批评班干部，在她的印象中，班委是可以“为所欲为”的，只要学习好，能够完成老师交给的任务就可以了。但这次听到我的批评，震动之后仔细想想，班委也是学生，只是承担一些工作，为大家服务，锻炼自己的组织能力，那么做什么、怎么做都还是要符合一个“人”所应该遵循的原则的。

看到这个女生写这件事情，并看到她有这样的思考，我很高兴。我一直对她有些担心。这是一个习惯意义上的“优等生”。她的学习成绩很不错，态度尤其端正，对待老师同学温和有礼，为人处事严谨细致。但我很早就开始为她担心，进入高中第一个月，她竞选学习委员，结果惨败。原因是她的竞选演说令人惊讶，她说竞选原因是当学习委员可以加强与老师的联系，促进自己好好学习，同时一板一眼地强调为了提高大家的学习成绩，作为学习委员要把大家的每一次大小测验都全班排名，并公之于众！台下一片哗然。这次失败对她打击很大，她沉默了很长时间。和她沟通，她觉得很郁闷，她说她都是为了大家好，为什么不能获得大家的理解呢？她说之前她就是这么做小学、初中老师的“左膀右臂”的，那时老师告诉她，作为学生干部就是要和老师一条心，来监督、管理同学，所以她很习惯在老师不在的时候做班里同学的监督者，同学有不当行为她会每天向老师汇报。当然，她从来没有参加过无记名投票的班委选举，他们的班委都是老师任命的，而她很受老师的器重。我很同情这个从小被训练得没有了自我的“小干部”，但我也看到她的认真、单纯、善良，所以我跟她说那就等等看，先作为一个普通同学在这个学校、这个班级生活看看。

后来的时间，这个学生反思了在以前成长过程中所接受的不当引导，并努力在一个开放、多元的新环境中重建自己的价值观，她说她将来想当教师，因为她发现健康的价值引导对学生的成长非常重要。

从初中教到高中，经过中考，有一个男生始终在我的班上，同学们都亲切地称他“老高”。尽管班里的同学一直有调整，但每次班委民主选举，他都会高票当选班长。这样一个我教了六年的学生，这样一个与我配合了六年的班长，其实与我并没有多么亲近。他很少跑办公室，有事我可以和他商量，交给他办的事一定都会办得很稳妥。但他从不会跑来跟我“反映班里的问题”，有时我想了解一些同学的情况，向他打听，看他露出为难的神色，我也就不勉强了。六年间，我的班长从来没有扮演过“告密者”的角色，我也不要他当我的“左膀右臂”——我是老师的代表，他是学生的代表，我们一起工作，协调促进班级发展而已。虽然站在了“两个阵营”，但我很喜欢他，我相信他，他信赖我。印象很深的是两次谈话：一次是在初中，在放学后教学楼前的小空地，一道铁闸门前，我遇到他，问他怎么还没走，他告诉我在等另一个同学，那是一个班里成绩倒数、习惯也不太好的孩子。一个成绩名列前茅、人缘很好的班长，怎么会和没有什么人愿意与之交往的人走得那么近呢？他说他觉得那个同学很可怜，并告诉了我那个同学家里的一些事情。“老师，你应该帮帮他。”他很诚恳地对我说。还有一次是在高中，学校在假期安排了活动，要找人参加，每班分配了几个名额，很多人都不愿来，我问一个男生他是否可以参加，他犹豫了一下说可以，后来我把名单报给“老高”，他跟我说：“老师，你不应该找某某，他家住得太远，来一趟不容易。”“那他为什么答应了呢？”“他那是不好意思拒绝你呀，下次你就别问他了。”我听了眼泪差点儿掉了下来。

汤　莉

有些学生令我们终生难忘，他们的出现，让我们相信理想有可能成为现实。因为有这样的学生，教育才会是美丽的；能长久地记住这样的学生，就能始终保持工作的激情，成为教育的守望者。

希望所有人都幸福

“老师，我叫罗海阳，班级钥匙交给我管理吧。我保证每天第一个到班，最后一个离开。”新高一刚开学，罗海阳就主动来到我的办公室。

“我想知道你为什么愿意做这件事。”我说。

“这是一件最小的大实事。”他真诚地说。

我吃惊地望着这个一脸阳光的男生，内心有说不出的激动。

因为这句话，此后三年，罗海阳一直负责开门、锁门工作。他曾在随笔中有过这样的叙述：“不用闹钟我也会在舍友起床之前十分钟自然醒来，不用瞄准我也能将钥匙准确插进锁孔，‘啪嗒’一声打开前门，从黑板向前走十六步，打开后门，再向里七步半，打开盥洗间的门，然后打开所有窗户，让清晨的气息灌满整个教室，在晨曦中迎接同学们的到来……”

作为教师，我熟悉教室的每一个角落，但是与罗海阳的精确到“半步”相比，又有着怎样的差距？

一个周末的上午，教室里传来了阵阵敲击的声音，罗海阳正在给一把椅子钉钉子。他脚踩着椅子，手扶着铁钉，用力地敲打着，动作虽然有些笨拙，却很认真，连我进了教室也没有察觉到。我问他为什么没有回家，他顿了顿说："班上有不少桌椅松动摇晃，上课会'嘎吱嘎吱'地响。报修单我填了好多次，可总是没人来修，不如自己干了。"

罗海阳心细，但从不让人厌烦。学校为了教室整洁，规定不准将早餐带进教室。很多班主任将学生挡在门外吃早饭，我于心不忍却也无可奈何。一天早晨，不少同学挤在教室盥洗室门口，我走进去一看：一张报废的课桌靠着墙壁，桌上摆着一盆绿萝，旁边放着一把整修过的椅子，门上有"流水居"三个大字。看着罗海阳充满人性的"作品"，我不由得想起一些老师的冷漠和自己的愚钝。"教育要以生为本"的口号喊了很多年，我们没有做到，学生罗海阳却做到了！

然而，罗海阳也有一个不好的习惯：上午最后一节课，他总是心神不宁，铃声一响便第一个冲出教室。为此，我多次批评过他。

一天，到食堂吃午饭，我看见罗海阳正在小心地舀着"免费汤"。他没有注意到我，又端着汤走向食堂师傅："阿姨，能给我一点盐和醋吗？"罗海阳如此贫困，我竟然不知情！然而，他的神情平静而从容。他的汤碗里并没有几点绿色，我憋不住，问他："为什么不多打一些菜叶？"他不好意思地说："总共就没几根，如果我全捞了，其他有需要的人怎么办？再说，我已经抢先了，这就更不好意思了。"他已经贫困到喝免费汤的程度，还惦记着别人。我一时语塞，不知道说什么才好，将脸转向了窗外。

我一向不打听学生的过去和家庭情况，怕影响自己对学生的判断。但这一次，我忍不住去看了他的学籍表。这才发现直系亲属"父母"两栏，竟都写着"亡故"二字，原来他是孤儿！罗海阳的初中班主任告诉我，海阳的父母在建筑工地做小工，两年前夫妻二人被从高空坠落的楼板砸死。海阳虽然得到了一笔赔偿金，但都被他的监护人——姑父扣在手里。小小年纪便经受了那么多的苦难，他却是这样的善良！

此后，我有意无意地和他在食堂"碰到"，与他一起分享教工食堂的水果和我带的荤菜。高中三年，班上同学流进流出，但是大家常会悄悄地帮他一下，让他免于困窘。

罗海阳的学习成绩一向很好，同学向他请教问题，他总是放下手上的事帮助别人。高考前，班上一个学习有困难的同学患病毒性感冒，罗海阳几次帮她温习功课，结果被传染了。高考期间，他每天挂完水再考试，成绩自然不是很理想。来学校取分数条时，我问他："你后悔吗？"他看着我的眼睛，说："父母离我而去，姑父待我不好，是我的不幸；老师关爱我，同学关心我，又是我的幸运。我从不会后悔帮助别人，也真心希望所有人都幸福……"这些听上去有点冠冕堂皇的话，从他的嘴里说出来，却是一种不容置疑的真诚和庄重。几年前，罗海阳结婚了，新娘是那位高考前得到他帮助的女生。

罗海阳，这种有情、有义、有爱，自信、自强、自尊的学生，怎能不让人惦念？

张小兵

课堂有纪律，但课堂更应当是自由思想的天地，因为学生在这里接触未知世界；课堂甚至是可以犯错误的地方。教师在教室设置“特殊位置”，看似在帮助学生纠正不良习惯，但实则是缺乏智慧的“管制”。有朝一日，学生虽“服帖”了，但也必然走向平庸。

坐在讲台边的学生

因为职称评定的需要，我被安排到本市 A 校借班上一节课。A 校教务处特别说明，教室里电脑、投影设备齐全，只要用优盘拷贝好课件就行，非常方便。第二天我到了 A 校教室，看看电教设备，和本校的几乎一样，于是熟练地接通电源，打开电脑，拷贝课件。教室里的同学们，纷纷带着点好奇的目光看着我。

这时候，边上一位同学问：“老师，你今天需要用投影仪吗？”这一定是负责电教的同学了，工作细心。我说：“要的，请帮我打开。”他挪开讲台侧边的一张桌子，拉出抽屉，预备打开实物投影仪。

我为这节课做了课件，在电脑里播放即可，用不着实物投影，我说：“只要电脑上的课件就够了。”接着顺手打开了投影仪开关。

“电教委员”如释重负，他把实物投影仪放回讲台，把刚才的那张桌子复原，半是自言自语，半是向我解释地说道：“那好，我可以坐在讲台边上了。”教室里传来了几声窃笑。我这才明白过来，原来他不是电教委员，他是一位被老师安排了专门坐在讲台边上的同学！

凭经验，我估计这位同学平时也许“活泼”到了调皮的程度，班主任为便于管理和监督，让他坐在讲台边，坐姿朝向和普通同学成九十度直角，只能对着讲台上老师的侧面。他刚才问我用不用实物投影，其实是想确认自己的位置会不会被占用。不容我再细想，上课的时间到了。

这节课，我讲的课文是《西地平线上》，文字易懂，但内在的写作思路和角度则较难把握。

因为职称评定课的特殊性质，也为“公平”，我不能到班布置预习作业，只能在课堂安排自读并由浅入深地提问。此外，就要看这个班的同学们的学习状态了。讲台边的这位同学，继课前小插曲给我留下初步印象之后，继续在课堂上展示了让我意想不到的才思！

对过程中的小问题，他会在底下小声插嘴，观点总能和我预想的思路合拍，我就让他把观点再放大一遍。第一次请他回答时，底下有轻笑声，也许是因为这么一位特殊人物，在这么一次特殊的课堂（后面有评委听课），被“外来”的老师关注，是一件有趣的事。我看他是那么专注，索性让他起来回答一个更重要的问题：文中第三次写落日是从什么角度出发的？——这是一个需要对文本信息进行抽象和概括的问题，也是本文写作刻画最深入的一个层次。坐在讲台边的同学思忖片刻，给出了回答：

“从历史的角度，从人的角度。”

言简意赅，立刻让同学们对课文的理解有了整体感和立体感。我表扬了他的回答，并且顺理成章地总结了文章的写作思路。这时，底下的同学不再笑了。他们都意识到，身边这名位置特殊的同学，在这节课中有着非常精彩的表现。我看到，有些同学的眼中多了一些东西。

课上完了。我其实记得这位同学的名字，然而，我只把他写作“坐在讲台边的学生”。因为我意识到，在我们的学校里，在我们的教育过程中，还有很多这样的学生。这类学生的特点——活泼好动，甚至调皮，毫无疑问，这是他们在教室里拥有“特殊座位”的直接原因。这类学生往往不能在课堂上保持四十五分钟的静默和中规中矩（多说一句，大概也只有中国的课堂比较在意这种“静默”和“规矩”吧)，然而，活泼和调皮的背后，是聪慧，是好奇心，是带有生命力的探究精神。只要教师给他们机会，他们往往能对课堂上的问题做出令人满意的回答。

于稠人广座之中，身处讲台一隅，一举一动皆受到同班同学的注目，老师的训诫和批评更是家常便饭，在这样的压力下，还要完成常规的学习任务，由此可以推断，坐在讲台边的学生，一定有着过硬的心理素质。

讲台边的学生，虽然暂时位置尴尬，然而其前途确实未可限量。只是，我们的教育在升级硬件之余，是不是也应该从“软件”层面着手，让这样的同学，能在教室里觅得自由的“空间”呢？

王舒成

在一个情况特殊的群体中，有时，学生倦怠或消极往往是因为生活的枯燥无味，如果能创设新的学习情境，给学生一些惊喜或惊奇体验，往往能收到特殊的教育效果。

不按常理出牌

又要去接一个厌学情绪蔓延的班了。学生的厌学似乎源于与数学老师的敌对，一个重要学科的学习，往往会影响全局。

我没有跟原班主任做详细沟通，他的观点和看法有可能影响我的判断。我从教导处借来了班级学籍登记册，利用开学前的一段时间，反复琢磨每个学生的学习状态。我甚至面对一张张登记照，认真观察他们的相貌，揣测每个学生的性格特点——虽说人不可貌相，但从一个小学生的毕业照，尤其是那双依然单纯但是在注视世界的眼睛，有时还是能大致推测出其心灵世界的。

开学第一天，到了教室，几乎每个学生我都能“人”“名”相配，不看名册就可直呼其名了。看着学生有些讶异的表情，我只是淡淡地微笑。同学们坐在座位上，都有意无意地坐直了些，他们不明白我怎么会认识所有人。不过这只是惊讶的开始，更大的惊讶还在后头呢。

待发放完新书、整理好教室后，我宣布了新的班委名单。宣布结束，我发现大家的表情异常丰富：皱眉的、噘嘴的，有的甚至面露不屑。大家的反应基本在我意料之中，因为我任命的班长宋良，成绩居于班级中下游。虽然学生们的反应各异，但是传递出来的共同信息就是：这位新班主任是否糊涂啦？怎么会选成绩一般的宋良当班长呢？我们班会有希望吗？面对同学们的疑虑，我依旧只是微笑。我有我的考虑：既然前两任班委没能做好班级工作，为什么不换个思路？谁规定当班长的必须学习成绩好？

正当为自己设计的充满惊讶的开学第一课而窃喜时，一件真正让我吃惊的事情发生了。就在我宣布放学时，一个同学大叫："老师，老鼠！"大白天的哪里来的老鼠？我走向那名同学——这名同学应当叫罗青，他的课桌里果然有一只毛茸茸浅土色的活的荷兰鼠！全班同学的目光都射向我，而且每个眼神都有一种"看戏式"的期待、揶揄……

我微笑着说："罗青同学，感谢你以这种特殊的形式给老师上了一堂生命教育课。对于任何一个生命体来说，生命都只有一次！所以我们每个人都要珍爱生命，善待生命！放学了，希望你和你的荷兰鼠午餐快乐！""哈哈哈……"全班发出一阵哄笑。

第一周，在一天放学时，我和宋良作了较长时间的沟通，了解全班同学与老师的关系，特别是与数学老师的沟通情况。我发现自己的估计是正确的：他虽然成绩一般，但观察评价教学的能力的确比一般同学强。比如，他指出，数学课上老师的课堂引导能力欠佳，与学生的交流不够。我肯定了他的见解，也严肃地告诫他，在没有资格挑选老师，也没有能力改变老师的前提下，加强沟通，适应老师的教学是唯一的选择，否则，损失的不仅仅是分数，更是自己的学习过程。同学们还没有真正了解你，但是老师绝对相信你会成为一名让同学们心服的好班长！

宋良的班长工作令全班刮目相看。他在一次随笔中写道："温老师，感谢你对我的信任与指点，感谢你从不强迫我们做什么。我忘不了你的微笑。"

宋良上大学后，热心公益事业，还曾作为青年志愿者代表在电视新闻中发表讲话呢。

我在体会职业幸福感的同时，也再一次激起对职业使命的思考：在教育渐趋于功利的今天，我们该怎样坚守自己的职业信仰，培育人的心灵呢？对那些虽然学习成绩一般却充满活力的少年，我们又应当具有什么样的教育智慧与教育气度？

温建娘

那些在学校鼓吹引入"竞争机制"的人,可能不会想到"竞争"会导致什么样的后果,也不会想到"排名次"对学生会造成什么样的伤害。试图用这样的竞争来"淘汰劣者",最终被淘汰的势必是错误的教育。

被淘汰的是"淘汰制"

1993 年,学校要我担任高二年级长兼"重点班"的语文课。我心气很高,特别希望让这一届的升学率能上个台阶,故而一开学,就烧了一把火:重点班学生实行"末位淘汰制"。

学校高考成绩不理想,我总觉得是因为重点班学习氛围不够紧张,竞争意识不够激烈。如果年级里引进竞争机制,会令学生形成紧迫感和危机感,激发上进心,调动他们的竞争意识。

我向重点班宣布自己的这一重大决定:期中考试时,总成绩位于班级最后一名的同学将被淘汰,转到普通班学习;总成绩位于年级普通班第一名的同学,将转到重点班学习。新政令一出台,重点班成绩靠后的同学就人心惶惶,议论纷纷。"竞争"就这样开始了。

很快就到了期中考试。为了"新政"实施的公开、公正,我专门召开了监考会,要求任课老师一定要特别监督重点班,绝不能有作弊的。语文考试由我来监考,发下卷子之后,学生埋头做题,气氛比较紧张。考试快结束时,一些成绩排名靠后的同学开始不安分了,我精力高度集中,目光如锥,死死盯着,终于耗到铃声响起。考了三天,监考老师纷纷反映:

在你们班监考真不容易啊!

班级总成绩出来了,李妹名落孙山。李妹是个瘦高个女孩,平时话语不多,学习很努力,但成绩比较一般。我心里也有些失落,本来以为几个学习稀拉且调皮的男生会落马的,没想到是这个女孩中枪了。

在办公室,我琢磨着怎样劝解安慰李妹同学,既要让她去普通班,还不要有太重的心理负担。李妹进来了,脸色很平静。

我尽量轻松地说:“李妹,这回要委屈你了,因为年级第一次试行末位淘汰制,不能言而无信,所以……”我顿了顿,看看她的反应,她的脸色依然比较平静,“你明天去××班好不好?我和班主任老师说好了。”

李妹有点激动了,她说:“老师,我不愿去。”

我斩钉截铁地说:“不可能!”说实话,作为老师,很难接受学生对自己说“不”,觉得有失尊严。

“老师,既然我考了最后一名,淘汰我是应该的;但是,老师,您是知道的,论真实成绩,我肯定不是班里最后一名。”她努力抑制着感情,声音有点哽咽,“您不是一直强调考试不要作弊吗?我只是按您的要求坚持不作弊罢了。”

此时,我的心“轰”地一震,五味杂陈。“李妹,你这样做是对的,你只要这样坚持要求自己,在什么班级都是学习,最终你肯定会考上大学的。”

李妹就这样去了普通班。我有种深深的自责。我们常说“吃亏是福”或“老实人常在”,现实却是老老实实考试的被淘汰了,作弊的反而心安理得。我明知有些同学肯定作弊了,但没有抓住“现行”,徒唤奈何。

我突然醒悟:一个班的学生,成绩永远会有前有后,有的学生成绩后进,就是错误的吗?“末位淘汰制”无非是逼使学生竞争,这种方法在向学生传递什么观念呢?当一种评价体制只剩下一个刚性标准的时候,对学生的心灵是多么大的伤害!相比而言,学生的健康快乐应当比成绩更重要啊!

我决定期末考试的时候，重点班不淘汰，普通班的第一名可以晋升。

期末考试后，李妹考了普通班级总成绩第一名。我很高兴她又能回到重点班学习了。

在办公室里，我拿着成绩单，很高兴地让李妹看，并表扬她的努力，而且欢迎她回到原来的重点班。

但李妹神情平静，她好像已经知道了自己的成绩。“老师，我不回重点班，我想就留在现在的班里学习。”

我很惊讶，上重点班是所有学生和家长都向往的，很多家长甚至走后门要挤进重点班。李妹却拒绝了。

“为什么？”我问，“是不是上次淘汰后有点儿赌气，你再想想……”

“我想好了，老师。”李妹不卑不亢地离开了办公室。

办公室有老师说，那怎么办呢？也不能都由了她吧。

我想想说：“还是尊重李妹的选择吧！”

我的“末位淘汰制”就是这样流产的。

高考成绩揭晓：李妹考上了师范大学中文系。

这件事会给李妹留下什么样的印记，我未必知晓，但它一直是我心头的一片阴影，让我有了一次静下心来反思的机会。“教育是一个生命对另一个生命的影响”，把“竞争”引入学校、引入课堂会有什么样的后果？教训实在太多了。

不久前，有位以前的毕业生问：“老师，学校现在还按成绩排座位吗？”这话给了我强烈的震动！我们很多教师，过于在意学生的考试成绩，这样的“教育”最可怕的就是不把学生当人，在没有快乐与合作的教育中，教师不可能得到尊重，很可能还会输掉人格。

郗晓波

教师对学生作出的评判可能只是一时的，可是学生对教育对教师的记忆却是永久的。如果把学生的性格问题误以为品格问题，势必会对学生心灵造成伤害。教师不要轻易对学生作道德评判，学校对学生的评价标准与方式应当以人为本。

多年前的那个“中”

一批毕业二十多年的学生聚会，邀我参加。当年还是孩子，现在都是中年人了，大家聚在一起，谈起当年班里的趣事，讲毕业后的经历，欢声笑语不断。

一位男生笑着问我：“徐老师，还认识我吗？”我看着他，四十出头的年纪，脸上已有一些岁月的刻痕，不过脸型没变，能认出是当年的那个小调皮。小时候的他很聪明，脑子反应快，上课爱插嘴，老师刚刚发问，他就会抢着回答。有的老师很喜欢他的聪慧，也有老师讨厌他的插嘴。他的毛病是没耐性，听课半小时就会开小差，常被老师批评。当两张脸重叠在一起的时候，我不禁心生感慨，岁月不饶人呢！我笑说：“当然认识，你可是班里的开心果。”他也不改当年的性情，调侃说笑很是兴奋。

他在医药行业工作，于是大家向他打听买药吃药的各种事情。谈着谈着，说到了企业改制。他说单位也改制了，个人档案竟然放在自己抽屉里呢。说到这里，他甚至有些得意：“翻翻小时候的成绩和老师的评语，蛮有意思的。”他对班主任说：“老师，您当年可是给了我一个‘中’啊，您还记得吗？”当年的班主任努力回想，似乎没印象了。“是啊，品德等第

'中'。"说着说着,他脸上的笑容慢慢地僵住了,眼中闪出亮光,突然,他哭出了声,想要掩饰却止不住,头趴在桌上,哭声越来越大。

顿时全场震惊:怎么了?在嘀嘀咕咕开小会的人不知发生了什么,不停地问:"怎么回事?怎么回事?"大家都慌了神,纷纷围上去劝慰他。几个男同学拉着他,"哭什么,大男人呐!""都过去那么多年了,不想了!""这点小事,哭个啥!"同学们七嘴八舌。他带着哭腔说:"那可不是小事啊,你想想,'品德中等',有几个啊?等于'品德差'啊!你们知道看到那个红红的印章时,我受到多大刺激吗?"说着又伤心起来。

当年的班主任无比尴尬,结结巴巴地说不出话来,对我低声嘀咕:"我当年给过他'中'?我怎么想不起来呢?"是啊,她已经想不起来了,对她来讲,这也许是很平常的、不会记在心里的一件小事,可对于一个学生却有如此的影响,二十多年后仍然难以走出阴影!

我当时大受震动,聚会回家直到多年以后的今天,那情景还不时会显现在眼前:二十多年前的一个品德等第,让一位四十出头的壮年男子止不住地伤心痛哭……

那个场面让我难忘,也引我深思。教师的一次批评、一点赞美,对学生是多么的重要,影响是多么的深远!我曾听到过诸如老师的讽刺让学生难过一辈子的事,也亲见遇到多年不见的老师,学生就不愿叫一声"老师"的情景,那都让我感慨不已。"老师"这个称呼,许多当教师的未必觉得有多神圣,但"老师"在学生眼里心中是神圣的,他们非常重视老师对自己的态度和看法,这就需要我们有足够的智慧和博大的胸怀。

又过了好几年,我现在想的是,我们评价学生品德究竟有没有合理的依据?教师能不能仅仅因为学生的一些表现就轻易地给他们的品德打等第、贴标签?

徐思源

懂教育的教师，是不会用“差生”这个词的。如果学校用这个词评价学生，证明学校尚未成为真正意义上的学校；如果教师用这个词，则说明他的教育观念和业务能力尚未合格。

凭什么称“差生”

有一回，参加学生毕业十周年聚会，十年相见，话题不外回忆往事、介绍现在、打听缺席同学的现状。有人提到一位没有到会的 W 同学，知道情况的说，他在读博士，是我们班唯一的博士。另一女生闻言，很诧异：“啊？他原来在我们班可是个差生，读博士啦？”——“差生”这个词从同班同学嘴里说出，令我大感意外。因为除了转述别人的话，我没用过这个词，平时如果有教师用这个词评价学生，我是一定会质疑的。

这位女生所说的“差生”，其实是指“借读生”。“借读”，在当今教育界也不是什么秘密。学生的名条，按拼音为序，先男，后女；女生之后，接下去的是“借读生”，也是先男后女。很多学校的学生名条都是这样，几成惯例。借读生分数低于本校录取线，也许正因为此，借读生在个别学生和教师那里就成了“差生”的代名词。其实当年的借读，学校对中考分数是有要求的，大约是不能低于本校录取线十五分，把十五分平均分到五门课上，各科也就相差三分——答卷时一不小心错了一道选择题就是三分，一门学科相差三分，是可以忽略不计的。他们如果不择校，按成绩正式录取在同城其他任何学校，都是“尖子”，都会成为一些学校和教师的重点培养对象。有不少高中时被认为“差生”的学生，升入大学后，在班里都是优秀学生。假期中他们回母校看老师时，像换了个人似的，脸上阳光了，性格开朗了，说话自信了。我记得这个学生W，在班上不怎么说话，不知是性格内向，还是因为那个“借读”而自卑。

我的班上还有个借读生Z，学习非常努力，第一学期期中考试就达到了班级均分，母亲来开家长会，对儿子的成绩仍不满意。我劝慰她：Z学习很努力，成绩在班上中等偏上，在借读生中是最好的。我本意是表扬她儿子，劝她不能太急，谁知家长立即说：“老师，不能总用借读生的标准来要求我的孩子。”语气显然有不满。这事对我触动很大，这是不是反映了我潜意识中对借读生的偏见呢？此后，我时时提醒自己，对学生不能有任何偏见，说话要小心，常想着别人的感受，以免无意间伤害学生。其实每个老师只要回忆一下，就会发现，你认为“事业有成”的学生中，一定有当年的所谓“差生”。

所谓“差生”，只是用考试成绩作衡量标准，然而这个标准很不科学。

多年前有同事写过文章谈慢智思维。有这种思维特征的学生，思维速度比较慢，所以遇到题量大、时间紧的考试，他们的成绩总是不太理想，便被误认为“差生”。其实如果时间充裕，他们也能考出好成绩，而某些科目的考试，他们的成绩也能很突出。这样的学生，从事研究工作往往能出成果。还有的学生，成熟比较晚（就是通常所说的“开窍晚”），在他们没有全心投入学习、潜力尚未充分发挥时，往往考试成绩不理想，也会被视为“差生”。一旦他们全心投入学习，便令人刮目相看。所以，我们常看到有的学生在初二或高二阶段，成绩出现大幅度提高。

成绩标准是片面的，不能全面地反映一个学生。如果你拿芭蕾舞演员的标准去评价举重运动员，那你就看到一个“差生”；你拿相扑运动员的标准去衡量艺术体操运动员，那你又发现一个“差生”。比如黄永玉，作为画家，油画、版画、漫画、简笔画，他什么画都能画；作为作家，他散文、杂文、诗歌各种文体都能写；作为书法家，他行、草、楷、篆各体皆精；

他懂音乐，会作曲，发表过作品；他会武术，爱打猎。这样一个“才气纵横、能文能武、尽得风流”“兴趣爱好也不一般”的黄永玉，用学校的考试标准去衡量，则一无是处，而当年他的的确确是个“差生”——他成绩不好，老留级，“初中三年总共六学期，我留了五次级”。他偏科，“数、理、化、英文，费那么多脑子去记，而我长大了肯定用不上”。他旷课，不务正业：“一开学，我就把领来的新书卖了，换钱买袜子、肥皂。一头钻进图书馆去，懂的也看，不懂的也看。”“差生”的劣迹他应有尽有，可是，后来呢？

看待学生要用全面的观点、发展的观点，真正的教师，其词典里不应有“差生”，我们可以说某生某方面学习有困难，但不要动辄给学生扣上一个“差生”的帽子。所谓的“差生”，只是发展不全面，或发展不均衡，而这些“差生”中的相当一部分有某一方面的兴趣、特长甚至天赋。对所谓“差生”，教师要宽容，要善于发现、由衷赏识他们的长处，不可因为他们有这样那样的不足就无视他们的优点。教师要为其个性发展创造条件，使他们能成为某一方面的人才。

事实上，一个人也只可能在感兴趣的领域取得重大成就，因为受兴趣、精力、天赋的限制。试想，如果命袁隆平水稻和导弹“杂交”，令钱学森导弹和水稻齐飞，逼钱锺书文学与数学联姻，迫陈景润数学与文学并举，那结果会怎么样？更何况基础教育的目标首先是立人，其次才是所谓成才。

谢嗣极

对我们这些成年人而言，童年，是再也回不去了。可是，我们仍然应和儿童坐在一起，和他们一同观察思考。只要教师愿意和他们坐在一起，就有可能会发现教学的盲区，可能会惊叹儿童的智慧，同时有可能帮助我们克服职业倦怠。这不是一件很难做到的事，试试看吧。

坐到学生中去吧

听课时，坐在小学生中，你会有很多新的发现。

坐坐学生的椅子

你会发现整节课笔直端坐是不合情理的。原因很简单，会累。既然椅子有靠背，不妨让孩子去靠靠，身体放松，思维才会更加活跃。想到自己读小学一年级时，班上有个男同学被视为全班的榜样，理由就是他坐得很端正。我好羡慕他，于是强迫自己端坐，可是我真的没法做到像他那样一动不动。特别要强的我每堂课都模仿他的坐姿，因为他坐在最后一排，向榜样致敬的唯一结果就是第一排的我养成了回头的习惯。有一次听梅子涵老师的课，他走到学生座位边上，让学生起身，自己坐到学生的座位上，变换了几种不同的坐姿后，跟学生说：别抱着胳膊坐得那么端正，怎么舒服就怎么坐。结果孩子们僵直的脊背放松了，自然了，放松下来的坐姿各不相同，却也个个顺眼。“舒服”这个词，真好，光让老师看着舒服还不行，学生得坐着舒服。学生和老师的身心都舒服了，课就舒服了。

坐到小组里参加讨论

小组讨论的场景，在当下的语文课堂上已经成为常见的风景。到了小组讨论时，有些听课老师会下位遛遛，到这组听听，到那组听听。可是，我更愿意选择和一组学生坐在一起，全程参与他们的小组活动。

有次听课，上《秦兵马俑》。小组合作的任务是："谈谈秦兵马俑的几种类型和你喜欢哪一种，先读一读，再说说为什么。"

明显是训练有素的班级，组长组织大家轮流发言。最后轮到一个男孩子，他懒洋洋地说："我最喜欢……"（挠头）"呃……就弓弩手吧！"他潦草地读起来："弓弩手个个张弓搭箭……"读完照例要说自己喜欢的理由，他又挠了挠头，脸上浮现出诡异的笑容，沉默不语，却分明有很多潜台词的样子。看着我这个新组员好奇的模样，其他组员忍不住揭秘："他肯定是因为这一段最短！你不知道，他最'懒'了！"他略带窘态呵呵笑了起来。我也不禁笑了。亲爱的老师啊，不坐在学生当中，你是永远猜不到学生会有如是"爱的理由"的。坐在学生中，我常常怀疑，我们对学生究竟了解多少？就这个话题而言，我反对问学生喜欢哪一种兵马俑——他就是不喜欢，一种也不喜欢，难道不可以吗？

一节三年级语文课，也是小组合作，讨论的问题是："为什么说五月是槐乡孩子的季节？"可怜一篇好好的抒情散文，被这个问题"谋杀"了。难怪有人感叹，语文课常常把一头活蹦乱跳的小猪变成了由"猪头""猪蹄""猪身子""猪尾巴"几个要点凑起来的死猪。可怜充满感性灵气的三年级小朋友，为了解决老师交给的问题，开始忙着在字里行间寻找答案。"某某，你负责在第三段找！""某某，你负责第五段！""某某，你怎么找到别人那段话里去了！"组长很权威地指挥着，孩子们埋首苦干着，仿佛面前摊开的是一片待收割的文字麦场。没有一个人偷懒，没有一个人懈怠，更没有一个声音反问："为什么要问这个问题啊？天天这样在课文里找答案好无趣啊！"

坐在他们中间，你能清楚看到他们的眼睛，很遗憾，现在你发现那里没有喜悦闪烁。他们不是在阅读，而是在做题。做一道很严肃同时很乏味的问答题。在语文课上，孩子不该有这样的表情。可是，你不坐在他们中间，你就不能看到他们的眼神。

坐在“请你坐下去”的地方

这节课，上《珍珠鸟》，课文主题是“信赖能创造出美好的境界”。课堂上，老师请学生给文中插图（小鸟停在作者的肩头睡着了）取个名字。“鸟与人”“美好的境界”“信赖”……课堂上的交流气氛不可谓不热烈，我身边的小男孩也跃跃欲试。终于有机会发言了，他站起来大声说：“我觉得地球上的生灵之间优胜劣汰、互相残杀……”情绪有些小激动的他顿了一顿，喘了口气。也许觉得“优胜劣汰”这样的回答离自己的期待太远，或者考虑到下课铃就快打响，总之此时此刻老师不愿作丝毫停留，还没等他说下去，老师就皱起眉毛直截了当地打断道：“请你坐下去，我们听听别人取的是什么名字。”孩子只好迟疑地、闷闷地坐了下去。

眼瞅着身边这个饱鼓鼓的小皮球一点点瘪下去，我心里很是不忍，同时又十分好奇他刚才尚未问世就夭折腹中的个人见解，我悄悄凑近他耳朵问：“把你取的名字给我看看。”只见在他书上插图边写着“世间生灵的友谊”，题目取得很不错嘛！这让我更加好奇，他刚刚到底想要说什么？

不一会儿，下了课，“你刚才想说什么？能说给我听听吗？”我饶有兴致地问这孩子。在我恳切的鼓励眼神里，小男孩眨着大眼睛，认真地回忆说，“我是想说地球上的生物圈本来是很残酷的，总是互相厮杀，人和动物很难建立友谊。而在课文中，作者与小珍珠鸟互相信任，产生了友谊的奇迹。所以我想给这幅画取个标题叫《世间生灵的友谊》。”噢，原来如此！可惜，一句草率的“请你坐下去”掐灭了孩子灵动独特的思维与抒发内心的欲望。

和学生坐在一起，才会发现老师的位置确实“高高在上”——他可以指定你发言或者让你沉默，他可以选择侧耳倾听或者掉转身去。很多时候，正因为自己站得“高”，一不小心就离学生“远”了，这就造成我们总是“看不清楚”也“听不真切”，错过与小学生真实敞亮对话的良机。这时，那些被委婉或生硬地要求“坐下去”的小学生，身形无端地矮塌了，嘴巴委屈地闭上了，一个个神秘却丰富的内心宝藏之门也訇然闭合。

到学生身边坐一坐吧，对一个总是站在讲台上的老师来讲，很有好处，你会发现，会有那么多的“原来如此”……

黄雅芸

职业的幸福感，有时也许会来得比较慢，但只要用心去体会，看到人的成长，看到人逐渐地站立起来，也就看到自己的时日没有虚度。

就这样，幸福着

26 年前师范毕业，我从农村走进了大城市，到南京一所小学教书。领导特地为我在学校找了一间小平房，解决了我的住宿问题。工作之余，我的时间单调得可怜。早起出去买早点，晚上学校食堂不开伙，吃点中午的剩饭菜，然后我便在办公室读书备课。夜深人静，校园里只有我一人，难免寂寞惆怅。深秋的一夜，我正在办公室看书，李校长忽然推门而入，手里拎着大包小包来看我，我感动得不行，总想着好好工作，不辜负校长对我的期许。后来逢到节假日，很多老师便拉我到家里就餐。有时一早走进办公室，便看到自己桌子上放着些水果。人心都是肉长的，我孤独、烦躁、失落的心渐渐安静下来，于是给自己定下目标，发奋读书，钻研教学。回想起那段日子，虽然清苦，但却充实而温暖，很难忘。

日子就这样一天天过去，昔日的同学有的当上局长，有的成了公司老板，我则成为学校的教学骨干，不变的是自己仍然是一个普通的老师，但过去的彷徨、自卑渐渐成了坦然和快乐。美丽的校园，难忘的课堂，给了我太多的感动。

记得有一次读到学生的日记，文章中抱怨妈妈由于忘记给电瓶车充电，结果骑车送他上学途中车没电了，害得他上学迟到。日记读完，我正好收到孩子妈妈发来的短信："徐老师，由于昨天忘了给电瓶车充电，骑到半路没电了，孩子担心迟到被批评，责任在我，请徐老师原谅。"感慨之余，我把这事写在备忘录上。放学后把这个孩子叫到了办公室，"你妈妈对你真好，电瓶车没电了（那时的电瓶车还带有脚踏），骑起来多费力啊，可是她担心你迟到，还是拼命蹬着车，把你送到学校。还特地给我发了一条短信，请我原谅你。"说着我把短信给他看。孩子读完了短信，低下头，一言不发。"你想过埋怨妈妈时，妈妈心里的滋味吗？你知道电瓶车没电了，还要带着一个人骑是怎样的滋味吗？你想过你奔进校园后，妈妈又是怎么回去的吗……"我说得动情，只觉眼睛有些模糊，孩子呢，已泪流满面。"所以我想让你再写一篇作文，给你的妈妈看看，好吗？"孩子用力地点点头，含泪离开了办公室。

第二天一大早，我又收到孩子妈妈很长的一条短信。"……徐老师，谢谢您，今天起床后看到孩子放在我床边的作文，读完我放声大哭，这篇作文我一定会一直留在身边。"

有一次，我承担一个教师培训讲座任务，题目是"中外小学语文考试的比较与分析"。虽然自己读过、写过这方面的作文，但拿到命题还是觉得力不从心，因为手头缺少国外母语考试命题的资料，网络上也查不到有价值的，于是信手在 QQ 签名上写了一句："恼、恼、恼，国外考试命题资料何处找？"

没想到几天后我的 QQ 签名下多了几条回复："老徐（早年毕业的学生这样叫我），不急，我在英国帮你找找。""老徐，我在美国帮你找找。""徐老师，我请新加坡朋友帮你找找。"……不久我就收到学生发给我的几份试卷，有的还特地帮我翻译成了中文。

学生聚会，学生婚礼，我每应邀到场，有时还被要求讲两句。开场我总是那么一句："能成为你（你们）的老师，我感到很高兴，也很幸福！"

朋友曾对林清玄抱怨人生不如意之事十之八九，林清玄给其题写一幅字：常想一二。这么多年平凡的教书生涯中，遇到的烦心事、无奈事、羡慕事多了去了，但每每想起这些小幸福，我想，就这样幸福着吧，挺好！

徐红飞

人们的习惯思维与社会偏见虽然强大，却往往缺乏基本逻辑。能突破世俗偏见固然要有勇气，但更重要的，是能在职业生涯中有所作为，铸造“新我”，成为有创造力的人。

我是小学男教师

学期过半的一次区教培活动上，遇到了另一所学校的同行。聊天时，发现同在高年段的一位教师并没有到场。“哦，他把工作辞了。”同行的回答很简洁，我却愣住了。

我也是一位小学男教师。

大三升大四的时候，和同专业的许多人一样，我在编制考试和考研究生之间徘徊，手里除了考研英语资料，也揣着厚厚的“编制考试真题”。做了决定以后，我便义无反顾地投入到漫长的编制考试之中。虽然历经了三四个月的忐忑等待，最终的结果却是令人欣喜的——我回到了生于斯长于斯的这个区，成为一所小学语文教师。

工作之初，我一直在努力学着成为一个学生喜欢的教师，一个家长信赖的班主任。小学教师的工作较为琐碎，繁复冗杂的条条框框也让我摸不着东西南北。办公室的前辈们总会这样安慰我：教师这个工作，本来就是更适合女性的，你们男的心哪有这么细呢？几年之后，我接手了一些行政工作。这似乎是为我打开的另一扇窗，可业务的门槛还没有迈过，行政工作也难免做得趺趺爬爬，我曾在突如其来的检查面前乱了阵脚，更曾为了惨淡的带班成绩而沉默不语。如今我组建了自己的小家庭，肩上的责任让我必须更加努力，可第一次去妻子单位接她下班，当她的同事问我的收入时，我选择了缄口。

那些转身离开的男同胞们，应该也经历过这些沉默的时刻吧。当“小学教师”这四个字出现在耳畔时，人们想到的第一形象总是温柔智慧的女生，她多半戴着一副眼镜，甚至手里会抱着两三本书，身边围绕着几个一脸稚气的六龄童。加上一个“男”字后，画风立刻就变了——西装？侧分头？长教鞭？我总是想象不出来。可每当我站在众目睽睽之下，人们很难把眼前这个一身运动品牌的九尺大汉和小学语文教师建立起什么联系来。

不过，虽然有难言之处，我却乐在其中。

身为教师，我拥有其他一切职业不可比拟的幸福感。一个班级的学生不亚于一群忠实且活跃的粉丝群体，只要为师堂堂正正，他们就会自然而然地尊敬你，甚至崇拜你，哪怕毕业数年，还是会满怀热情地闯进你的办公室打招呼。我自认为是一个活泼幽默的教师，这也是我和许多女教师的明显区别。刚刚接手现在这个班级时，每一个学生都不太敢发表自己的想法，害怕我的“底线”和“边界”猝然显现。于是我耐心地等，把自己真实的一面展现出来，在课堂允许的条件下解放孩子们的思想和嘴巴。一年半下来，这些孩子对我的态度有了明显的变化。从一开始毫无理由的畏惧，变得越来越亲近，越来越坦诚，越来越感同身受。我相信，这些改变一定源于我开朗热情的性格，也一定有益于这群孩子们未来的成长。一群心灵相通的少年和你一起学语文，有几个人能坐拥这样的幸福？

在校园中，女教师们总有聊不完的话题可以扎堆，男教师总是桃红柳绿中那暗淡的几点。可我们也有自己的快乐。我所在的是一所建校刚满十年的小学，除了校级领导以外，几乎所有的男教师都在 30 岁上下。因为数量稀缺，我们有着更强的抱团意识。嬉笑怒骂之余，男教师之间的相互扶持、彼此帮衬是任何一个单位中的男性集体所不能相比的。无论是同学科之间的教学研讨，还是日常生活的家长里短，都让我感受到浓浓的归属感。而和女教师相处，男性具备的爽利、大度更让我们在人际关系中游刃有余，丝毫没有牵绊、阻滞之感。兄弟姐妹一家亲，有几个人能享受这样的氛围？

我从不怀疑那些转身离开的朋友们，他们的选择一定是合理的——付出与回报的衡量总会在人生的重要关卡中起到影响。但是，作为男教师，我更愿意将自己的工作视为一份充满着智慧与乐趣的事业，一次不必太着急去判断胜算几许的投资，一场极少有人能够切身体悟的体验，一段值得被更骄傲地讲述的人生旅程。也许未来还会有一些沉默的时候，但我有更多的理由说服自己：留下来，抬头挺胸地向前走。

我是一位小学男教师，我很幸福。

袁卓然

“孩子”能否成为合格的“学生”，往往在于教师的职业素养。然而，教育不是万能的，在教育教学中，教师也会有这样那样的遗憾。但是，如果教师能在学生成长的每个环节都尽职尽责，他们就可能拥有幸福快乐的童年和少年。

因为能经常地反思自己的教育教学，教师也在成长。

教育也有不完美

一年级时的一次语文课，在师生问好时，有学生嘀咕：“小伍没有起立。”

我循声走过去，摸摸他的头，“你怎么不起立呀？不舒服吗？”

“我懒得动。”他有点不悦。

“上课前老师和同学们相互问好，是一种礼貌呀！”

“我就是不想起来！”他有点怒气。

“没关系，那我们先上课吧，也许下节课你就愿意跟老师问好了呢！”

上课时，小伍无心听课，在座位上很烦躁地推动桌子，突然他站起来，拿起自己的书包往桌子上摔去，并暴怒地喊道：“我受不了啦！”他紧咬着嘴唇，皱起眉头，小拳头握得紧紧的，完全不理会我在一旁的关心。

那一年我刚刚走上讲台，没见过这样的情形，赶紧请来搭班老师，将小伍带去办公室冷静冷静。课后我回到办公室，老师们对我说，他在办公室又是打老师，又是咬老师，我听了非常生气，把他叫过来，问他到底想怎样。他说：“这学校的规矩实在是太多了，累死了！”

我的苦口婆心在他身上完全没有效果，我说一句，他顶一句，说着说着他竟往学校门口跑去。想起他妈妈跟我说过，他曾因生气而乱跑的事，我赶紧追了过去。他看我追他，一边回头看我，一边加快了脚步。我灵机一动，进了旁边的办公室，他一看我没追他，反而停下了。我若无其事地回到办公室，他悄悄地跟在我后面，躲在我办公室门口偷偷看我，我故意不看他，他却一直躲在门边，时不时地瞄我一眼。我去哪里，他就跟到哪里。

终于，他憋不住了，小嘴一噘，走到我面前："哼，我就跟着你，你去哪里我都跟着你，烦死你！"

看他的样子，真是又好气又好笑："好啊，不错啊，有个小宝贝跟着，我多幸福啊，回头我下班，也跟着我一起回家呀！"

意想不到的是，他竟哭了，一边很男儿地抹着眼泪，一边很委屈地说："老师，其实我很喜欢你的。"

这件事就这样过去了。我明白：我面对的是"儿童"，他们成为"学生"需要有一个过程。儿童刚从幼儿园升到小学，有时不太适应"学校"。

这以后，在老师们的引导下，小伍慢慢有了一些改变。

我教了小伍三年，他有时不太听话，会对我发脾气，有时也很关心我。我能感受到，他是喜欢我的，因为他一定感受到了我对他的爱。我知道，他有点"难管"，他的任性、倔强就像是他身上的刺，让人难以靠近。随着年龄的增长，他的脾气似乎越来越倔强，倔强到让他失去了一些朋友，甚至变得有点孤僻。他六年级的时候，我在学校碰到他，他总是低头从旁边走过，全无半点孩子的朝气，当我叫住他的时候，从他腼腆的笑容里我依稀还会看到他撅起嘴撒娇的样子，只是他不知道我心里的酸楚。

我常常问自己，如果我一直教他到六年级，他会不会好一些，我的答案是不确定的。因为每位老师都非常有爱心、有耐心。有人说"没有教不好的学生，只有不会教的老师"，我未必认同这句话，但是，如果一个学生成长过程中遇到的困难过多，作为教师，工作一定有不完善的地方，一定还需要改进。

时光一去不复返，人的童年亦不可复制，教师能够做的，只是在当下对每一个孩子负责，用心去关怀每一个学生，不给教育留下遗憾。

黄海娟

课堂，是一名教师和一群学生的活动空间，也是一群人共同学习的场所。教师在引导学生，学生在学的过程中也给教师以特别的启示。很多教师在教学中常有新发现，在于他们有善于学习的禀赋。

那时我们年少

站在讲台，有些问题一直伴随着教学，其实这是很好的职业状态。当教师，没有发现问题的能力，总是照本宣科，就会像用模子压制部件，无法“育人”。教育教学要培育学生健康的情感态度和价值观，教师既要有方法策略，也要引导学生注重个人体验，重视自己的生活。

这一轮教朱自清的《背影》，脑海中一直在琢磨一件事：这篇经典课文，教了这么多年，从教“80后”学生到教“90后”学生，而今面对“00后”的学生，时代发展日新月异，面对这届学生，到底应该从什么样的角度切入，才能让他们深刻地领悟作者想要表达的情感？商品社会，物欲横流、情感缺乏的风气已经影响了青少年，就连许多成人也不太珍惜人间真情。我教语文，如果不能引导学生从学习中发现人与自我的关系，不能培育正常的情感态度，那我的职业使命何在？

语文课，要有人，要有人的生活，要有人的情感和真实的思想。我向往课堂上那种平等和谐的课堂气氛，有那样的氛围，才会有自由平等的交流和探究，学生才能够在课堂上获得一种舒适感、一种安全感，学生的读书、发言、交流、讨论、探究、思考就变得自然而投入。学生能不能联系个人体验，能不能“带入”，是很有意义的。我总是对学生说“你的生活很重要”，语文来源于生活，也包括你的生活。

上课了，我问：平时生活中，你们与父母有没有过什么隔阂？你们是不是会感到他们有时特别的“迂”或者不聪明？

没想到一粒小石子激起千层浪。有几个学生迫不及待地举手，还有的立马开始与同桌窃窃私语。——唉，我原以为愿意回答这个问题的同学不多呢！有位女生说：“我12岁生日的那天，爸爸特地去专卖店给我买毛衣，我最喜欢的那件毛衣标价648元，可是没想到，爸爸却与售货员还价，我当时愤愤地看着爸爸，我觉得售货员会瞧不起他，可他还在唠唠叨叨地砍价。最终以458元的价钱成交。爸爸笑呵呵地把包好的毛衣递到我手里，说：‘宝贝女儿，生日快乐！’我转身气愤地离开了那家店铺，边走边喊道：‘我不要打折的生日礼物！打折的礼物就是打折的爱！’”

听到这个故事的时候，我愕然了。我竟不知现在的孩子心中会有这样的想法。我问她：“你现在已经上了八年级，14岁了，回想起这件事，你现在是什么样的心情？”没想到我这句话一出，她顿时泪眼婆娑，说：“因为这两年的疫情，在外地做生意的爸爸已快两年没回来了，我非常想念他。爸爸几乎天天与我视频通话，所有节日都不忘给我买礼物寄过来，并且平时也经常给我买各种东西，这是对我满满的爱。而我那次却不讲理地说‘打折的爱我不要’。这是对爸爸最大的不敬，那时我真是太任性了，太不懂事了……”说到这里，我发现班里许多同学已经泪目，也许他们找到了情感的共鸣。

接着，我看到徐同学已眼含泪花地在举手，我示意她站起来说。她说：“有一次，我患病痊愈出院，和妈妈去医院附近一个大商场，我指着商场里各种写着英文字母的外国品牌给她讲这是Armani，那是Louis Vuitton，这是Burberry和Ferragamo。妈妈就像傻子一样站在橱窗前目瞪口呆，我给她讲完这些品牌有多奢华，价格有多昂贵，穿戴上它们会显得多么的高贵，然而她却无动于衷！——当时我觉得她傻透了。我还嫌妈妈手里提着我的病历和换洗的衣物，拖着沉重的步伐跟在我的后面，显得笨拙土气。我依旧讲着各种高大上品牌的发音和它们的发迹故事。妈妈一言不发，仿佛一切与她无关。回到家，妈妈急忙钻进厨房，为刚出院的我准备饺子。现在想起来，是我傻，我当时怎么那么蠢！妈妈一心想的是我的病情和后续的治疗，而我却絮絮不止地说着那些国际奢侈品牌，还笑话她的无知、愚蠢和土气，竟然还说她已经被时代淘汰，认为我们之间有无可逾越的鸿沟……我对不起妈妈！”

听完这两个故事后，教室里响起一片掌声。此时的我内心五味杂陈，我告诉学生：曾经年少轻狂的我们，辜负了多少如山般伟大的父爱；曾经青春叛逆的我们，误解了多少如大海般深沉的母爱。但随着时光流逝，我们在成长，渐渐明白那一次次的叮咛、那一次次的别离、那一句句的傻话、那一封封的书信都是爱的见证。

此时教学情境已经形成，学生的读书、交流和探究成了他们的期待，只要他们积极主动思考，“学习”就真正开始了。学生品味《背影》，神情庄重，特别是后面的“爱的表白”教学环节，学生们不再无话可说，而是敞开心扉，联系文本的表达，讲述自己生活中的种种“背影”。

如果我仅仅把这篇课文当作一般的教学文本处理，讲讲字词句章，讲讲鉴赏要领，落实考试要求，“语文课”有什么价值？学生在课堂学会了自我反思，学会了关注人间世事，懂得了珍惜亲情，心灵深处有了属于自己的生命印记，能在较高的层面进行自我情感救赎，这才是更重要的。教育本就是自然人的逐步社会化，并且这一过程的发生、发展都要遵循人的发展规律、认知规律，最终让学生一个一个地“立”起来。

感激讲台，在这里，我能经常发现人的丰富，发现世界的丰富，也发现教育教学的美好。

马红霞

怀抱教育理想，恪守教育常识，心中装着学生，你就能洞察真相，你就不会被眼花缭乱的假典型、伪模式遮蔽双眼。善于学习的教师，首先在于他们有辨别是非的能力，这是一种基本能力，但在这个浮躁的环境中，也最容易被丢失。

你让我向你学什么

在 A 校“取经”的三天，心里很不平静，在这里，我不断地问：“你让我向你学什么呢？”

无论你以何种方式遇到 A 校，它在你眼前的亮相一定会让你惊叹于它的大胆与直白。

打开 A 校网页，学校的主页上是一张通红的表格；来到 A 校，校门口的电子屏幕上还是这张通红的表格；走进校园，这张表格又被各个学科、各个年级、各类人群作为保证书的制定依据，肢解在校园的每一个角落。

这张红色表格便是“市各学校各年级考试成绩排名”，细到每个学科！

单有学校的排名还不算出奇。每个学生每次统考中的全市排名情况都赫然在目，排名的后面贴了该生的照片，照片下面是“保证书”，保证书里有誓言——下次考试一定进步到的名次。教学楼围成了四合院式，其中，南面的那堵长墙上，密密麻麻，挂满了全校每一个孩子的照片与誓言，也是红红的，远远望去，真像“文革”时的红宝书、红袖章……

越是野蛮的时代，越认同“游街示众”。网络时代，这样的排名公开与“游街示众”无异，这种残忍的做法也值得学习？

再走进初一语文的课堂看一看吧。

铃声响起，一脸怨气的女教师走进教室。

“昨天我们进行了测试，考得很差！现在，把试卷拿出来！”这是第一句。

“拿出答案，给你们二十分钟时间，背一到九题的答案，背完了我抽查！”这是第二句。

话音刚落，背诵声便响起了。熬过了漫长的二十分钟，老师一声令下，琅琅声戛然而止。老师提问了两个学生，很不满意。有一女生说不清别的选项错在哪里，老师强调“要知其然，还要知其所以然”。于是，重新由老师现场指派互换部分学生位置，形成了新的临时性同桌，以背诵的方式互查。之后，有六个同学被拎到讲台前黑板边，由女教师亲自“验收”成果。室内气氛凝重，女教师一直是没好气的脸色，谁看了，都会觉得是自己得罪了她。这哪里是课堂啊，简直是管教所！后面本来坐满了的听课教师，五分钟内走得一个不剩。我则一直念叨那六个可怜的倒霉蛋，不知今天的“日日清”，要到何时才能“清”啊！

课间操了，去观摩一下吧。

校长站在高高的主席台上，看谁不顺眼，张口就训斥。今天倒霉的是个老教师，他就那么一点尊严都没有地站在学生当中挨训。他头发花白，十有八九是体力不济，也许就要退休了，做不动操了……

我一直在想，我们到 A 校究竟是来学什么的呢？有什么值得我学的呢？

高潮在下午的座谈会上。

我的同事谨慎地打听：如果在规范办学的情况下，你们有没有切实可行的应对措施？哪知像是被戳到了痛处，经验介绍者对“规范办学”四个字恨之入骨，开始指责我们这些取经者。我的青年同事忍无可忍，终于喊出:"你这哪里是学校?简直就是集中营!"

他被驱逐出了会场。——我从此更加热爱我的青年同事。

看着那张恼羞成怒的脸,我的心里泛起无限悲悯:一个人,何以活到这个年纪,还渺小到这么自大,狭隘到这么理直气壮?一个"教育工作者",何以因拥有了一些权力,就总想要看到自己可以强制别人?一所学校,何以无聊到不厌其烦地从事将人分类筛选,把人变成家畜的工作?

我更感到羞耻的,是体制对这所"学校"的褒奖和主流媒体对它的宣传。

我们是教师,极其普通,甚至卑微。然而,面对四十五分钟,面对学生,面对考试,便有了些权威,有了专制的土壤——一不小心,就有可能不知不觉地去恐吓,去裁决,去左右,甚至,去剥夺……谁能理直气壮地敢说自己没有使用过"教育暴力"呢?

这就是专制!人性中的专制!而专制教育培养出的人,只知道服从。他们的未来只有两个结果:要么是奴才,要么是主子——主子也不过是高一级的奴才。他们永远不具备自由的精神,内心永远无法体会真正的快乐。

不快乐的生活,是一种罪孽。那,让人不快乐的生活,是什么呢?让人永远失去快乐的能力的生活,是什么呢?

做教师,搞教育,真的要格外小心,才会不无聊,不自大,不狭隘……

既然我们的职业离人性中的专制那么近,那就让我们时刻警醒自己:不要帮助任何群体去实现社会控制!不要参与编织学生的人生牢笼!因为,我们首先是人,然后才是教师。

走出A校时,我想到了这些话。

汤海涓

在一所学校，常常只有部分教师在自觉地读书，他们的人生观、价值观与其他人往往差别很大。然而对他的学生来说，这是幸运。因为在这里，他们能看到“精神明亮的人”，看到一位思想者，他们会庆幸自己能跟随真正的读书人在一起学习。

用阅读来保护头脑

作为教师，我常常有一种挫败感，无论是在课堂教学中，还是在与学生和同事的相处中，在备课时，在批改作业时，在反思我的教学实践和生涯时，这种失败和沮丧的情绪总会不时地袭上心头，让我茫然、沮丧。

为什么会这样？我也曾反复地问过自己。

原因很多。以前我想的较多的是，一个不良的环境会毁了一个人的生活，让人变得平庸，让生活变得无意义，让生命变得没有价值和失去光彩。比如，在应试教育氛围下，教师也不得不容忍学生大量的刷题。我认为阅读更重要，但我没有时间也没有精力去阅读。而且你周围的大多数人——学生和家长，还有周围认识和不认识的人——很多已经被应试俘获和绑架了，你面对的是一个无物之阵。

我看电影《超脱》，影片里的代课教师海伦面对的是一帮“问题学生”。“问题学生”好办——他们有“问题”，你可以针对“问题”去施教。可是，我面对的是一帮没有问题的学生，尤其是我们这样的“名校”，哪来的问题学生呢？他们朝着什么样的目标奋勇前进的问题早就解决了，现在就剩下一件事，那就是前进，前进！所以，你只能被裹挟着跟他们一起“前进”，而这种“前进”是根本不用动脑子的，你只要不断地发练习、改作业、讲试卷就可以了。

后来，我看到下面一段话时，我又有了一些新的感触。

“人只能通过教育而成其为人。人无非是教育造就而成的产物。值得注意的是，人仅仅是通过人而施行教育——换言之，施教之人，自身也要接受教育。所以就某些人而论，由于他们这一方本来便缺乏规训和教导，因此在教育后生的时候，他们无法胜任。”①

我是教师，我在教导后生，我拿什么来教育学生？我如何教育学生？为什么我可以自信我教的东西就是正确的和有价值的？我自己也是教育的产物，我把自己所受的教育传授给学生，学生以后做了老师，再把他从我这儿所受的教育传授给他的学生。这样一代一代下去。如此说来，也无须想得太多，跟着他们一起前进算了。

上述引文的作者康德说：“假如存在着天性高于人的某种生命，我们就能够看出人有可能达到的境界。”② 我们知道，这个世界上恐怕没有“天性高于人的某种生命”；至于“人有可能达到的境界”，这是一个伪命题，因为无论达到什么境界的人，仍然是人。我总觉得，一个人想要达到什么境界是他自己的事，而且教育最终还是自我教育，各人有各人的发展，这样想想，也许就能释然了吧。

人不光接受学校教育，还有家庭教育和社会教育，还有自然的教育和人自身的教育。每个人都在教育自己，在塑造自己。我信奉潘光旦讲的“自由是最好的教育”。

我有时想，幸亏有书，否则活着还真少了很多意思。想到我床头还有书，我总是可以暂时忘记一切，躲到书里去，求得片刻的安宁。当然，我还是要生活在这块土地上，还是要面对身边发生的一切，但我不再害

---

①② 康德等：《教育：让人成为人》[C]，北京：北京大学出版社，2010 年 1 月。

怕了，甚至也不再沮丧了，因为我有书看，因为书里面的人和事告诉了我另一番道理，你的心里应该放一些你觉得更重要的东西。

当阅读推动了我的思考时，我对教育开始有了一些自信。

王　雷

教师生存于世界，不可能与人群割裂。教师和家长应当有什么样的一种交往？如果都是学习者，他们会自然地走在一起，彼此保持独立的同时，享受共同的乐趣。

就送一本书

阳光明媚的周末，正宅在家里闲得无聊，手机忽然响起，是个陌生的号码。按下接听键，一个很儒雅的男人的声音传来，自我介绍是班上××同学的父亲，又问我能否出来见个面。

我像听出了里边的潜台词，本能地有些警觉。我跟这位家长平时没有什么交流，甚至连他的相貌都记不起来。更何况工作这么多年，我一直与学生家长保持一种纯粹的关系。

“我想送你一本书。”电话那边说。

送一本书？我以为自己的耳朵听错了。一本什么书，急切到不能等到星期一让孩子带来，或是不能趁送孩子上学时顺便给我？

于是，我们约定半小时后在学校门口见面，那儿离我们两家都不远。更重要的，我毫无道理地感到，学校的概念让我跟家长的会面具有某种名正言顺的“安全感”。

两个都很守时的男人见面了。

一眼就瞅见他手里捧着一本书，白色的封面，书名的黑色字号很大，但看不清楚。他迎上来，微笑着，还没顾上打招呼，却先把书递给了我。

这下我看清了书名,《润物无声——在交大安泰听演讲》。

他说,他在上海已经看完了这本书,得到很多启迪与鼓舞,他迫不及待地想与人分享自己的喜悦和收获。于是,他想到了我。他说:“尽管没有多少交往,但是,通过孩子,我感到你是个读书人,我首先想到的就是把这本书送给你。尽管它不是谈的教育,但我想,你会喜欢的。”

那一刻,我真的有点感动。原来,我们的一点一滴,其实都在旁人的眼里心中描摹着自己的形象。原来,人和人之间的关系可以纯粹到就是一本书。我感觉,那位家长朋友在那个时刻给了我一个大礼。

那天,就在傍晚的余晖里,在学校门前幽静的大道旁,我们两个从容地聊着读书与人生。我们一直微笑着。

现在,我还是跟那位家长朋友没有多少联系。那天,他就是为了送一本书。

周益民

既然教师是阳光下最幸福的职业，教师应当感受到幸福和快乐。教师只有像个真正的人一样地享受自由和快乐，他的学生才能真正地热爱教师，敬重教育。一个有热爱的教师，是不会把自己的工作视为“奉献”的。

我要这样生活

请别奢望我会把所有的时间都给了学校、给了学生。

那不是教育。

至少不是我要的教育。

下课了，改完作业了，备好课了，走出校园，我就该走向教育工作时间以外的我。我很认真地工作，我很讲效率地教书，就是为了能赢得更多的属于我自己的时间。阳光照耀在肩上，我会缓缓地走向原野，走向森林。我看着小鸟在空中轻捷地划过痕迹，我看着小草在土地的呓语声中悄悄萌芽，所有的小虫子都和我一起轻步飞扬，我就把春天留在我的眼睛里。雪花倏忽钻进我的脖子，我会伸出手接过下一朵菱形或花瓣形的晶莹，和孩子一起等待着空中的下一个柔软的飘落，把足迹留在雪白的大地上，当呵出的空气遁形于苍茫冷色的天宇间，我就把冬天融在我的希望里。

然后，我要阅读，读留在我枕边的智慧，与哲人对话，与思想碰撞。当然，我不一定必须读教育书籍，也不一定要写成读后感或抄成读书笔记，我也看看休闲类的书，一个笑话、一个幽默都足以让我的一天变得轻松愉快。

然后，我一定会听音乐。在我如堆的唱片里，我会找出几张。或是尼古拉·安杰罗斯柔情浪漫的吉他独奏《安娜小笺》及《人们的梦》，六弦音符在指尖划出一片惬意的天空，此时，振颤的不仅是琴弦，更是我的心灵；或是肯尼·基优雅的萨克斯风在夜空飘扬，哀伤、寂寞，或者甜蜜、喜悦，在浪漫极致的高音萨克斯风中我们都开始一段翱翔在深情旋律上的美好时光……没有教学的繁杂，没有工作的疲惫，音乐似水，我裸浴其中。喧嚣的城镇也开始安静，与我一起寂寞又默契地感受一种浓郁芬芳的升华与密集的沉淀。

还有，我要带着我的亲人们一起吃饭唠家常，陪我的孩子一起蹲在地上看蚂蚁是怎样穿过一座小沙堆，看月光是怎样泛上青草尖，看童年的风筝究竟可以飞上哪朵云彩……我要陪大家看一部也许我会觉得很无聊的电视，和他们说些课堂上我永远说不上的笑话。一次远行，几声高唱，山水与我一起惬意。或者周末了，我也许整天上网，发几个帖，转几个段子，累了，就洗洗脸，去睡觉，如此等等。

我还可以想出很多的乐子，供我慢慢触摸，细细舔舐。

只是，别让我只扑在教育这个词上。谁都不可以夺走我自己的时间。

别总站在道德的制高点上要求我，因为除了教师这个角色外，我们还有其他的身份。

别要求我奉献得太多，尤其在我感到身体疲惫的时候。

我可以是蜡烛，但请允许我源源不断地为自己添油剪花，我不愿意永远用微弱的光烛照我平淡的前程。也请你别用孺子牛的缰绳捆缚我生命的步履，作为教师，我必须要有一亩幸福的耕耘，但，我不做羸弱却耕耘不辍的病牛，这样的姿态，我不接受。

我一直希望，站在语文讲台前的我健健康康，我声音洪亮，我精神焕发，我阳光生动，我耳聪目明。我不愿意用干涩的喉咙破坏美文的诵读，我不愿意以衰败的身躯支撑教学的天空，沧桑的表情无法激活学生的思维，灰暗的眼睛又怎能点燃他们心田热爱的明灯？一天的疲惫，我撑住了，那是我的敬业。长期积劳成疾下的如此敬业，又能有多少真实和效率可以送给我亲爱的孩子们？爱，需要激情，更需要理智，懂事的学生需要的是身心健康的老师，而不是拖着病体一味用感动来垫高自己的授课者。

病了，我就会休息；累了，我应该放松。看，休憩之后的奔流更有力量；听，调整之后的步伐更为坚实。懂得进退的人生才是真有意义的人生，深谙动静之理的工作才最能体现高效率。

负责，就是对教学效率的关注。嘶哑的喉咙里，永远唱不出清亮的高音。

教育的基石是真实，感动的背后其实是摧残：摧残自己，摧残学生，摧残课堂，摧残教育。病牛犁不出好田，荒土种不出茂盛。我干瘪的眼神，是上不好令人感动的语文课的。所以，累了，就歇歇吧，放手几节课，孩子依然在路上鲜亮地成长。

太阳底下最崇高的职业，并不要求我做太阳底下最无谓的牺牲。奉献教育，不是短暂的生命消耗，而是该有持久的动力支撑。

未来的日子里，我还愿意我是个孩子，在软软的沙滩上，赤着脚写着成长的痕迹，然后，看浪花温柔地吞噬我自由奔跑的印痕……我把欢笑洒在沙滩上，每一阵浪来，成长的花瓣就漂向大海的远方。

我们都是海边拾贝的孩子，只是我手里的贝壳已经比我的孩子们多了几只。在悠悠的海风里，我率先吹响了我的海螺，继而，孩子们也开始吹响了他们的螺号，轻悠响亮，透着对生命、对未来的憧憬与希望。望着他们聪慧清澈的眼睛，我微笑地指向大海，所有的眼睛就都朝向大海：天水交接的地方，几只白帆驶向视线的更深处、更深处……

那片大海，就是教育。那片大海，也是课堂。

真的，我愿意这样教书。

肖培东

教师的全部教育智慧，都是通过个人的读书思考和实践获得的。作为一种生活方式，阅读和写作只能是“个人”的追求；学习只有“个人”才能完成，只有“个人”才能在学习的过程中思考。教师只有走这样的路，才能获得专业发展。半个多世纪来，陈日亮乐学不辍，他曾把自己的著作命名为“我即语文”，这，是他的职业自信。

我一直不停地学

1956 年的夏天，我接到了我根本不曾填过志愿的福建师范学院寄来的录取通知书。那个年代，像我这种“家庭出身”的青年，是否还有什么别的因素，可能被拦阻在京沪等几所名牌大学之外呢，我不得而知。但我宁可承认自己是眼高手低，志大才疏。想考名牌大学的梦破灭之后，我就下决心在长安山修炼四年，把语文基础打个扎实。当时，全国的大学都在“改变刻板生活”，晚间可以不必在教室里统一自修，于是宿舍就不再安静，而我不习惯到大教室，这样就必须苦练静功，在室友的麻将、扑克甚至口琴、二胡的交响声浪中，练习到了能够躺在床上兀自看我的书，想我的问题。

从 1957 年开始，各种运动席卷而来。虽然当年一班一个“反右”的指标没有轮到我，可是每逢“拔白插红”的世界观改造和批判，我总是首当其冲，原因是我居然表白大学生只要“浅红深专”而无须“红透专深”。同样身处 50 年代末的风晨雨夕，我因此还是要比我的同窗争取到了较多的读书机会。在阅读摸索的同时，我已经懂得语言积累的重要性，通常在口袋里装着一个小本子，随时摘记点什么；在食堂排队买饭菜的当儿，也会抽出来翻翻看看；发现了什么新鲜的词语，就记，就查，就用。这习惯，一直坚持到了老年，甚至在飞机上，我也曾用过航空清洁袋，从座位上的一本什么杂志里摘抄一两段话，如获小珍。这就叫积习难改啊。

1960年，我被分配到福州一中这样一个以“严酷”知名的中学任教。由于学校对教师专业基础有着特别严格的要求，所以凡是业余进修，总能得到正眼看待。上了几堂课之后，我就发现福州一中的学生求知欲旺盛，上语文课，光言传不够，更需要的是身教；要教好这里高素质的学生，教师绝对要厚积薄发。我很快习惯了学校严格的教学管理，颇有信心地觉得自己可以在这里站稳脚跟，但也必须警惕语文教师几乎不可避免的一种悲哀命运——越教越容易满足，也就越教越平庸。数学教师有了一桶水，或许可以教一辈子；语文教师则只能越教越浅，最后便不自觉地成了“教参”的传声筒，或简直就是“奴隶”。所以我一开始就告诫自己：记住，孔夫子说在“诲人不倦”前面的，是“学而不厌”。它们不是并列！

我在这所学校已度过52年时光，我一直在学。

首先是读书。工作以后，七看八看，杂学旁收，成了我业余时的读书习惯。我认为看杂书，读杂文，资讯信息量大，能快速增广见闻，词汇积累效率高。有一次听了厦门大学一位教师的建议，居然读起《辞源》来。我读书的时间多在夜间，备完课之后，一般有个把小时的时间，灯下杂念不生，书香宜人。不过我绝不开夜车，最迟十点半熄灯。我为自己定了规矩：一切教学任务，通通在六天内完成。周六晚上回家，不带任何课本、作业、作文。星期天，绝对是读书日，雷打不动。这样摒百事而不为，唯有独亲书卷，是最快乐的时光。每周平均以读十小时计，一年除寒暑假，至少可得一个半月的读书时间，可谓富足也矣。我所谓的“囊中不羞涩”，就是靠的这样日积月累的恩赐。

其次是养成动笔的习惯。这既有自动，也有被动。自动者，是随时写下一点读书思考的片语只言，短的一两句，长的也长不到两三百字，都是对稍纵即逝的灵光的捕捉。但总的说来，“自动”毕竟不够，所以留下的文字并不多,较多的倒是被动应付的文债。虽说是催索的产物,我总不愿意把粗制滥造的文字聊以塞责,因而运思落笔多不轻松。常常是一两千字的篇幅,要团掉七八张草稿。鲁迅告诫说"写不出时不硬写",我有时却不得不硬起头皮来写,结果是偏硬写时也就写出来了。可见"硬写"也有好处,是逼得你要去发现、思考、回答,把零碎散漫飘忽的思绪整理一下,让它清晰完整起来。后来读到朱光潜谈论说文写作的一段话,大意是说,倒不一定要想好了再写,只有写出来,才知道想得是否清楚、严密。我才有了信心,时常把碎思断想收集在笔记里,为的是使头脑减少一些混沌的状态;凡有动笔,则不惮其烦于反复修改,哪怕是写一张便条,发一段短信,也会字斟句酌,力求做到明白省净而后可。

老师也要注意说话的训练。在上大学之前,我是拙于言辞的,其中有一半是由于胆怯,另一半是不善交游。后来当了教师,我不但指导过学生的朗诵和相声表演,也多次亲自在教师集会和学校晚会上献艺。作为语文教师,我觉得这两点是值得追求的。改革开放以后,我又连续当了四届全国人大代表,在最高权力机关的议政讲坛上整整二十年,无论是面对国家的首脑要员,还是媒体的镜头话筒,说的话须准确简练,从容得体,也多少经受了考验。曾有人评价说"毕竟是当教师的",不错,吃什么饭,精什么活。然而,吃饭容易,活岂易精也哉?

陈日亮

后　记

因为编这本书，认识了一批老师。他们和我一样在做普通工作，而有些老师，工作条件艰苦，待遇菲薄，却淡泊名利，在讲台边站到退休。他们做到了，做对了，而他们并没有去想人们是否会记住自己的工作。

讲台，是精神播种的地方。教育的任务，远远不是“升学”，而是“立人”，通过教育，让一个个的人立起来。

这些年，我接触到很多青年教师，他们在讲述职业选择时，几乎都会提及“对自己影响最大的老师”，在讲述往事时，他们往往沉浸在难以抑制的激动中。每当此时，我都会想那位我不认识的老师，他或她：你知道以前的学生正在说起你吗？你十年前说过的某句话，你在讲台边的音容，你的沉静和认真，引导一个人也走向了讲台……

我一直希望老师们记录教育工作的点点滴滴，清晰地绘制教育经历，回顾并反思自己的工作，提升职业境界。感谢这样一批作者，把自己最值得记忆的故事与同行分享，并给我们很多启示。

这本书由来自十多个省市自治区的老师合作完成，很多老师几易其稿，反复修改。为保护学生权益，对学校信息作了处理，学生姓名一律用化名。

编者

2022 年 12 月

[redacted]

感谢您使用本书。您在使用本书时如有建议或发现质量问题，请联系我们。

【内容质量】 电话：4008283622

【印装质量】 电话：4008283610

图书在版编目(CIP)数据

人与讲台/吴非主编. —南京：江苏凤凰教育出版社，2023. 3 (2023. 7 重印)

ISBN 978 - 7 - 5743 - 0556 - 4

Ⅰ. ①人… Ⅱ. ①吴… Ⅲ. ①教育工作 Ⅳ. ①G4

中国国家版本馆 CIP 数据核字(2023)第 039617 号

书　　名 人与讲台
主　　编 吴　非
责任编辑 沈静明
出版发行 江苏凤凰教育出版社(南京市湖南路 1 号 A 楼　邮编 210009)
苏教网址 http：//www. 1088. com. cn
照　　排 南京私书坊文化传播有限公司
印　　刷 南京顺和印刷有限责任公司(电话：025 - 83682876)
厂　　址 南京市江宁区麒麟街道天和路 78 号
开　　本 787 毫米×1092 毫米　1/16
印　　张 18. 75
版　　次 2023 年 3 月第 1 版
印　　次 2023 年 3 月第 1 次印刷
2023 年 7 月第 2 次印刷
书　　号 ISBN 978 - 7 - 5743 - 0556 - 4
定　　价 50. 00 元
网店地址 http：//jsfhjycbs. tmall. com
公 众 号 苏教服务(微信号：jsfhjyfw)
邮购电话 025 - 85406265，025 - 85400774
盗版举报 025 - 83658579

苏教版图书若有印装错误可向承印厂调换
提供盗版线索者给予重奖